Elogios recibidos para Reyna Grande y su libro
La distancia entre nosotros

"Una historia desgarradora sobre el otro lado de la experiencia del inmigrante a EEUU— la penuria y la desolación de los niños dejados atrás por sus padres".

—Sonia Nazario, ganadora del premio Pulitzer y autora de *La travesía de Enrique*

"He estado esperando este libro desde hace décadas. La historia Americana del nuevo milenio es la historia del inmigrante Latino, pero ¿Cuán común es que esta historia sea contada por el propio inmigrante? Lo que hace a esta memoria preciosa aún más extraordinaria, es que por medio de su camino heroico, Grande alza la voz por los millones de inmigrantes cuyas voces han sido apagadas".

—Sandra Cisneros, autora de *La casa en Mango Street*

"Una historia profunda que exalta el poder de la determinación y el amor por los libros".

—*Los Angeles Review of Books*

"Brutalmente honesta".

—*Los Angeles Times*

"Desgarradora."

—*San Antonio Express-News*

"Una pieza importante de la historia del inmigrante a los Estados Unidos".

—*BookPage*

"Una historia que inspirará a los jóvenes Latinos o a cualquiera que haya enfrentado adversidades".

—*The Hispanic Reader*

"Facilita comprender porque tantos mexicanos continúan cruzando la frontera con Los Estados Unidos ilegalmente para proveer a sus hijos de comida, una casa y educación".

—*Shelf Awareness*

"Una historia que todos deben de leer".

—*School Library Journal*

"La experiencia extraordinaria de Reyna Grande hacia el sueño americano inspirará a cualquiera que sueñe con un futuro mejor".

—Ligiah Villalobos, escritora y productora ejecutiva de la película *Bajo la misma luna (Under the Same Moon)*

"En *La distancia entre nosotros*, Grande tiene el poder de cambiarnos la mente y el corazón".

—*Latina Style*

"Con elegancia recuenta el dolor de una familia destruída por contínuas separaciones y traumas".

—*Publishers Weekly* (starred review)

"Este libro debería ser requisito de lectura en las Universidades o aún mejor para los miembros del Congreso".

—*The Washington Independent Review of Books*

"Una pieza importante de la historia de inmigración a América".

—*BookPage*

La distancia entre nosotros

Reyna Grande

ATRIA ESPAÑOL

NUEVA YORK   LONDRES   TORONTO   SÍDNEY   NUEVA DELHI

ATRIA ESPAÑOL

A Division of Simon & Schuster, Inc.
1230 Avenue of the Americas
New York, NY 10020

Primera edición en rústica de Atria Español, abril 2013

ATRIA ESPAÑOL y su colofón son sellos editoriales de Simon & Schuster, Inc.

Para obtener información respecto a descuentos especiales en ventas al por mayor, diríjase a Simon & Schuster Special Sales al 1-866-506-1949 o a la siguiente dirección electrónica: business@simonandschuster.com.

La Oficina de Oradores (Speakers Bureau) de Simon & Schuster puede presentar autores en cualquiera de sus eventos en vivo. Para más información o para hacer una reservación para un evento, llame al Speakers Bureau de Simon & Schuster, 1-866-248-3049 o visite nuestra página web en www.simonspeakers.com.

Diseñado por Kyoko Watanabe

Impreso en los Estados Unidos de América

10   9   8   7   6   5

ISBN 978-1-4767-1040-2
ISBN 978-1-4767-1041-9 (ebook)

Para mi padre, Natalio Grande

1947–2011

y para todos los DREAMers

"Nada pasa a menos que primero soñemos".

—CARL SANDBURG

Libro uno

MI MAMÁ ME AMA

Prólogo

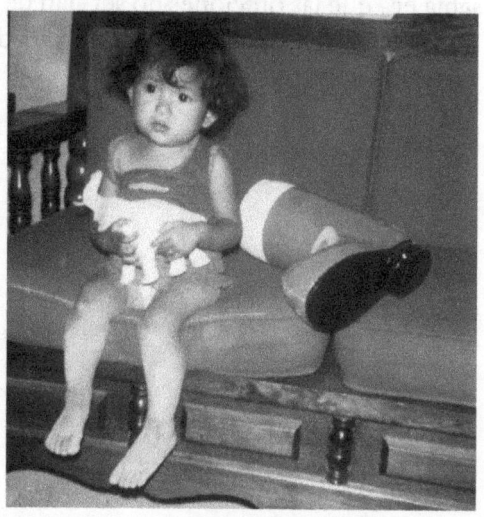

Reyna a los dos años

A LA MADRE DE mi padre, la abuela Evila, le gustaba asustarnos con cuentos de la Llorona, la mujer que vaga por el canal y se roba a los niños. Mi abuela nos decía que si no nos comportábamos, la Llorona nos llevaría muy lejos, donde nunca volveríamos a ver a nuestros padres otra vez.

Mi otra abuela, la abuelita Chinta, nos decía que no le tuviéramos miedo a la Llorona, que si rezábamos, Dios, la Virgen y los santos nos protegerían de ella.

Ninguna de mis abuelas nos dijo que había algo más poderoso que la Llorona —un poder que se lleva a los padres, no a los hijos.

Se llama los Estados Unidos.

En 1980, cuando tenía cuatro años, yo todavía no sabía en dónde estaban los Estados Unidos o por qué la gente en mi ciudad natal de Iguala, Guerrero lo llamaban *el otro lado*.

Lo que yo sabía en ese entonces era que *el otro lado* ya se había llevado a mi padre.

Lo que yo sabía era que las oraciones no servían de nada, porque si sirvieran, *el otro lado* no se estaría llevando a mi madre también.

1

Carlos, Reyna y Mago con Mami

Era enero de 1980. El mes siguiente, mi madre cumpliría los treinta años. Pero no celebraría su cumpleaños con nosotros. Me aferré a su vestido y le pregunté: —¿Por cuánto tiempo se va?

—No por mucho tiempo —fue su respuesta. Cerró el pestillo de la pequeña maleta que había comprado de segunda mano, para su viaje al *otro lado*, y supe que había llegado la hora de su partida.

A veces, si prometía portarme bien, mi madre me llevaba con ella cuando salía a la colonia a vender productos de Avon. Otras veces me dejaba en la casa de abuelita Chinta. —No tardaré mucho tiempo —ella me prometía mientras soltaba mis dedos de los suyos. Pero esta vez, cuando mi madre dijo que no se iría por mucho tiempo, yo sabía que iba a ser diferente. Sin embargo, jamás me imaginé que "no por mucho tiempo" se convertiría en "nunca", porque la verdad es que en realidad yo no tuve a mi madre de vuelta.

—Es hora de irnos —dijo Mami al coger su maleta.

Mi hermana Mago, mi hermano Carlos y yo agarramos las bolsas de plástico llenas de nuestra ropa. Nos paramos en el umbral de la pequeña casa que alquilábamos de don Rubén, y miramos a nuestro alrededor por última vez. Los hermanos de Mami estaban empacando nuestras pertenencias para ser almacenadas en la casa de la abuelita Chinta: nuestro refrigerador que no funcionaba, pero que Mami esperaba poder arreglar algún día, la cama que Mago y yo habíamos compartido con Mami desde que Papi se fue, el armario que habíamos decorado con pegatinas de *El Chavo del Ocho* para ocultar los lugares en donde la pintura se había pelado. La casa estaba casi vacía. Más tarde, Mami entregaría la llave de vuelta a don Rubén y este ya no sería nuestro hogar, sino de alguien más.

Cuando estábamos a punto de salir a la luz del sol, alcancé a ver a Papi. Tío Gary estaba poniendo su retrato en una caja. Corrí a coger el retrato de las manos de mi tío.

—¿Por qué te estás llevando ese retrato? —dijo Mami mientras nos dirigíamos sobre el camino de tierra hacia la casa de la madre de Papi, donde viviríamos desde ese momento en adelante.

—Él es mi papi —le dije, y apreté el retrato contra mi pecho.

—Yo lo sé —dijo Mami—. Tu abuela tiene fotos de tu padre en su casa. No necesitas llevártelo contigo.

—Pero *éste* es mi papi —le dije de nuevo. Ella no entendía que esa cara en el papel detrás de una pared de vidrio era el único padre que había conocido.

Tenía dos años cuando mi padre se fue. El año anterior, el peso se devaluó 45% frente al dólar estadounidense. Fue el comienzo de la peor recesión de México en cincuenta años. Mi padre se fue persiguiendo un sueño: construirnos una casa. A pesar de que era albañil y había construido muchas casas, con la inestabilidad económica de México, nunca ganaría dinero suficiente para hacer su sueño una realidad.

Como la mayoría de los inmigrantes, mi padre había salido de su país natal con grandes expectativas de lo que sería la vida en *el otro lado*. Una vez que la realidad se impuso y se dio cuenta de que los dólares no eran tan fáciles de ganar como lo contaba la gente, tuvo que enfrentar dos opciones: regresar a México con las manos vacías y con la cabeza baja, o enviar por mi madre. Se decidió por lo último, con la esperanza de que entre los dos podían ganar el dinero necesario para construir la casa que soñaba. Luego, podrían finalmente regresar a su país con la cabeza bien alta, orgullosos de lo que habían logrado.

Mientras tanto, nos estaba dejando sin madre.

Mago, cuyo verdadero nombre es Magloria, aunque nadie la llama así, tomó mi bolsa de ropa para que yo pudiera coger el retrato de Papi con las dos manos. Era difícil mantener el equilibrio en un camino lleno de rocas, con las cuales podría tropezar y caerme. Esa mañana de enero yo fui muy cuidadosa porque llevaba a mi papi entre mis brazos, y se podía romper con facilidad, al igual que la botella de Coca-Cola que Mago llevaba el día en que se tropezó; se rompió en pedazos, el líquido dulce de color marrón lavaba la sangre que manaba de la herida de Mago. Necesitó tres puntos de sutura. Esa no sería su primera cicatriz, y tampoco la última.

—¿Juana, ya te vas? —dijo doña María. Era una de las clientes de Avon de Mami. Corría por el camino con una bolsa vacía rumbo al mercado. Sus labios estaban pintados de color rosa con el lápiz labial de Avon que le había comprado a crédito a Mami.

—Ya me voy, amiga —dijo Mami—. Mi esposo me necesita a su lado. Había perdido la cuenta de las veces que Mami había dicho eso desde que llamó mi padre por teléfono tres semanas atrás. En poco tiempo toda la colonia de La Guadalupe se enteró de que Mami se iba para *el otro lado*. Me enfurecía al oírle decir esas palabras: *"Mi esposo me necesita"*, como si mi padre no fuera un hombre hecho y derecho, como si sus hijos no la necesitaran también.

—Mi madre estará recolectando el dinero que usted me debe —le dijo Mami a doña María—. Espero que esté de acuerdo.

Doña María no la miró. Asintió con la cabeza y le deseó a mi madre un viaje libre de peligros. —Voy a rezar para que tenga éxito en el cruce, Juana —dijo.

—No se preocupe, doña María, no voy a cruzar corriendo a través de la frontera. Mi marido le ha pagado a alguien para que me cruce con papeles prestados, era costoso, pero él no quiere ponerme en peligro alguno.

—Por supuesto, ¿cómo podría hacerlo de otra manera? —doña María murmuró mientras se alejaba.

En aquel entonces, yo era demasiado joven para darme cuenta de que a diferencia de mí, Mami no caminaba con los ojos hacia el suelo porque tenía miedo de tropezarse con las rocas. Yo era demasiado joven para saber sobre los hombres que se iban al *otro lado* y jamás regresaban. Algunos de ellos encontraban nuevas esposas. Comenzaban una nueva familia. Otros desaparecían por completo, reinventándose a sí mismos tan pronto llegaban al *otro lado*, olvidándose de los que habían dejado atrás.

Era una preocupación que no dejaba a mi madre dormir, aunque yo no lo sabía en aquel entonces. Semanas después todo cambió con la llamada de mi padre; mi mamá caminaba diferente, ya no miraba más hacia el suelo. *"Mi esposo ha enviado por mí. Él me necesita"*, le dijo a todo el mundo, y las mujeres, como doña María, cuyo marido la dejó hace mucho tiempo, bajaban la mirada.

No vivíamos lejos de la casa de mi abuela, y tan pronto le dimos vuelta a la esquina, apareció a la vista. La casa hecha de adobe de la abuela Evila estaba localizada al pie de una colina. Tenía la forma de una caja, y había sido pintada de blanco, pero cuando llegamos a vivir allí el adobe se asomaba por donde el yeso se había agrietado como la cáscara de un huevo hervido. Tenía el techo de tejas de terracota, y una buganvilla se trepaba por un lado. La buganvilla estaba en plena flor, y la enredadera, gruesa con flores rojas, parecía una mancha de sangre que se extendía sobre la pared blanca de la casa.

La propiedad de mi abuela era la longitud de cuatro casas y estaba rodeada por un corral. Al este de la casa había una calle sin pavimentar que conducía a la iglesia, la escuela y el molino de tortillas. Hacia el oeste se encontraba un camino de tierra que pasaba por delante de la casa de don Rubén y se curveaba hacia el este a la lechería, el canal, el periférico, el cementerio, la estación de tren, y el centro. Su casa estaba en el lado norte de la parcela, la casa de mi tía estaba en el lado sur, y el resto de la propiedad era una gran yarda con varios árboles frutales.

Además de ser uno de los estados más pobres de México, Guerrero es también uno de los más montañosos. Mi ciudad natal de Iguala de la Independencia se encuentra en un valle. Mi abuela vivía en las afueras de la ciudad, y esa mañana, a medida que caminaba hacia su casa, mantuve los ojos en la montaña más cercana. Era grande y suave, parecía como si estuviera cubierta con una tela aterciopelada de color verde. Durante la temporada de lluvias, tenía un círculo de nubes en su punto más alto que parecía como un pañuelo blanco atado alrededor de la cabeza, por lo que la gente local la llamaba "la montaña que tiene un dolor de cabeza". En aquel entonces, yo no sabía lo que había en el otro lado de esa montaña, y cuando le pregunté a Mami me dijo que no lo sabía. —Otra ciudad, supongo. Ella señaló en una dirección y dijo que Acapulco estaba en algún lugar por allí cerca, a tres horas de distancia en autobús. Señaló después en la dirección opuesta y dijo que la ciudad de México estaba allí, también a tres horas en autobús.

Pero cuando uno es pobre, no importa qué tan cerca están las cosas, todo queda muy lejos. Y así, hasta ese día, mi madre, de veintinueve años, nunca había estado en el otro lado de las montañas.

—Escuchen a su abuela —dijo Mami, sorprendiéndome. No me había dado cuenta de lo callados que estábamos todos durante nuestra caminata. Dejé de mirar a "la montaña que tiene un dolor de cabeza" y miré a Mami, quien estaba de pie ante nosotros diciendo: —Compórtense. No le den ninguna razón para enojarse.

—Ella nació enojada —dijo Mago en voz baja.

Carlos y yo soltamos una risita. Mami se rió también, pero se contuvo. —Callate Mago. No hables así. Su abuela nos está haciendo a su papá y a mí un favor. Háganle caso y siempre hagan lo que les dice.

—¿Pero por qué tenemos que quedarnos con ella? —preguntó Carlos. Él estaba a punto de cumplir sus siete años. Mago, a los ocho y medio, era cuatro años mayor que yo. Ambos faltaron a la escuela ese día, pero no les importaba. ¿Cómo podían pensar en números y letras cuando nuestra madre nos estaba dejando y yéndose a un lugar del cual la mayoría de los padres nunca volvían?

—¿Por qué no nos quedamos con abuelita Chinta? —preguntó Mago.

Pensé en la mamá de Mami. Yo quería mucho a mi abuelita con su sonrisa desdentada y ese aroma de aceite de almendras que siempre la envolvía. Su voz era suave como el arrullo de las palomas que tenía en jaulas en su choza. Sin embargo, yo no quería estar con ella ni con nadie. Yo quería estar con mi madre.

Mami suspiró. —Su padre quiere que se queden con su abuela Evila. Él piensa que será mejor.

—¿Pero por qué se tiene que ir, Mami? —le pregunté de nuevo.

—Ya te he dicho por qué, mija. Estoy haciendo esto por ti. Por todos ustedes.

—Pero ¿por qué no puedo ir con usted? —insistí, las lágrimas me quemaban los ojos—. Voy a portarme bien, se lo prometo.

—No puedo llevarte conmigo, Reyna. No esta vez.

—Pero...

—¡Basta! Tu padre ha tomado una decisión, y nosotros debemos hacer lo que él dice.

Mago, Carlos y yo disminuimos el paso y pronto Mami se encontró caminando sola mientras nosotros caminábamos lentamente tras ella. Miré el retrato entre mis brazos y estudié el cabello negro y ondulado de Papi, sus labios gruesos, su nariz chata y sus ojos rasgados que miraban un poco hacia la izquierda. Yo quería, como siempre lo hacía en ese entonces —como todavía lo hago ahora— que sus ojos estuvieran mirándome a *mí*, y no hacia un lado. Pero sus ojos estaban congelados en esa posición, y no había nada que pudiera hacer al respecto. "¿Por qué se la está llevando?" le pregunté "al hombre detrás del vidrio". Como siempre, no hubo respuesta.

—¡Señora, ya llegamos! —gritó Mami desde el portón. Al otro lado de la calle, el perro del vecino nos ladraba. Yo sabía que la abuela estaba adentro porque mis ojos ardían por el olor acre de los chiles guajillo que estaba asando en la cocina.

—¡Señora, ya llegamos! —Mami llamó de nuevo. Puso una mano en la manilla del portón, pero no lo abrió. Desde el principio, mi abuela no quiso a mi madre, diez años —y tres nietos después—

todavía desaprobaba la elección de mi padre como esposa, una mujer que provenía de una familia más pobre que la suya. Así que Mami no se sentía cómoda entrando a la casa de mi abuela sin permiso. Por eso esperamos fuera del portón bajo el calor abrasador del sol del mediodía.

—¡Señora, soy yo, Juana! —gritó Mami, mucho más fuerte que antes. Mi abuela nació en el año 1911, durante la revolución mexicana. Cuando llegamos a su casa, ella estaba a punto de cumplir sesenta y nueve años. Su pelo largo era plateado, y a menudo lo llevaba recogido en un moño apretado. Tenía una pequeña joroba en su espalda que hacía que el cuerpo se inclinara hacia el suelo. Cuando era niña, ella había sufrido de un caso severo de sarampión, y lo que quedaba de su enfermedad era un brazo izquierdo que colgaba en un ángulo y una cojera que la hacía caminar como si estuviera borracha.

Finalmente, salió de la casa por la puerta de la cocina. Mientras se dirigía al portón, se secó las manos en el delantal, manchado con salsa roja fresca.

—Ya llegamos —dijo Mami.

—Ya veo —contestó mi abuela. No abrió la puerta, y no nos pidió que entráramos para refrescarnos bajo la sombra del limón en el patio. El sol brillante me quemaba el cuero cabelludo. Me acerqué a Mami y me escondí en la sombra de su vestido.

—Gracias por permitirme dejar a mis hijos aquí bajo su cuidado, señora —dijo Mami—. Cada semana mi marido y yo estaremos enviando dinero para los gastos.

Mi abuela nos miró a los tres. Yo no podía adivinar si estaba enojada. Tenía la cara en una mueca constante, sin importar en qué tipo de estado de ánimo se hallaba. —¿Y por cuánto tiempo van a permanecer aquí? —preguntó. Yo esperé la respuesta de Mami, con la esperanza de oír algo más concreto que "no por mucho tiempo".

—No sé, señora —dijo Mami. Apreté el retrato de Papi contra mi pecho, porque esa respuesta era peor—. Durante el tiempo que sea necesario —continuó Mami—. Sólo Dios sabe cuánto tiempo Natalio y yo nos vamos a tardar para ganar el dinero para la casa que él quiere.

—¿Que *él* quiere? —preguntó la abuela Evila, apoyándose contra el portón—. ¿Qué no la quieres tú también?

Mami nos miró y nos abrazó. Nos apoyamos en ella. Nuevas lágrimas salían de mis ojos, y me sentí como si me hubiera tragado una de las cánicas de Carlos. Me aferré al vestido de flores de Mami y deseé poder quedarme allí para siempre, escondida en los pliegues, envuelta en la seguridad de su sombra.

—Por supuesto, señora. ¿Qué mujer no quisiera tener una casa de ladrillo? Pero el precio será grande —dijo Mami.

—Los dólares americanos compran bastante aquí —dijo la abuela Evila, apuntando a la casa de ladrillos construida en el lado opuesto de su propiedad—. Mira a mi hija María Félix. Ella se ha construido una casa muy bonita con el dinero que ha ganado en *el otro lado*.

La casa de mi tía era una de las más grandes en la cuadra. Pero ella no vivía allí. No había vuelto de *el otro lado* a pesar de que se fue allá mucho antes de que Papi lo hiciera. Había dejado a su hija de seis años aquí, mi prima Élida, quién, cuando llegamos a la casa de la abuela Evila, ya estaba pasando a los catorce años y había estado viviendo con mi abuela desde que *el otro lado* se había llevado a su madre.

—Yo no me refería al dinero —dijo Mami. Ella se emocionó y se limpió la humedad de los ojos. Abuela Evila desvió la mirada, como si le avergonzaran las lágrimas de Mami. Tal vez porque vivió durante la Revolución, cuando más de un millón de personas murieron y los que vivieron tuvieron que endurecerse para sobrevivir, mi abuela no era propensa a ser emocional.

Mami se volvió hacia nosotros y se agachó para quedar a nuestro nivel. Nos dijo: —Voy a trabajar tan duro como pueda. Cada dólar que ganemos será para ustedes y la casa. Su padre y yo estaremos de vuelta muy pronto.

—¿Por qué Papi sólo la mandó a traer a usted y no a mí? —le preguntó de nuevo Mago a Mami—. Yo quiero ver a Papi, también. Por ser la mayor, Mago era la que recordaba a mi padre con más claridad. Cuando Mami nos dio la noticia de que se iba a reunir con él en *el otro lado*, Mago había llorado porque Papi no había mandado por ella también.

—Su papá no puede llevarnos a todos. Yo sólo voy allá para ayudarle a ganar dinero para la casa —dijo Mami otra vez.

—No necesitamos una casa. Necesitamos a Papi —dijo Mago.

—La necesitamos a usted también —dijo Carlos.

Mami pasó los dedos por el cabello de Mago. —Tu padre dice que un hombre debe tener su propia casa, su propia tierra para dejársela a sus hijos —dijo—. Yo me iré por un año. Te prometo que al final del año, voy a traer a su papá de vuelta conmigo tengamos o no el dinero suficiente para una casa. ¿Me prometes cuidar a tus hermanos por mí, ser su madrecita?

Mago miró a Carlos, y luego a mí. No sé lo que mi hermana vio en mis ojos pero hizo que su rostro se ablandara. ¿Habría sabido en ese entonces lo mucho que la iba a necesitar? ¿Sabría en ese momento que sin su fuerza y su inquebrantable amor, yo no hubiese sobrevivido lo que estaba por venir? Su rostro estaba lleno de determinación cuando miró a Mami y le dijo: —Sí, Mami. Se lo prometo. Pero va a cumplir su promesa, ¿no? Usted va a volver.

—Por supuesto —dijo Mami. Abrió los brazos y caímos en ellos.

—No se vaya, Mami. Quédese con nosotros, quédese *conmigo* —le dije mientras me aferraba a ella.

Me besó en la frente y me empujó hacia el portón cerrado. —Tienes que salir del sol antes de que te dé un dolor de cabeza —dijo.

Abuela Evila por fin abrió el portón para dejarnos entrar, pero no nos movimos. Nos quedamos allí cargando nuestras bolsas, y de repente quise tirar el retrato de Papi contra el suelo para que se rompiera en pedazos, pues lo odiaba por llevarse a mi madre y separarla de mí, sólo porque quería ser dueño de una casa y un pedazo de tierra.

—No me deje, Mami. ¡Por favor! —supliqué.

Mami nos dio a cada uno un abrazo y un beso de despedida. Cuando ella me besó, apreté mi mejilla contra sus labios pintados de rojo.

Mago me abrazó fuertemente mientras miraba a Mami alejarse, las piedritas bailando dentro y fuera de sus sandalias, su pelo negro ardiendo bajo el sol. Cuando vi su figura borrosa desaparecer en la curva del camino, me solté de Mago y me eché a correr, gritando por mi madre.

A través de mis lágrimas, vi un taxi llevársela lejos, dejando una nube de polvo a su paso. Sentí una mano en mi hombro y vi a Mago detrás de mí. —Vamos, Nena —dijo. No tenía lágrimas en los ojos, y mientras caminábamos de regreso a casa de mi abuela, me pregunté si cuando Mami le pidió a Mago que fuera nuestra madrecita, significaba también que no se le permitía llorar.

Carlos seguía de pie junto al portón, esperándonos para que pudiéramos entrar a la casa juntos. Miré hacia el camino vacío una vez más, y me di cuenta de que ya no quedaba nada de mi madre. Al entrar a la casa de mi abuela, me toqué la mejilla y me di cuenta que había algo que todavía me quedaba, la sensación de sus labios rojos en mi piel.

2

Abuelo Augurio

A Mago, Carlos y a mí nos dieron una esquina de la habitación de mi abuelo. El abuelo Augurio y la abuela Evila no dormían en la misma habitación porque cuando mi prima Élida se vino a vivir a esta casa la abuela echó de la cama al abuelo para hacerle espacio a su nieta favorita. La habitación de mi abuelo olía a sudor, cerveza y humo de cigarrillo. Su cama estaba en el rincón más alejado, junto a algunas cajas, un viejo armario y sus herramientas de jardinería. La luz que entraba por la ventana era demasiado débil para quitarle la gravedad al cuarto.

Cerca de la puerta había un pequeño somier levantado en ladrillos y cubierto con un petate. La "cama" estaba contra la pared, debajo de la pequeña ventana que daba a un callejón. Aquí es donde Mago, Carlos y yo dormíamos. Yo dormía en el medio, para que no me cayera. Mago dormía contra la pared, porque si un alacrán bajaba por la pared y la picaba, ella iba a estar bien. Los alacranes no le podían hacer nada a mi hermana de sangre caliente y de signo Escorpio. Carlos dormía en la orilla, porque una semana después de que Mami se fue empezó a orinarse en la cama. Si dormía en la orilla sería más fácil levantarse en medio de la noche para usar la cubeta junto a la puerta.

La habitación de mi abuelo estaba al lado del callejón. La ventana sobre nuestras cabezas no tenía vidrio para amortiguar los ruidos del exterior, y se podía oír todo lo que ocurría en el callejón. A veces, oíamos gruñidos procedentes de allí. Mago y Carlos se levantaban para mirar, y se reían de lo que veían, pero nunca me levantaban para que yo pudiera ver por mí misma. Otras veces oíamos a los borrachos que venían de la cantina más allá del camino. Gritaban obscenidades que hacían eco contra las paredes de ladrillo de las casas cercanas. A veces los oíamos orinar contra el corral que rodeaba la propiedad de abuela Evila mientras cantaban canciones de borracho. ¡*No vale nada la vida, La vida no vale nadaaaa!* Yo odiaba esa canción que a los borrachos les gustaba cantar. ¿La vida no vale nada?

Una noche, los ruidos que escuchamos eran los cascos de un caballo golpeando las rocas en el suelo. Mi piel se erizó como la piel de una gallina. Me pregunté quién podría estar en el callejón tan tarde. El sonido de los cascos resonando contra los ladrillos, me hacía estremecerme de miedo.

—¿Qué es eso? —preguntó Carlos.

—No sé —dijo Mago. —Levántate y mira. En ese momento, los perros empezaron a ladrar.

—No —dijo Carlos.

—No seas marica —dijo Mago. Se levantó de la cama y se paró sobre nosotros, mientras miraba por la ventana. Con todo el ruido que estábamos haciendo, uno pensaría que el abuelo Augurio se despertaría, pero no lo hizo. Yo quería que se despertara. Deseaba que él mirara por la ventana y nos asegurara que todo estaba bien. Miré al otro lado de la habitación y sabía que él estaba dormido. Cuando estaba despierto, se acostaba en la cama durante horas fumando en la oscuridad, el rojo en la punta del cigarrillo parpadeando hacia mí como un ojo malvado. Su silencio siempre me hacía sentir incómoda. No me gustaba cómo mi abuela siempre nos gritaba, pero mi abuelo actuaba como si no estuviéramos ahí. De alguna manera, sentía que eso era peor. Me hacía sentir invisible.

Mago dio un grito ahogado y se dejó caer en la cama, persignándose una y otra vez.

—¿Qué viste? —le preguntamos—. ¿Quién era aquél en el callejón?

—Era un hombre, un hombre en un caballo —susurró Mago. El tañir de los cascos se hizo más débil y más débil.

—¿Y? —dijo Carlos.

—Estaba arrastrando algo detrás de él, como un hombre en un costal.

—Estás mintiendo —dijo Carlos.

—No lo estoy, les juro que digo la verdad —insistió Mago—. Les juro que lo vi arrastrar a una persona.

—No te creo —dijo Carlos de nuevo —. ¿Verdad, Reyna?

Asentí con la cabeza, pero ninguno de nosotros pudimos dormir bien esa noche.

—Ese es el diablo haciendo sus rondas —dijo la abuela Evila en la mañana siguiente, cuando le dijimos lo que había visto Mago—. Él está buscando a todos los niños traviesos para llevárselos al infierno con él. Así que mejor se comportan bien, o el diablo se los va a llevar.

Mago nos dijo que no le hiciéramos caso a lo que nos decía la abuela Evila. Pero por la noche, nos sujetábamos uno al otro cuando escuchábamos el paso de un caballo por la ventana, el sonido de los cascos nos hacía estremecernos de susto. *¿Quién nos protegerá si el diablo viene a robarnos y llevarnos muy lejos donde nunca volveríamos a ver a nuestros padres?* me pregunté. Todas las noches, escondía la cara en mi almohada y me agarraba fuertemente de mi hermana.

Mi madre le había pedido a Mago que fuera nuestra madrecita, y ella y mi padre hubieran estado orgullosos de ver con qué valentía su hija mayor había asumido esa responsabilidad. A veces, ella lo tomaba un poco demasiado en serio para mi gusto, pero Mago estaba allí cuando mi padre y mi madre no estaban.

Un mes después de que Mami se fue, Mago y yo pasamos por la casa del panadero en nuestro camino hacia el molino de tortillas, cuando el panadero salió cargando en la cabeza una canasta que parecía un sombrero de paja gigante lleno de pan dulce. Se me hizo agua la boca pensar en poder hundir los dientes en una concha de chocolate, suave y esponjosa.

La mujer del panadero nos miró y le dijo a su marido: —Mirálas, pobrecitas huerfanitas.

—¡No somos huérfanas! —le grité, olvidándome del pan dulce.

Agarré una piedra para lanzarla hacia ella, pero sabía que Mami se hubiera decepcionado de mí si la tiraba. Así que la dejé caer al suelo.

Sin embargo, la mujer del panadero había visto la mirada en mis ojos. Ella sabía lo que había estado a punto de hacer. —¡Debería darte vergüenza, escuincla! —me reprendió.

—Ay, no seas demasiado dura con ella —dijo el panadero—. Es una cosa triste, no tener padres —Se subió en su bicicleta para entregar el pan. Lo observé hasta que dobló la esquina, asombrada de ver cómo andaba en su bicicleta a través de las rocas esparcidas por todo el camino de tierra sin perder el equilibrio y sin derramar todo el pan que llevaba en la canasta gigante.

—Si tu madre alguna vez vuelve, estaré segura de hablarle de tu mal comportamiento —dijo la mujer del panadero, señalándome con el dedo. Luego se metió a su casa y cerró la puerta.

—¡No puedo creer que hiciste eso! —dijo Mago enojada. Me golpeó duro con la canasta de paja que usaba para las tortillas.

Mis ojos se llenaron de lágrimas. —¡Pero nosotros no somos huérfanos! —le dije. Mago estaba demasiado enojada para hablar conmigo, así que me jaló con fuerza por el brazo y se apresuró al molino para comprar las tortillas para la comida del mediodía. Me tropecé con una piedra, y me habría caído si Mago no me hubiera estado sosteniendo. Ella aminoró el paso y me soltó el brazo.

—No quiero que la gente sienta lástima por nosotros —le dije.

—Y que nos digan pobrecitos.

Ella dejó de caminar, se acarició la mejilla y pasó el dedo sobre la cicatriz que tenía allí. Cuando tenía tres años, Mago casi había perdido un ojo mientras jugaba a las escondidas. Se había escondido debajo de una cama vieja que tenía resortes de metal que sobresalían como garras puntiagudas. Uno de los resortes se clavó en el párpado de Mago, otro en la mejilla, otro en el puente de la nariz. Las cicatrices que dejaron los puntos de sutura en su párpado parecían vías de tren en miniatura. Cuando la gente miraba las cicatrices les daba lástima y le decían a Mago "pobrecita".

Después de un breve silencio, dijo: —Lo siento, Nena —entonces me tomó de la mano, y continuamos nuestro paseo.

Cuando volvimos del molino, Élida estaba esperándonos junto a la puerta para preguntarnos por qué nos tomamos tanto tiempo en ir por las tortillas, ¿y qué no podíamos ver que ella tenía hambre? Élida tenía una cara redonda, gorda, y ojos grandes como si estuvieran hinchados. Mago se burlaba de ella, llamándola "ojos de rana". Al principio, habíamos tratado de ser amigos de Élida, pensamos que ya que estábamos en la misma situación —de haber sido abandonados por nuestros padres— ella iba a querer que fuéramos amigos. Élida no estaba interesada en ser nuestra amiga, y al igual que los vecinos nos llamaba "los huerfanitos". Técnicamente, ella también era una huérfana. Pero la ropa de moda que abuela Evila le hacía en su máquina de coser y los muchos regalos que su madre le enviaba desde *el otro lado* ayudó a Élida a transformarse en una nieta privilegiada. Ella era todo lo que nosotros no éramos.

Al verla, yo me enojé otra vez por ser llamada pobre huerfanita, por ser golpeada por Mago, por haber sido abandonada por mi madre, porque mi padre se la llevó. Yo quería darle un tirón a la trenza de Élida, pero al ver que la abuela Evila andaba rondando cerca, sabía que era mejor no hacerlo. En lugar de eso, dije: —Tu cabello se ve como la cola de un caballo.

—Pinche huérfana —dijo, y me jaló de la trenza. Abuela Evila tomó las tortillas de Mago, pero no le dijo nada a Élida por jalarme el pelo.

Mi abuelo y mi tía Emperatriz estaban sentados en la mesa de la cocina. Mi abuelo trabajaba en el campo y estaba allí sólo para el almuerzo. Mi tía trabajaba en un estudio fotográfico. Ella tenía veinticinco años y aún era soltera. La más joven de los cinco hijos de mi abuela que aún vivían, todavía no encontraba a quien mi abuela sintiera que valía la pena y mereciera casarse con la más bonita de sus hijas. Mi abuela asustaba a cualquier hombre que venía a tocar la puerta.

La cocina estaba al lado de la habitación de mi abuela. Carlos, Mago y yo nos sentamos en los escalones de concreto que conectaban la cocina con el cuarto de mi abuela, ya que la mesa era sólo para cuatro personas, y los asientos ya estaban ocupados. Abuela Evila le dio una chuleta de puerco al abuelo Augurio, y otra a Élida, la tercera fue para la tía Emperatriz, y la última chuleta la tomó para sí misma. Ya cuando el sartén nos llegó, no quedaba nada. Abuela Evila recogió cucharadas de aceite en el que frió la carne y lo mezcló con nuestros frijoles. —Pa' darle más sabor —dijo.

Mago antes de las cicatrices

Si Papi estuviera aquí, si Mami estuviera aquí, no estaríamos comiendo aceite, fue lo que pensé.

—¿No hay más chuletas? —Tía Emperatriz preguntó.

Abuela Evila negó con la cabeza. —El dinero que me dejaste esta mañana no me alcanzó en el mercado —dijo—. Y el dinero que sus padres enviaron se ha acabado.

Tía Emperatriz miró nuestros frijoles aceitosos y luego se levantó a coger su bolsa. Le dio una moneda a Mago y la envió a comprar un refresco para nosotros. Mago volvió con una Fanta. Le dimos las gracias a nuestra tía por el refresco y nos turnamos bebiendo de la botella, pero el sabor dulce de naranja no nos quitó el aceite en la boca.

—¿De qué nos sirve que nuestros padres estén en *el otro lado,* si vamos a estar comiendo como mendigos? —dijo Mago después de la comida, una vez que todos estaban fuera del alcance del oído. No tenía ninguna respuesta para darle a mi hermana, así que no dije nada.

Tía Emperatriz y el abuelo Augurio volvieron al trabajo. Élida fue a ver la televisión. Carlos sacó la basura para quemarla y yo le ayudé a Mago a recoger todos los platos sucios y llevarlos al lavadero. Después, limpiamos la mesa y barrimos el piso de tierra.

—¡Regina! —abuela Evila llamaba desde su dormitorio, donde estaba arreglando sus vestidos—. ¡Regina, ven acá! Me tomó un momento para darme cuenta de que me estaba llamando a *mí,* ya que Regina no era mi nombre. Mi abuela pensaba que debería haberme llamado así porque nací el 7 de septiembre, el día de Santa Regina. Cuando mi madre fue al ayuntamiento para obtener mi acta de nacimiento, se había enojado con mi abuela porque la abuela Evila constantemente criticaba a mi madre por todo. Así que, en un acto de desafío, mi madre me puso el nombre de Reyna. Mi abuela nunca me llamó por mi nombre, sino por el que ella pensó que yo debería haber tenido.

—¡Regina! —llamaba abuela Evila otra vez.

—¿Sí, abuelita? —le dije mientras me paré en el umbral de su habitación.

—Ve a comprarme una aguja —dijo, y me entregó el dinero del

monedero que guardaba en el sostén—. Y no te demores —dijo. Eché un vistazo a la sala donde Élida estaba viendo *El Chavo del Ocho*, mientras comía una bolsa de chicharrones rociados con salsa roja.

Las dos hijas de don Bartolo estaban jugando a la rayuela fuera de su tienda. Cuando me vieron pasar junto a ellas, una me señaló y dijo: —Mira, ahí va la huerfanita. Esta vez, no lo pensé dos veces. Esta vez, no me importaba si toda la colonia pensaba que era salvaje y una vergüenza para mi familia. ¿Acaso no era suficiente que acababa de comer aceite? Tiré la moneda tan fuerte como pude. La moneda golpeó a una de las chicas en el ojo derecho. Ella gritó y llamó a su padre; corrí a casa, olvidando recoger la moneda del suelo. Cuando la abuela Evila me preguntó por la aguja, no tuve más remedio que decirle la verdad.

Llamó a Mago y le dijo: —Toma a tu hermana y llévala a pedirle disculpas a don Bartolo, y no vuelvas sin mi aguja.

Mago me agarró de la mano y me jaló. —Ahora sí que te pasaste —dijo.

—¡Ella me llamó una huérfana! Me safé de la mano de Mago y dejé de caminar. Mago me miró durante un rato largo. Pensé que me iba a golpear. En cambio, me tomó de la mano de nuevo, pero me jaló en la dirección opuesta de la tienda de don Bartolo.

—¿A dónde vamos? —pregunté. Ella no me dijo a dónde me estaba llevando, pero en cuanto doblamos la esquina, nuestra casita quedó a la vista. Nos detuvimos frente a ella. La ventana estaba abierta, y yo podía oler los frijoles que se estaban cociendo. Escuché a una mujer cantando con la radio. Mago dijo que no sabía quienes eran los nuevos inquilinos de don Rubén, pero que siempre sería la casa en la que vivimos con nuestros padres. —Nadie puede quitarte eso —dijo—. Sé que no te acuerdas de Papi para nada, pero los recuerdos que tienes de Mami y de esta casa serán tuyos para siempre.

La seguí hasta el canal en el lado opuesto de la colina donde estaba la casa de la abuela Evila. Mami venía a lavar la ropa aquí cuando vivíamos en la casita de don Rubén. Mago dijo: —Aquí es donde Mami te salvó la vida, Nena. ¿Te acuerdas?

Asentí con la cabeza, sintiendo un nudo en la garganta. Cuando tenía tres años, casi me había ahogado en ese canal. La temporada de lluvias lo habían convertido en un río, y la corriente era rápida y contundente. Mami me dijo que me sentara en uno de los lavaderos y permaneciera a su lado, pero dejó que Mago y Carlos se metieran en el agua y jugaran con los otros niños. Yo quería meterme, y cuando Mami estaba ocupada enjuagando la ropa y mirando para otro lado, me eché un clavado. La corriente me arrastró por el canal. Yo no podía tocar el fondo y rápidamente me llevó la corriente. Mami llegó a mí justo a tiempo.

Mago y yo volvimos a la casa de la abuela Evila, sin saber lo que íbamos a decirle. Pero antes de entrar en la casa, Mago me llevó a la pequeña choza hecha de cañas de bambú y de cartón cerca del patio. En su interior había ollas grandes de barro, una parrilla grande y otras cosas para las cuales mi abuela no tenía espacio en su cocina. Aquí fue donde Mami y Papi vivieron por primera vez cuando se casaron.

Mago y yo nos sentamos en el piso de tierra, y ella me recordó lo que Mami me había contado de mi nacimiento. Señaló el círculo de piedras y un montón de cenizas y me dijo que durante mi nacimiento, había una fogata encendida mientras que Mami se preparaba para dar a luz. Mami se había puesto en cuclillas sobre un petate, mientras se sostenía de la cuerda que colgaba del techo. Cuando yo nací, la partera me puso en los brazos de mi madre. Se volvió hacia el fuego para que el calor me mantuviera caliente. Mientras escuchaba a Mago, cerré los ojos y sentí el calor de las llamas, y escuché el corazón de Mami latiendo contra mi oído.

Mago señaló un punto en el piso de tierra y me recordó que mi cordón umbilical fue enterrado allí. *De esta manera*, Mami le dijo a la partera, *no importa dónde la vida se la lleve, ella no olvidará jamás de dónde vino.*

Entonces Mago me tocó el ombligo y le añadió algo al relato que mi madre nunca me había dicho. Me dijo que mi cordón umbilical era como un lazo que me conectaba a Mami. Ella dijo: —No importa que haya una distancia entre nosotros ahora. Este lazo te une a ella para siempre. Me toqué el ombligo y pensé en lo que mi hermana me había dicho. Tenía la foto de Papi que me mantenía conectada a él. Yo no tenía foto de mi madre, pero ahora mi hermana me había dado algo para recordarla.

—Todavía tenemos una mamá y un papá —dijo Mago—. No somos huérfanos, Nena. El hecho de que no están con nosotros no significa que ya no tenemos padres. Ahora, vamos a decirle a la abuela que no tenemos la aguja para ella.

Me tomó de la mano y juntas salimos de la choza. —Ella me va a pegar —le dije mientras nos dirigimos a la casa—. Y te va a pegar, también, a pesar de que no hiciste nada.

—Lo sé —dijo.

—Espera —le dije. Salí corriendo por la puerta antes de acobardarme, corrí por la calle tan rápido como pude. Fuera de la tienda, las hijas de don Bartolo jugaban de nuevo, me miraron feo en el momento en que me vieron. De repente, mis pies no querían seguir caminando, me puse un dedo en el ombligo, y pensé en Mami, y en todo lo que mi hermana acababa de decirme. ¡Me dio valor!

—Siento haberte golpeado con la moneda —le dije a la niña mayor. Ella volvió a mirar a su padre, quien acababa de salir de la tienda, y estaba parado junto a la puerta. Ella me dijo: —Mi papi dice que tenemos suerte de tener la tienda, porque si no fuera por eso, él tendría que irse para *el otro lado*. No me gustaría que se fuera.

—Yo no quería que Mami se fuera tampoco —dije—. Pero sé que volverá pronto. Y también lo hará mi papi.

Don Bartolo tomó la moneda de mi abuela de su bolsillo y me la entregó. —Nunca pienses que tus padres no te quieren —dijo—. Es porque te quieren mucho que se han ido.

Mientras regresaba a casa con la aguja para mi abuela, me dije que tal vez don Bartolo tenía razón. Tenía que seguir creyendo que mis padres me dejaron porque me amaban demasiado, y no porque no me amaban lo suficiente.

3

Carlos, Reyna y Mago

Élida tenía el cabello tan largo, que se desplomaba sobre su espalda como una cascada negra y brillante. La abuela Evila lavaba el cabello de Élida con agua de limón, porque según ella, el jugo de limón limpiaba las impurezas del cabello y lo pone más brillante y saludable. Por las tardes, llenaba una cubeta con agua del tanque, cortaba limones del árbol y exprimía el jugo en el agua de la cubeta.

Mago, Carlos y yo nos escondíamos detrás de una adelfa con flores de color rosa para ver el ritual a través de las hojas. Abuela Evila lavaba el pelo de Élida como si estuviera lavando un rebozo de seda fina. Después, Élida se sentaba bajo el sol para secar su cabello. Mi abuela salía a cepillarlo con mucha delicadeza, comenzando por las puntas y avanzando hacia arriba. Pasaba media hora pasando el peine por el cabello largo de Élida.

Nuestro cabello estaba lleno de piojos, nuestro estómago lleno de lombrices, pero a mi abuela no le importaba. —Puedo estar segura de que los hijos de mis hijas son realmente mis nietos —abuela Evila a menudo nos decía—. Pero uno no puede confiar en una nuera. Quién sabe lo que su madre hacía cuando nadie la estaba mirando.

Fue mala suerte de mi madre el haber sido la única nuera. Mi padre tenía un hermano que murió a los siete años de edad. Su nombre era Carlos, y mi hermano heredó su nombre; mi abuelo llevaba al tío Carlos a los campos a trabajar, y como salían muy temprano en la mañana, el tío Carlos tenía demasiado sueño como para mantenerse despierto durante el viaje a los campos. Mi abuelo lo amarraba al caballo para que no se cayera. Un día, el caballo perdió pie y cayó, aplastando a mi tío debajo de él.

La muerte de mi tío no salvó a mi padre de los campos. Cuando estaba en tercer grado, dejó la escuela para trabajar en la cosecha al lado de mi abuelo. Si el tío Carlos hubiera vivido y se hubiera casado, mi madre habría tenido a una aliada, y nosotros hubiéramos tenido primos para compartir esa carga de la desconfianza de mi abuela.

—Su madre no va a volver por ustedes —nos dijo Élida una tarde mientras estaba acostada en el sol para secar su cabello después del tratamiento de limón de la abuela Evila. Mago y yo estábamos lavando la ropa sucia en el lavadero del patio—. Ahora que ella ya tiene un trabajo y está ganando dólares, no va a querer volver, créanme.

Tres semanas antes, Mami nos dijo que había conseguido un trabajo en una fábrica de ropa donde se pasaba todo el día cortando hebras de las prendas de ropa que se cosían en la fábrica. Nos dijo que por fin le iba a ayudar a Papi a ahorrar dinero para la casa y prometió enviarnos dinero para que la abuela Evila nos comprara zapatos y ropa. No podíamos decirle a Mami que no se molestara, que el dinero que enviaba desaparecía antes de que mi abuela llegara a casa del banco: Ella se paraba cerca de nosotros, mientras hablábamos por teléfono, y si decíamos algo malo de ella, nos pegaba después.

—Ella regresará. Yo sé que lo hará —le dijo Mago a Élida. En los dos meses y medio que habíamos estado allí, mis padres nos habían llamado cada fin de semana, pero aún Mami no nos había enviado las cartas que prometió escribirnos. Pero cada vez que llamaba, Mago le recordarba su promesa de que regresaría en un año.

—No te mientas a ti misma —dijo Élida—. Tus padres se van a olvidar de ustedes, ya lo verás. Tú y tus hermanos siempre serán "los huerfanitos".

—Tú estás igual. Es tu madre la que no va a volver —dijo Mago—. ¿Qué no tiene otro niño, allá en *el otro lado*?

Al acordarse de su hermano americano, Élida desvió la mirada. Abuela Evila salió de la casa con un peine grande de plástico. Ella se sentó detrás de Élida a peinar su cabello largo y sedoso que olía a limonada. Élida estaba muy callada, y no le contestó a la abuela Evila cuando ella le preguntó qué le pasaba.

Una hora más tarde, Élida estaba de vuelta en el patio. Se acostó en la hamaca y nos miró hacer nuestros deberes. Mago barría el suelo, y yo regaba las macetas de la vinca y geranio en los bordes del tanque de agua. Carlos estaba en el patio trasero limpiando, un trabajo que mi abuelo le había dado. Como siempre, Élida no tenía ningún quehacer.

Ella se mecía en la hamaca comiendo un mango que había comprado en la tienda de don Bartolo. Era un mango hermoso, cortado en forma de flor. Su carne de color amarillo estaba rociada con polvo de chile rojo. Se me hizo agua la boca al ver a Élida darle una mordida grande al mango. Ella siempre se compraba golosinas con el dinero que abuela Evila sólo le daba a ella, y no a nosotros. Cuando nuestra otra abuela, abuelita Chinta, nos visitaba, y traía naranjas, cajeta o paletas, las teníamos que compartir con Élida o la abuela Evila nos las quitaba.

—Mi mamá me ama —dijo Élida—. Es por eso que ella me envía todo lo que le pido. Es por eso que me escribe cartas.

—¡Ya cállate, marrana! —dijo Mago. Volteó la escoba y empezó a barrer hacia Élida.

—¡Pinche huérfana! —gritó Élida, tratando de levantarse para escapar de la nube de polvo que Mago acababa de enviar hacia ella—. ¡Pinche piojosa!

—¿Y qué si tengo piojos? —dijo Mago—. Y si no tienes cuidado, te los voy a dar, y vamos a ver qué pasa con todo ese cabello que tienes —Mago me jaló y comenzó a espulgarme el pelo—. ¡Mira, mira, un piojo! —dijo, alzando un piojo imaginario hacia Élida.

—¡Abuelita! ¡Abuelita!—gritó Élida, con los ojos llenos de miedo. Corrió a la casa sujetando su larga trenza. Mago y yo nos miramos la una a la otra.

—Mira lo que has hecho. Ahora sí que la vamos a pagar —le dije a Mago. Pensé que nos iban a dar una paliza con un cucharón de madera, una rama o una sandalia, las opciones habituales. Yo hubiera preferido una paliza a lo que nos tocó.

Por la noche, cuando la tía Emperatriz llegó a casa del trabajo, la abuela Evila le dijo que se encargara de nuestro problema de los piojos.

—¿No puede esperar para el fin de semana? —preguntó la tía Emperatriz—. Ha sido un día largo para mí.

—Ellos me van a pasar sus piojos, abuelita —dijo Élida, sin soltar su trenza—. Por favor, abuelita.

—Haz lo que te digo —le dijo la abuela Evila a mi tía.

Tía Emperatriz miró a Élida, quien estaba sonriendo detrás de la figura encorvada de la abuela Evila, y alcancé a ver la ira, una pizca de celos en los ojos de mi tía. Ella le dio a Mago unos pesos y la envió a la tienda de don Bartolo para comprar champú y un peine para piojos.

—Eso no va a funcionar —dijo la abuela Evila—. Compra queroseno.

—Pero Amá, eso es peligroso —dijo la tía Emperatriz.

—Tonterías —dijo la abuela Evila—. En mi época, no había mejor remedio que el queroseno.

Los últimos rayos del sol se habían ido, y el mundo se envolvió en la oscuridad. Mi abuela encendió la luz en el patio, pero no funcionó. No había electricidad esa noche, así que sacó sus velas y las puso en el tanque de agua.

Cuando Mago volvió con el queroseno, mi tía nos hizo sentarnos uno por uno.

—¿Y si eso no funciona? —Élida preguntó.

—Si el queroseno no funciona, ¡les voy a rapar el pelo! —dijo la abuela Evila. Al oír las palabras de mi abuela, dejé de retorcerme. Me senté tan quieta que podía oír los mosquitos zumbando alrededor. Me mordían las piernas y los brazos, pero la idea de que me iban a rapar la cabeza me impedía moverme. Mi tía ligeramente me inclinó la cabeza y a la luz de las velas me peinó el cabello con el peine durante cinco minutos. Los dientes finos del peine se enredaban en mis rizos, y sentí como si unas agujas se clavaran dentro de mi cuero cabelludo. Tía Emperatriz empapó una toalla en el queroseno y luego la envolvió alrededor de mi cabeza, asegurándose de que cada hebra de cabello estuviera metida antes de atar una bolsa de plástico en mi cabeza para mantener la toalla en su lugar. El olor era insoportable y tuve que luchar para no rascarme la cabeza, que latía por la picadura del queroseno.

—Ahora a la cama —dijo la tía Emperatriz, cuando terminó—. Y manténganse alejados de las velas encendidas en la casa.

Esa noche fue una noche larga y agitada. Quería rascarme todo el tiempo, pero no debía. El olor abrumador del queroseno hacía casi imposible respirar. Toqué mi toalla y me la quería arrancar de un jalón, sintiéndome incapaz de seguir soportando el dolor y el mareo por más tiempo.

—Déjala —dijo Mago.

—Me duele mucho —le dije—. Necesito rascarme. Ya no aguanto.

—¡Mi cabeza se siente como si estuviera en llamas! —dijo Carlos—. No puedo soportarlo más.

—No lo hagas—dijo Mago—. Nos vamos a quedar pelones si arruinas todo ahorita.

—¡No me importa! —con un solo jalón, Carlos se quitó la toalla. Poco tiempo después, cuando llegué a mi límite, hice lo mismo. Abuela Evila cumplió su palabra. La tarde siguiente, cuando mi abuelo llegó a casa después del trabajo, ella lo hizo sacar su navaja y unas tijeras. Carlos no hizo mucho escándalo ya que él siempre estaba tratando de complacer a mi abuelo. Su pelo fue rapado por completo. Deslizamos nuestras manos sobre su cabeza calva, sintiendo cosquillas en las palmas de las manos. Cuando lo vio, Élida dijo: —¡Te ves como un esqueleto! —Ella siempre se estaba burlando de él porque Carlos era muy flaco, con excepción de su barriga llena de lombrices, pero ahora con la cabeza totalmente calva, sí parecía un esqueleto. Élida comenzó a cantar una canción, "La calaca tilica y flaca. La calaca tilica y flaca". Me eché a reír porque era una canción divertida y me podía imaginar un esqueleto bailando al ritmo de la canción.

—Regina, es tu turno —dijo la abuela Evila.

—Por favor, abuelita, ¡no! —grité mientras mi abuela me llevaba a la silla. Mi abuelo me golpeó en la cabeza con la mano y me ordenó que me quedara quieta.

—Allá tú si te quieres mover —dijo cuando yo no paraba. Lloraba y le gritaba a Mami que viniera. Me odié por ser tan débil la noche anterior, cuando me quité la toalla. Mi cuero cabelludo todavía me ardía y me dolía la cabeza, pero todo había sido en vano. Lloré por mi pelo, era la única cosa hermosa que tenía. Rizos tan gruesos, las mujeres en la calle se detenían para tocarlo y le decían a Mami, "Qué bonito pelo tiene su hija. Parece una muñeca". Y Mami sonreía con orgullo.

—No te muevas, Nena, ¡que te está cortando el pelo muy mal! —dijo Mago. Pero no le hice caso, y las tijeras me silbaron en el oído. Me retorcí aún más al mirar mis rizos en el suelo y en mi regazo, cayendo uno por uno como los pétalos de una flor. Luego, los pollos de mi abuela vinieron cacareando para ver lo que estaba sucediendo, recogieron mis rizos y los sacudieron con sus picos; cuando se dieron cuenta de que los rizos no eran para comer, los arrastraron con sus patas por todo el suelo.

Al final, cuando el abuelo Augurio terminó, corrí al espejo de la cómoda de mi tía y me quedé boquiabierta. Tenía el pelo tan corto como el de un niño, y era tan desigual que parecía como si una de las vacas de la lechería más allá del camino me lo hubiera masticado. Miré la foto de Papi colgada en la pared, justo debajo de la ventana pequeña. Yo me había visto a mí misma en el espejo suficientes veces como para saber que los ojos rasgados de mi padre eran como los míos. Los dos teníamos la frente pequeña, las mejillas anchas y la nariz chata. Y ahora, los dos teníamos el pelo negro y corto.

—¿Cuándo va a volver? —le pregunté "al hombre detrás del vidrio". Deseaba tener una foto de Mami también. Yo quería decirle que la extrañaba. Echaba de menos verla preparar la ropa sucia, poniéndola dentro de una sábana y atando las esquinas para hacer un saco, y luego ponérselo en la cabeza. —Vámonos —me decía, y yo caminaba a su lado hacia el canal. Allí me sentaba en el lavadero, mientras fregaba la ropa y me contaba cuentos. Si el agua estaba baja, me dejaba meter y yo perseguía las burbujas de jabón mientras ella sumergía la ropa en el agua para enjuagarlas.

Extrañaba verla revisar la mercancía bonita de Avon —oler los perfumes, probar las lociones que olían a primavera —y ver su rostro resplandecerse con una sonrisa después de cada venta.

Echaba de menos ir con ella a visitar abuelita Chinta, y tomar una siesta en la cama de mi abuelita mientras platicaban. Me quedaba dormida escuchando la voz de Mami y el arrullo de las palomas de la abuelita Chinta. Y por la noche, extrañaba acurrucarme con ella en la cama en la que había dormido con Papi antes de que él se fuera. Mago y yo tratábamos de mantener a Mami calientita para que no extrañara tanto a Papi.

Mago vino a decirme que era la hora de cenar, y la miré y la odié porque a ella no le raparon el pelo. Se controló para no rascarse toda la noche. A pesar de que su cuero cabelludo estaba irritado y tenía ampollas, los piojos estaban todos muertos. Se lavó el cabello como veinte veces con el champú de tía Emperatriz que olía a rosas, y aún así todavía apestaba a queroseno, pero por lo menos, ella no parecía un niño.

—Déjame en paz —le dije.

—Vamos, Nena, ven y come.

4

La Guadalupe

PARA JUNIO DE 1980, habíamos estado en la casa de la abuela Evila por seis meses. Durante el tiempo que Carlos, Mago y yo vivimos allí, nunca nos llevaron a pasear, nunca nos llevaron a ver los lugares populares de la ciudad, como el zócalo, la plaza con un monumento a la bandera y tablas de piedra que explicaban el papel que Iguala jugó en la Guerra de la Independencia de México, la hermosa iglesia de San Francisco construida en el siglo XIX y rodeada de treinta y dos árboles de tamarindo, la estación de autobuses, el mercado, la popular estación de tren que conectaba Iguala con Cuernavaca y la Ciudad de México hacia el norte, y la capital del estado, Chilpancingo, hacia el sur.

La ciudad de Iguala de la Independencia es en realidad la tercera ciudad más grande en el estado de Guerrero, las otras dos son Chilpancingo y Acapulco. La casa de mi abuela estaba en las afueras de la ciudad, aunque hoy en día esa área ya no está en las afueras. Cada vez que no puedo resistir el llamado de mi lugar de nacimiento, visito Iguala, y la he visto crecer a más de 110.000 habitantes. La colonia donde crecí ya no es la parte no desarrollada de la ciudad. Son las nuevas colonias al pie de las montañas, donde las personas más pobres viven ahora. La mayoría de las calles de La Guadalupe están pavimentadas y la electricidad es bastante estable, aunque el agua potable todavía no está fácilmente disponible.

En ese entonces, Carlos, Mago y yo permanecíamos en la propiedad de mi abuela casi todo el tiempo. Sólo nos aventurábamos a salir cuando mi abuela y Élida se iban al centro los sábados por la mañana. Nos gustaba correr al enorme lote vacante cerca de su casa. Había un coche abandonado allí y nos gustaba jugar en él, pero primero teníamos que asegurarnos que estaba libre de culebras. El coche estaba oxidado y los asientos estaban llenos de agujeros. No tenía llantas, pero el volante funcionaba bien. No sabía por cuánto tiempo el coche oxidado había estado allí, pero me gustaba creer que Papi había jugado en él cuando era niño. Como empezó a trabajar a los nueve años, no creo que realmente haya disfrutado su niñez.

—¿Adónde vamos hoy? —preguntó Carlos, tomando su turno al volante. Él hacía ruidos como el trueno de un motor y giró la rueda a la izquierda y hacia la derecha.

—Para *el otro lado* —le dije.

—Aquí vamos —dijo Carlos.

Los ruidos se hicieron más fuertes. El coche iba más rápido. Carlos dijo: —¡Agárrense fuerte para el salto! —Él era un gran fan de *Los Dukes de Hazzard* y su personaje favorito era el chico rubio llamado Bo. Por la noche, Carlos se escapaba de la casa y corría a la casa del panadero para ver la televisión con sus hijos. Le daban un pan dulce porque a él no le importaba que le llamaran "pobrecito huerfanito", siempre y cuando le dieran un regalo. Durante su ausencia, Mago y yo teníamos que evitar que la abuela Evila preguntara dónde estaba, aunque por lo general no necesitábamos decir nada. Abuela Evila, Élida y la tía Emperatriz usualmente estaban sentadas en la sala viendo una telenovela y no nos prestaban mucha atención.

—¡Yeee-jaa! —dijo Carlos. Mientras conducía, miré hacia "la montaña que tiene dolor de cabeza" y yo estaba segura de que *el otro*

Carlos a los cuatro años

lado estaba allí. Mago dijo que *el otro lado* estaba muy lejos, y en ese entonces nada parecía más lejos que un pueblo desconocido al otro lado de la montaña.

—Maneja hacia ese rumbo —le dije—. Ahí es donde Mami y Papi están.

Carlos empezó el ruido otra vez. El motor aceleró y pronto nos fuimos. —¡Yeee-jaa!

Ya que había decidido que mis padres debían de estar al otro lado de "la montaña que tiene dolor de cabeza", tenía la costumbre de mirarla cada noche y desearles las buenas noches. Por la mañana, les deseaba los buenos días. Carlos y Mago lo hacían también, a pesar de que Élida se reía y nos decía que éramos una bola de pendejos por creer que nuestros padres estaban tan cerca.

—No somos pendejos —le decía a Élida—. Mi mami y mi papi están tan cerca como yo quiero que estén.

Al principio, yo no sabía realmente dónde encontrar a Papi. Todo lo que tenía era su foto y el rico color café de la piel de Mago, que era el color de la tierra empapada por la lluvia, era como la de él. Un día, cuando caminábamos a la tienda, Mago se paró fuera de una casa para escuchar la canción "Escuché las golondrinas" que estaba tocando en la radio, y dijo: —A Papi le encanta esa canción. Así fue cómo descubrí que podía encontrarlo en la voz de Vicente Fernández. En otra ocasión, cuando estábamos caminando al molino, un hombre pasó por al lado de nosotras en su bicicleta e inhalé algo picante, como la canela, y Mago dijo: —¡Así es cómo olía Papi! Y aprendí a encontrarlo en la botella vacía de Old Spice que tuvimos suerte de descubrir en un montón de basura.

Era más fácil encontrar a Mami. Ella estaba en el champú de manzana que le pedíamos a la tía Emperatriz que nos comprara. La encontré en el aroma de sus perfumes favoritos de Avon que olía en sus clientes antiguos, cuando Mago y yo hacíamos fila con ellas en el molino. Encontraba el color de sus labios rojos en las flores de la buganvilla trepándose por la casa de la abuela Evila. Yo la oía en las letras de sus canciones favoritas de Los Dandys: *eres la gema que Dios convirtiera en mujer para bien de mi vida...* Y cuando abuelita Chinta venía a visitarnos cada dos semanas, veía a Mami en los ojos de la abuela.

Cada vez que entraba en la pequeña choza en la que nací, me gustaba trazar un círculo alrededor del lugar donde fue enterrado mi cordón umbilical y pensaba en el lazo especial que me conectaba a Mami.

Cada dos semanas, cuando mis padres llamaban, los encontraba en la bocina del teléfono de mi abuela, esos preciosos dos minutos que abuela Evila nos permitía en el teléfono pasaban demasiado rápido. Dos minutos para decirles todo lo que sentíamos. Tantas cosas que decirles, pero una noche en agosto no dijimos nada en absoluto. Fue Mami la que habló, y le dio a Mago la peor noticia de todas.

Iba a tener un bebé.

—Nos están reemplazando —dijo Mago después de entregar el teléfono a la abuela Evila. Élida sonrió al oír la noticia. Nos fuimos a nuestra habitación, y como lo único que separaba el cuarto del resto de la casa era una delgada cortina colgada en el umbral, podíamos oír a nuestra abuela decirle a mis padres lo difícil que estaba la situación, y que por favor enviaran más dinero. —Sus hijos necesitan zapatos y ropa... —decía.

—Nos van a dejar aquí y van a olvidarse de nosotros —dijo Mago mientras yacía en la cama. Habíamos estado en casa de mi abuela durante ocho largos meses. Lo que nos había sostenido a través de ese tiempo era la creencia de que nuestra madre estaría de vuelta en un año. Ahora, con este nuevo bebé en camino, los planes de Mami habían cambiado. ¿Por qué iba a regresar a México para tener a su bebé, cuando podía quedarse en ese lado de la frontera y dar a luz a un ciudadano estadounidense?

—Ella prometió —dijo Mago. Carlos y yo tratamos de hacerla sentir mejor, pero no importó lo que le dijimos, Mago estaba inconsolable. Casi todas las noches, escuché su llanto, y todo lo que podía hacer era abrazar a mi hermana y llorar con ella. Me sentía tan enojada con mis padres. Yo no podía entender por qué le habían pedido a Dios otro hijo, como si nosotros tres no fuéramos suficientes. Me puse un dedo en el ombligo y recordé el lazo que me ataba a Mami. Me dije que, mientras que el lazo existiera, ella no me olvidaría, sin importar cuántos otros hijos ella tuviera. Pero Papi, ¿qué me ataba a él? ¿Qué le impedía olvidarse de mí? En su sueño, Carlos no pudo ocultar su tristeza, y en algún momento en medio de la noche sentí algo caliente empapar mi camisón.

El día después de la llamada telefónica, Mago se negó a ir a la escuela, y Carlos tuvo que irse solo. Mago pasó todo el día en la habitación que compartíamos con mi abuelo. Agarró uno de los viejos libros de historia de Élida y hojeó las páginas hasta que encontró un mapa. Trazó una línea entre dos puntos, y como aún no sabía leer, yo no podía entender lo que las letras deletreaban. Cuando le pregunté qué estaba haciendo, ella me mostró el mapa. —Aquí está Iguala. Y aquí están Los Ángeles, y esta —dijo mientras movía su dedo de un punto a otro— esta es la distancia entre nosotros y nuestros padres.

Me toqué el ombligo y le dije: —Pero estamos conectados.

Ella se encogió de hombros y dijo que no había dicho lazo. —Eso lo inventé para hacerte sentir mejor.

—¡Estás mintiendo! —dije. Le di una patada en la pantorrilla y salí corriendo de la habitación con un dedo en mi ombligo. Me escondí en la choza donde yo nací y tracé un círculo alrededor del lugar en el piso de tierra donde estaba enterrado mi cordón umbilical.

Alguien gritó el nombre de mi abuela desde el portón, y salí a ver. Doña Paula había llegado. No teníamos agua potable, por lo que doña Paula venía cada tres días para entregar el agua a la abuela Evila del pozo de la comunidad. Su burro llevaba dos grandes contenedores a ambos lados. Sus dos niños pequeños montaban en el burro mientras ella caminaba junto a él tirando de las riendas. El niño mayor tenía mi edad y el más chico tenía tres años.

—Buenas tardes —le dijo a la abuela Evila mientras conducía el burro por el portón.

Como siempre, ella besó cada uno de sus hijos mientras les ayudaba a bajar del burro uno por uno. Traté de no mirar, pero mis ojos se pegaban a doña Paula, de la manera en que sus labios se apretaban contra las mejillas de sus hijos, la marca que dejaban en la piel. Pensé en mi madre, el beso que ella me había dado el día de su partida, pensaba que la marca de sus labios se había borrado muy pronto. Traté de recordar lo que su beso me había hecho sentir, pero no pude.

—Mira a esos jotitos —dijo Mago detrás de mí—. Los besa por su mami. Ella se metió de regreso a la casa, murmurando algo acerca de que ellos eran una bola de maricas y niños de mami.

Me quedé viendo los hijos de doña Paula, pensando que había habido un tiempo en que mi madre me había besado así, pero ahora estaría dejando la huella de sus labios en otro niño, otro niño que no era yo.

—Jotos —murmuré para mis adentros. Y al asegurarme de que su madre no estaba mirando, les saqué la lengua.

—Regina, dile a tu hermana que vaya a comprarle una Fanta a doña Paula —abuela Evila me dijo. Asentí con la cabeza e hice lo que ella dijo.

—¿Por qué no va ella por el refresco? —dijo Mago—. A nosotros ni nos toca esa agua. El agua que traía doña Paula se vaciaba en el tanque y se utilizaba para lavar los platos y para que Élida, mi abuela, mi tía y mi abuelo se bañaran. Si queríamos bañarnos, teníamos que ir al pozo comunitario para obtener nuestra propia agua y traerla en cubetas. Una vez Mago se resbaló y casi se cayó en el pozo, pero ella se aferró a la cuerda, mientras que Carlos y yo la sujetamos de uno de sus pies para traerla de vuelta hasta el borde. Sólo nos bañábamos una o dos veces por semana, porque era una molestia llevar el agua, y como nadie nos decía que nos bañáramos, sólo lo hacíamos cuando nos daba la gana. Eso significaba que siempre estábamos cubiertos de mugre y la ropa parecía como si hubiéramos barrido el piso con ella. Nadie se imaginaba, al mirarnos, que teníamos dos padres que trabajan en *el otro lado*. Si nuestra abuela no se hubiera quedado con el dinero que mis padres nos mandaban, tal vez hubiéramos sido como Élida, que siempre estaba haciendo alarde de toda la ropa y zapatos bonitos que había comprado con el dinero que su madre le enviaba desde *el otro lado,* y así nadie se huberia atrevido a llamarnos huérfanos.

Fuimos corriendo a la tienda con una botella vacía para el intercambio de un refresco nuevo. Cuando volvimos, Mago le entregó a doña Paula la Fanta, entonces la vimos beber. Ella tomaba refresco de la manera más extraña que jamás había visto. Elevaba la botella sobre los labios y la inclinaba lo suficiente como para que el líquido cayera como cascada dentro de la boca. Ella nunca tocaba sus labios al borde de la botella, diciendo que ya que las botellas se utilizaban una y otra vez por la compañía de refrescos, otras bocas habían bebido de ellas. Se tomaba la mitad del refresco y luego se lo entregaba a sus hijos, quienes se lo terminaban mientras ella descargaba los contenedores y arrojaba el agua en el tanque.

Después de beber el refresco, doña Paula le dijo a sus hijos que se fueran a jugar con nosotras mientras platicaba con mi abuela. Nos encantaba jugar en el patio trasero, pero Mago no quería jugar con los hijos de doña Paula ese día, y yo tampoco. Así que se fueron por su cuenta para el patio, y nosotras nos fuimos a la parte norte de la casa donde estaba el callejón, y allí, justo al lado del corral que rodeaba la propiedad de abuela Evila, había un montón de caca. Podríamos notar que el fulano que se había hecho del baño ahí, había comido frijoles negros recientemente, porque podíamos ver pequeños trozos de piel de frijoles enterrados en la caca.

Mago me jaló el brazo y me dijo: —Nena, tráeme dos tortillas.

—¿Para qué?

—Sólo haz lo que te digo, y caliéntalas.

Me metí en la cocina, teniendo cuidado de no ser descubierta. Yo no sabía lo que Mago iba a hacer con las tortillas. Volví corriendo y le di a Mago las tortillas calientes. Ella saltó sobre el corral y levantó un poco de caca con un palo y la untó en las tortillas. Luego enrolló las tortillas y fue a buscar a los hijos de doña Paula. Al darme cuenta de lo que iba a hacer, la jalé del brazo y le rogué que no lo hiciera. Ella me empujó con tanta fuerza, que caí al suelo. Me miró, y por un segundo, mi madrecita estaba allí, preocupada de que me había lastimado. Pero entonces la ira volvió a entrar en sus ojos, y se marchó y me dejó en el suelo. Me levanté y corrí tras ella. Era una cosa que les llamáramos nombres, pero una cosa completamente diferente darles de comer mierda.

—¿Tienen hambre, chicos? —preguntó Mago. Los niños dijeron que no tenían hambre, pero Mago les obligó a tomar los tacos.

—No queremos —dijeron, mirando los tacos con desconfianza, como si supieran que Mago tramaba algo.

Ella alzó la mano y la hizo en un puño. —Si no se los comen, me los voy a madrear —dijo—. Lo digo en serio.

—Mago, ya basta —le dije, pero Mago me empujó de nuevo, y tenía ganas de llorar por lo que pasaba con mi hermana. Miré con horror como intimidó a esos niños a tomar un bocado de los tacos.

Sus ojos se abrieron con asco al masticar. —¿Qué hay en ellos?

—No son más que tacos de frijoles —dijo Mago.

—No los queremos —dijeron, lanzando los tacos antes de correr al lado de su madre.

Vimos a doña Paula hacer su rutina habitual: primero cogió a un niño, lo besó en la boca, lo puso sobre el burro y luego se agachó y recogió al niño más pequeño. Pero esta vez, cuando ella lo besó en la boca hizo una mueca, lo olió y lo olió y luego le limpió la mancha que el niño tenía junto a los labios.

—Hueles a caca, mijo —dijo. Ella olió el dedo que usó para limpiar la boca del niño y luego dijo—: *Es* caca. ¿Por qué la tienes en tu boca? El niño nos señaló y le dijo que les habíamos dado tacos de frijoles. —Malditas chamacas, ¿por qué le dieron mierda a mis hijos?

No esperamos oír lo que la abuela Evila le dijo. Corrimos al patio trasero y nos trepamos en el guamúchil y no bajamos cuando nuestra abuela nos llamó. Se puso de pie debajo de nosotras agitando una rama. —¡Malditas chamacas, es mejor que bajen ahora mismo!— Pero no lo hicimos. Ella finalmente se cansó de gritar y volvió a entrar en la casa—. Ya bajarán cuando tengan hambre —dijo.

Estuvimos allí durante mucho tiempo. Élida y Carlos regresaron de la escuela. Carlos no nos convenció que bajáramos tampoco, y mejor se subió al árbol y se sentó con nosotras. —Élida estaba en lo cierto —dijo Mago—. Mami no va a volver. Tampoco Papi. Ellos van a tener nuevos hijos allá y nos dejarán aquí para siempre.

—No, no lo harán, Mago —le dije.

—Van a volver —dijo Carlos.

—¿Cómo nos van a querer ahora, cuando van a tener hijos americanos?

A pesar de que yo era muy pequeña en ese entonces, yo sabía a lo que Mago se refería. Cada vez que alguien mencionaba *el otro lado*, había una reverencia en su voz, como si estuvieran hablando de algo sagrado, como Dios. Todo lo que venía de allá era codiciado, si se trataba de un juguete o un par de zapatos o un Walkman, como el que Élida había recibido de su madre el mes anterior. Ella era la envidia de toda la colonia. ¿No sería lo mismo para mi madre entonces, si ella tenía un bebé nacido en ese lugar especial?

Carlos trató de hacer reír a Mago contándonos sus chistes favoritos de un niño llamado Pepito. Él dijo: —Un día, el hermano de Pepito, Jesús, se llevó sus huaraches. Cuando Pepito se despertó, no tenía zapatos para ir a la escuela, entonces fue de calle en calle tratando de encontrar a su hermano Jesús y obtener sus huaraches de vuelta. Al pasar por una iglesia, oyó al sacerdote cantar, "Jesús está ascendiendo al cielo". Entonces Pepito corrió a la iglesia, gritando, "¡Deténgalo! ¡Deténgalo! ¡Se está robando mis huaraches!".

Carlos y yo nos reímos. Mago soltó una sonrisa, pero cuando Carlos comenzó con su siguiente broma, Mago le dijo que se callara. El sol se puso y luego las luciérnagas salieron. Los mosquitos zumbaban a nuestro alrededor, era demasiado difícil verlos y espantarlos. Nuestras pompis estaban entumecidas después de estar sentados en la rama dura del guamúchil. Desde arriba, vimos a tía Emperatriz llegar a casa. La llamamos.

—Ay, Dios mío, niños. ¿Qué están haciendo ahí arriba en el árbol a esta hora? Le dijimos lo que habíamos hecho, y aunque ella trató de detener a la abuela Evila de darnos una paliza, no lo logró.

Abuela Evila nos hizo cortar a cada uno una rama del guamúchil. Ella nos golpeó uno por uno, comenzando con Mago porque fue la instigadora. Mago se mordió los labios y no lloró cuando la rama silbó en el aire y la golpeó en las piernas, la espalda y los brazos. Carlos sí lloró, en primer lugar porque no había hecho nada y segundo por la humillación, porque la abuela Evila le hizo bajarse los pantalones, diciendo que si ella le pegaba sobre los pantalones, él no aprendería la lección. Cuando la rama azotó mis piernas y mis pompis, yo lloré como la mismísima Llorona y llamé a mi madre ausente.

5

*Mago partiendo el pastel de
cumpleaños de ella y de Reyna*

U N MES MÁS tarde, el 7 de septiembre, justo cuando la temporada de lluvias estaba llegando a su fin, cumplí los cinco años, pero mi cumpleaños llegó y pasó sin previo aviso. Ya que el cumpleaños de Mago era a finales de octubre, la abuela Evila dijo que nuestros cumpleaños se celebrarían juntos. Eso significaba que tenía que esperar un mes y dos semanas. A lo largo de ese tiempo yo estaba enojada con Mago porque era más fácil echarle la culpa a ella que rebelarme contra la decisión de mi abuela. ¿Por qué Mago tenía que ser un Escorpio de sangre caliente, y no un Virgo fácil de llevar, como yo? ¿Por qué no podía ser ella la que celebrara su cumpleaños por adelantado, en vez de yo celebrar el mío tarde?

Finalmente, un sábado por la mañana, mi abuela a regañadientes le entregó a la tía Emperatriz el dinero que mis padres nos habían enviado para comprar un pastel. Mi tía hizo más que eso. Ella llegó a casa con un pollo asado, dos latas de chícharos y zanahorias para una ensalada, y pequeños regalos para mí y para Mago: moñitos brillantes y broches para el cabello. Este era el tercer cumpleaños que celebraba sin Papi a mi lado, el primero, sin Mami.

El pastel era hermoso. Era blanco y tenía flores rosadas de azúcar por todas partes. La hija mayor de mi abuela trajo a sus hijos a la casa, no porque a ella le importara nuestro cumpleaños, pero ¿quién podría resistir una comida gratis y una rebanada de pastel? Incluso Élida puso su orgullo a un lado y pidió otra rebanada más. Ni una sola vez trató de arruinar nuestro momento especial con uno de sus habituales comentarios acerca de que éramos huérfanos. Ese es el efecto que tiene en la gente un pastel hermoso.

Tía Emperatriz nos tomó fotos cortando el pastel para enviárselas a mis padres. Rara vez nos tomaban fotos, y la idea de que fueran al *otro lado* —a Papi y Mami— era muy emocionante. Pensé que con esas imágenes nos recordarían, y de esa manera no se olvidarían de que todavía tenían tres hijos que los esperaban con anhelo de vuelta a casa. Sonreí con la sonrisa más grande que pude porque yo quería que ellos supieran que les agradecía mucho el dinero que habían enviado para el pastel. Carlos sonrió a medias. Él estaba muy consciente de sus dientes. En aquel entonces no sólo tenía los dientes chuecos, sino también había un diente chiquitito situado entre sus dos dientes superiores. Como no quería que nadie los viera, mantenía los labios cerrados y los apretaba al sonreír para no mostrar sus dientes chuecos, pero parecía como si estuviera estreñido.

Mago no sonrió. Ella dijo que si ella se veía triste, entonces tal vez nuestros padres, al ver las fotos, se darían cuenta de lo mucho que ella los extrañaba, y querrían volver. De ahí en adelante siguió saliendo triste en casi todas las fotos que nos tomaban. Su táctica no funcionó. Las fotos fueron enviadas, los meses pasaron, y nuestros padres no regresaron.

La que sí regresó, sin embargo, fue la madre de Élida. Habíamos estado en la casa de la abuela Evila por más de un año cuando Élida cumplió los quince años. Ella se convirtió oficialmente en una señorita, y la tía María Félix llegó a Iguala para hacer una gran fiesta de quince para Élida. Llegó cargada de tantas maletas que contrató a dos taxis para llevarla desde la estación de autobuses a la casa de la abuela Evila. Mientras todo el mundo la saludó e hizo un gran alboroto acerca de su llegada, nosotros miramos las maletas y nos preguntamos si nuestros padres nos habían enviado algo. El hermanito de Élida, Javier, tenía seis años de edad. Él se aferró a la tía María Félix y cuando Élida trató de abrazar a mi tía, Javier empujó a Élida y le dijo: —No, ella es mi mamá. —Tía María Félix se rió y dijo que era lindo. Abuela Evila lo regañó y le dijo que Élida era su hermana, y que tía María Félix también era la madre de Élida. Pero él no quería soltar a su mamá.

Mago se hubiera aprovechado de esta oportunidad para decirle algo malo a Élida. Pero la noticia que la tía María Félix nos dio, nos envió a nuestra habitación donde pasamos la noche llorando. —Su madre acaba de tener una niña —dijo—. Creo que su madre le puso Elizabeth.

Nos echamos en la cama, acurrucados tan cerca que nuestros cuerpos se enredaron. Por la noche, los perros ladraban por la colonia mientras vagaban por las calles oscuras. En la oscuridad del cuarto escuchábamos los ladridos de los perros, mirando sus sombras pasar a través de la pequeña ventana. *¿Cómo se llama?* Me pregunté. Elisabé? Nunca había oído ese nombre antes.

—Una niña —dijo Mago, rompiendo el silencio. Y de repente me di cuenta: ya no era yo la bebé de la familia. Otra niña, a la cual no conocía, me había sustituido.

Al día siguiente, todos mis primos se presentaron para ver lo que la tía María Félix había traído para ellos desde *el otro lado*. No veíamos a nuestros primos a menudo, pero ahora estaban todos aquí, llegaron tan pronto como se enteraron que la tía María Félix había llegado. Vimos cuando ella les dio a nuestros primos regalos del *otro lado* —una camisa, un par de zapatos, un juguete. Esperamos

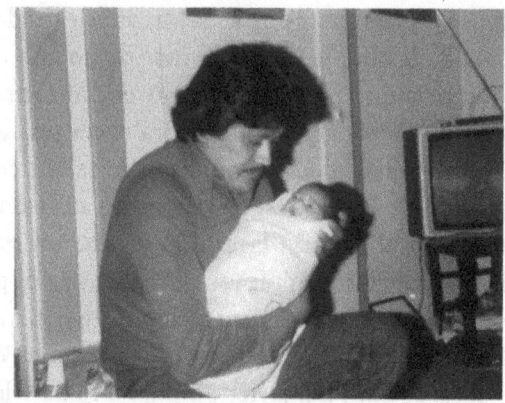

Papi y Elizabeth en el otro lado

nuestro turno, y cuando las maletas estaban vacías, la tía María Félix se volvió hacia nosotros con una mirada triste en su rostro y dijo: —Sus padres les enviaron algo, pero por desgracia perdí esa maleta en el aeropuerto.

—Eso es una mentira —dijo Mago en voz baja.

—¿Qué dijiste? —preguntó la tía María Félix.

—¡Esos juguetes que regaló eran para nosotros! —Mago gritó—. No sea mentirosa.

Yo quería creer que Mago estaba en lo cierto. La idea de que nuestros padres se habían olvidado de enviarnos regalos realmente me dolía. ¿Y si hubieran estado demasiado ocupados con su nueva bebé para acordarse de nosotros?

—Chamaca insolente —dijo la abuela Evila—. Te voy a enseñar a respetar a tus mayores. Ella miró a su alrededor, buscando algo con qué golpear a Mago, y cuando no pudo encontrar nada, se quitó la sandalia. En el momento en que ella se desabrochó la correa, los tres ya estábamos saliendo por la puerta dirigiéndonos al patio para subir a los árboles.

—Ella nos podría haber dado algo de las cosas que trajo. No es nuestra culpa que perdió la maleta —dijo Carlos.

—No seas pendejo —dijo Mago, dándole un puñetazo en el brazo. Ella se dejó caer de la rama, saltó sobre el corral y desapareció por el camino de tierra que conducía a la casa de don Rubén.

Los preparativos para la quinceañera de Élida se llevaron acabo con rápidez, porque la tía María Félix tenía que regresar a su trabajo en *el otro lado*. Tía Emperatriz se pasó horas haciendo decoraciones para el salón, y Mago y yo tuvimos que ayudar. En las ocasiones en que nos negamos, la tía María Félix nos pegó bajo la mirada burlona de Élida. Hicimos guirnaldas con flores de papel y popotes. Abuela Evila se pasó todo el día haciendo vestidos en su máquina de coser. El vestido de Élida se hizo en los Estados Unidos debido a que la tía María Félix opinaba que tenía que tener lo mejor para su hija. Pero cuando Élida se lo probó, no le subió el cierre. Ella se puso a dieta, y la tía María Félix le compró una faja. Pero aún así, el vestido no le quedó por lo que tuvo que ser alterado.

A finales de la semana todo el mundo tenía un vestido nuevo con excepción de Mago y yo. No fue sino hasta el día antes de la fiesta que la abuela Evila finalmente se puso a coser nuestros vestidos. Compró unos cuantos metros de un material plateado, tan brillante como un peso nuevo. Hizo primero el vestido para Mago; por la noche, hizo mi vestido. Para entonces, estaba tan cansada que cometió un error. La parte brillante quedó en el interior. La parte sin brillo estaba en el exterior.

—Pero abuelita, yo no puedo usar el vestido de esa manera, ¡parece que lo llevo al revés! Por favor arréglelo.

—Estoy muy cansada —dijo mientras se levantaba y se estiraba la espalda—. Vas a tener que usar tu vestido así.

Al día siguiente vimos como todos se desvivieron por Élida. Un estilista vino a peinarla y le hizo trencitas atadas con moñitos de color rosa y blanco. Entonces su madre, nuestra abuela, y la tía Emperatriz le ayudaron a ponerse la crinolina, la faja y el hermoso vestido rosa hecho de satén y tul. Odiaba ver a la tía Emperatriz darle tanta atención a Élida. Por lo general, ella no le hacía mucho caso, pero ella siempre era amable con nosotros.

Mientras todo el mundo estaba en la iglesia para la ceremonia,

Carlos, Mago y yo nos pasamos toda la mañana desplumando pollos. Tía María Félix contrató a una mujer para cocinar, y ella se presentó con huacales de gallinas vivas cacareando y derramando plumas que flotaban en el aire como pétalos de flores blancas.

Ella mató las gallinas cogiéndolas por la cabeza y girándolas como si fueran matracas hasta que se les retorcía el pescuezo. Ella le dijo a Carlos que la ayudara, pero él fue demasiado gentil con el pollo y cuando lo dejó caer, el pobre pollo tenía el pescuezo retorcido, pero aún corría dando vueltas y vueltas, con la cabeza colgándole hacia un lado.

La cocinera le dijo a Carlos que no era bueno para matar pollos y que mejor nos ayudara a Mago y a mí a arrancar las plumas. Nuestro trabajo consistía en coger los pollos muertos por los pies y zanbutirlos en agua hirviendo para ablandarles la piel. Luego poníamos un pollo en nuestro regazo y lo desplumábamos. Nos quejamos de tener que hacerlo. —¿Por qué debemos ayudar para la fiesta de Élida? —queríamos saber. Yo nunca había desplumado una gallina y no podía jalar con fuerza suficiente para que las plumas grandes se zafaran. Las plumas pequeñas se adherían a mis dedos, y no podía rascarme las piernas cuando los mosquitos me picaban. Carlos se quejaba de que ese era trabajo de niña, y ¿por qué tenía él que desplumar pollos?

—Porque no eres lo suficientemente macho para matarlos —dijo la cocinera.

A Mago le encantó desplumar los pollos. Se arrojó en la tarea con tanto frenesí que arrancó las plumas con anhelo, arrancó y arrancó con tanta fuerza que a veces la piel del pollo se despegaba junto con las plumas, y me pregunté qué le habían hecho los pobres pollos a Mago para merecer tanta furia.

Cuando terminamos, el patio estaba cubierto de plumas. Las moscas zumbaban alrededor, posándose en las tripas en el suelo que la cocinera tiraba mientras cortaba en pedazos a los pollos en el lavadero antes de hervirlos.

Después, a pesar de que nos bañamos y nos restregamos duro con el champú de manzana que nos gustaba, todavía olíamos a plumas de pollo mojadas, y de vez en cuando durante la noche nos sacábamos plumas enterradas en nuestro cabello. Me sentía como si me estuviera convirtiendo en una paloma. Me imaginaba volando en busca de mis padres.

La quinceañera se llevó a cabo en un hermoso salón cerca de la colonia, llamado Las Acacias. Élida parecía una princesa con su vestido rosa y sus zapatillas. Mago se pasó todo el tiempo sentada en un rincón del salón, sintiendo lástima de sí misma, sus celos consumiéndola hasta el punto en que ni siquiera podía hablar sin decir una mala palabra en cada frase. —Esa estúpida "ojos de rana" no se merece esta estúpida fiesta.

Carlos, quien no recibió ninguna ropa nueva, aprovechó que todo el mundo estaba demasiado ocupado metiéndose a escondidas en la cocina para tomar unos refrescos y un plato lleno de pollo con mole y arroz. Me pasé todo el tiempo escondiéndome de la gente, avergonzada de llevar un vestido que tenía la parte brillante en el interior y la parte sin brillo en el exterior. *Pero aún así es un vestido nuevo*, me dije una y otra vez, *yo debería estar feliz porque es un vestido nuevo*. Me metí debajo de una mesa y lloré por el vestido, también por el hecho de que mis padres me habían reemplazado.

Sólo salí de mi escondite para ver el vals, que es el punto culminante de cualquier fiesta de quince años. Élida bailó con su chambelán, y cuando había terminado ese vals bailó con los padrinos. El último vals estaba destinado a ser bailado con su padre, como es tradición, pero como ella no tenía padre, bailó el vals con el primo de mi tía, el tío Wenceslao, que era un carnicero. Él criaba y mataba cerdos, tenía un restaurante en La Guadalupe, donde vendía pozole, chorizo, chicharrón y todo lo demás que viene de los cerdos.

—Mírala, bailando con el hombre de los marranos —dijo Mago—. Qué apropiado.

Tenía los ojos llorosos mientras veía a Élida bailar con el carnicero al que llamábamos tío, a pesar de que él no era un tío, sino primo segundo. Dado que el único varón con el que podía haber bailado —el abuelo Augurio— se había quedado dormido en una silla por la borrachera, y el otro hombre, mi padre, estaba fuera, ¿qué otra cosa le quedaba a Élida, sino bailar con ese hombre, ese primo segundo nuestro? Y me puse a rezar para que Papi volviera pronto. Cuando cumpliera mis quince años, yo no quería bailar El Vals de las Mariposas con nadie más que con él.

Carlos había estado siguiendo al hermano americano de Élida para pedirle que le dijera frases en inglés. Cuando el pequeño Javier lo hacía, Carlos se echaba a reír con tanta fuerza, que no le importaba que todo el mundo pudiera ver sus dientes chuecos. Él pensaba que Javier se escuchaba muy chistoso hablando en inglés. —¿De verdad creen que es el inglés que está hablando, o estará inventando palabras? —Carlos nos preguntó. Nosotras encogimos los hombros porque, bueno, ¿cómo fregados íbamos a saber si era inglés o no? Mago dijo—: Javier podría estar hablando en chino y nadie se daría cuenta —en ese entonces, nunca me hubiera imaginado que un día, yo hablaría el inglés mejor de lo que hablaba mi lengua materna.

Cuando la tía María Félix estaba empacando sus maletas y se preparaba para irse, Carlos se acercó a preguntarle cómo era *el otro lado,* quería saber más sobre el lugar donde nuestros padres vivían. Mi tía lo miró y no dijo nada, y pensamos que tal vez no le iba a responder, pero luego sonrió y dijo: —El otro lado es un lugar hermoso. Cada calle está pavimentada con hormigón. No se ve ningún camino de tierra allí. No hay mosquitos chupándole la sangre a uno —dijo ella, mientras le dio una palmada a un mosquito en su pierna—. No hay basura en las calles como aquí en México. Hay camiones que recogen la basura cada semana. ¿Y sabes qué es lo mejor? Los árboles allí son especiales, crecen dinero. Sus hojas son hechas de billetes de dólar.

— ¿En serio? —preguntó Carlos.

—De verás que sí —Sacó unos billetes verdes de su bolso y nos los mostró—. Estos son dólares —dijo. Nunca habíamos visto dólares, pero eran tan verdes como las hojas de los árboles que nos gustaba trepar—. Ahora, ¡imagínense un árbol cubierto de dólares!

Ella se fue por la tarde con el pequeño Javier. Prometió que un día mandaría a traer a Élida, y aunque ella cumplió su promesa eventualmente, ese día, Élida se tuvo que quedar. Vio cómo un taxi se llevaba a su madre lejos. Abuela Evila puso un brazo alrededor de Élida y la apretó contra su pecho mientras ella lloraba. Élida hundió la cara en los brazos de la abuela Evila. Era tan extraño ver su llanto. La mirada burlona siempre presente se había ido. La Élida que se burlaba de nosotros, la que se reía de nosotros, la que nos llamaba "Los huerfanitos" había sido sustituida por una chica triste y solitaria, con el corazón roto.

Mago nos tomó de la mano y nos llevó al patio trasero para darle privacidad a Élida. —Los quiero mucho —dijo, apretándonos contra ella. Entonces me di cuenta de lo afortunados que éramos Mago, Carlos y yo. Nosotros por lo menos nos teníamos el uno al otro. Élida estaba sola.

Subimos al ciruelo y hablamos sobre los árboles especiales que habían en *el otro lado*. A pesar de que sabíamos que no podía ser cierto lo que la tía María Félix nos había dicho, fantaseábamos con ellos de todos modos.

—Si tuviéramos árboles como esos aquí, Papi no hubiera tenido que irse —dijo Mago—. Hubiera podido comprar el ladrillo y el cemento y construirnos una casa con sus propias manos.

—Y Mami todavía estaría con nosotros —le dije.

—Y la nueva bebé hubiera nacido aquí, como nosotros —dijo Carlos.

Hablamos sobre el día en que nuestros padres iban a volver. La fantasía de Carlos era de que Papi y Mami volverían en su helicóptero privado. —Lo puedo imaginar bien clarito —dijo—. Aterrizaría aquí, en medio del patio. Nos reímos ante la imagen de Papi saliendo del helicóptero, con el pelo ondeando al viento, su rostro enmarcado por gafas de sol de aviador y viéndose tan guapo como Pedro Infante, y después, Mami saliendo junto a él, viéndose igual de glamorosa. Imaginamos toda la colonia corriendo a verlos regresar a casa. Y estaríamos de lo más orgullosos.

6

Reyna, Carlos y Mago

Eran las ocho en punto de la mañana, Carlos, Mago y yo estábamos formados con el resto de los estudiantes alrededor del patio de la escuela para hacer los honores a la bandera.

—¿Quiénes son? —le pregunté a Mago. Le jalé su uniforme y le pregunté de nuevo, apuntando hacia el grupo de seis estudiantes vestidos con uniformes blancos y no los de color azul marino que todo el mundo llevaba.

—Esa es la escolta —dijo Mago.

—¿Y qué hacen? —le pregunté.

—Sólo espera y ve, y deja de molestarme con todas tus preguntas. Pronto te acostumbrarás a estar aquí.

No podía evitar sentirme muy emocionada de estar allí. Era mi primer día del primer grado. Había estado esperando ese día durante mucho tiempo. Abuela Evila no me envió al kínder porque dijo que era demasiado caro tener a los cuatro nietos en la escuela —como si mis padres no hubiesen estado enviando el dinero para pagar los uniformes, útiles escolares y la matrícula mensual de la escuela. A pesar de que asistíamos a la escuela pública no había nada gratis. La abuela me detuvo un año, pero al fin yo estaba allí, y me emocionaba al tener mis propios libros, como los de Mago y Carlos. Libros llenos de bella poesía y cuentos divertidos, con dibujos a color de las nubes, las estrellas, personas y animales como los zorros y las aves. Me gustaba cuando Mago me leía sus libros, pero yo quería aprender a leerlos yo misma.

Tía Emperatriz se pasó el fin de semana en la máquina de coser de mi abuela, haciendo nuestros uniformes escolares. Los lunes, cuando hacíamos los honores a la bandera, teníamos que usar un uniforme de color azul marino con una camisa de marinero blanca. El uniforme para el resto de la semana era de una tela de cuadros en blanco y verde. También nos dieron nuevos zapatos de charol y unos pares de calcetines que llegaban hasta la rodilla, con el dinero extra que nuestros padres nos enviaron.

La escolta se puso en marcha en torno al patio. El estudiante en el centro llevaba la bandera en un hasta, otro gritaba direcciones: —¡A la izquierdaaa, ya! ¡A la derechaaa, ya! —Los colores verde, blanco y rojo de la bandera me parecieron como salsa de pico de gallo.

—Voy a ser la abanderada cuando esté en sexto grado —me dijo Mago mientras miraba con envidia a los miembros de la escolta, que parecían muy elegantes en sus uniformes blancos. Yo estaba segura que Mago sería una abanderada algún día. Ella era muy inteligente y siempre llevaba buenas calificaciones a casa, la mayoría dieces y unos nueves, no como Carlos quien, con cincos y seises, casi reprobó el primer grado. ¡Qué vergüenza!

—Voy a ser una abanderada también —le dije a Mago. Ella se rió y dijo que era mi primer día de primer grado y sexto grado estaba años en la distancia. Y yo le dije que no era mala idea planificar para el futuro.

A medida que la bandera pasó frente a mí, yo me erguí y mantuve con firmeza mi mano presionada contra el pecho en señal de saludo mientras yo cantaba el himno nacional de México tan fuerte como podía.

Mexicanos, al grito de guerra
del acero aprestad y el bridón.
¡Y retiemble en sus centros la tierra,
al sonoro rugir del cañón!

Mago me dijo que debíamos estar orgullosos de haber nacido en Iguala, ya que fue allí en nuestra ciudad donde fue redactado el plan que puso fin a la Guerra de la Independencia de México. Fue en Iguala, donde la primera bandera mexicana fue hecha por un hombre llamado Magdaleno Ocampo el 24 de febrero de 1821. Esta es la razón por la que a Iguala se le llama "Cuna de la Bandera Nacional." La primera vez que se cantó el himno nacional fue en Iguala.

Miré la bandera con nuevos ojos, una admiración recién descubierta, y mientras yo cantaba el himno nacional en mi primer día de escuela, se me hinchó el pecho al sentirme especialmente orgullosa de haber nacido en Iguala de la Independencia.

Mi escuela era pequeña. Tenía la forma de un cuadrado, con todas las aulas que daban al patio. Tenía dos baños, uno para niños y otra para niñas, pero no había agua potable. Teníamos que llenar una cubeta del tanque de agua y vaciarla en el inodoro. Pero aún así, al menos, había un inodoro, aunque era difícil para mí acostumbrarme a él después de tener que ponerme en cuclillas en el suelo durante toda mi vida.

Cuando las actividades de la mañana habían terminado, nos formamos en fila y los profesores nos llevaron a nuestros salones de clase. Nos sentamos y después de una breve introducción, el maestro comenzó la lección y nos enseñó el alfabeto. Dijo que deberíamos haberlo aprendido en kínder, pero la mitad de los estudiantes en la clase no fueron al kínder. Teníamos que repetir el alfabeto después de él, y me sentí orgullosa de que yo supiera ya mis letras porque Mago me las había enseñado. Cuando nos dijo que

escribiéramos nuestros nombres, yo no tenía que mirar la pizarra
para escribir mi nombre: *REYN* —sentí un ardor en mi mano, y me
tomó un segundo para darme cuenta de que el maestro me había
golpeado con una regla.

—¿Qué estás haciendo? —me preguntó el maestro. Él tenía su
regla en la mano derecha y con ella le daba palmaditas una y otra
vez a su mano izquierda.

—Estoy escribiendo mi nombre —le dije—. ¿Lo quiere ver? Yo
elevé mi cuaderno nuevo para mostrarle.

—Tú no debes escribir con esa mano —me dijo. Tomó mi lápiz
de la mano izquierda y me hizo agarrarlo con la derecha—. Si te
veo escribiendo con la mano izquierda, voy a tener que pegarte de
nuevo. ¿Entiendes?

Mis ojos me ardían con lágrimas porque todo el mundo me
miraba. Yo respiré hondo y asentí con la cabeza. Se alejó, y miré mi
cuaderno. Escribí y borré, escribí y borré, y no importó cuánto lo
intenté, las letras no salían bien. Era como tratar de escribir con mis
pies.

Abuela Evila y Élida siempre se burlaban de mí por ser zurda. El
padre de mi madre, abuelito Gertrudis, también había sido zurdo.
Ya que él murió una semana antes de que yo naciera, Mami dijo que
él me había dado ese don. Y así es como yo siempre lo había visto,
como un regalo, hasta que llegamos a la casa de la abuela Evila.
Ella no estaba de acuerdo. Ella dijo que la mano izquierda era la
mano del diablo y yo era malvada por usarla. A veces, durante las
comidas, ella me golpeaba la mano con una cuchara de madera y me
ordenaba que comiera con la mano derecha.

—¿Qué no sabes que el lado derecho es el lado de Dios? —preguntó—. El lado izquierdo es el lado del mal. Tú no quieres ser malvada, ¿verdad? Como yo no quería tener nada que ver con el diablo,
cogía la cuchara con la mano derecha y trataba de comer con ella.
Pero sólo podía comer unos pocos bocados antes de que mi cuchara
se encontrara de regreso en mi mano izquierda.

Cuando era niña, mi abuela se enfermó muy grave de sarampión
y casi se murió. El sarampión le paralizó el brazo izquierdo porque
le causó una infección tan grave, que la abuela se tenía que quitar

los gusanos que crecían en las heridas abiertas. Aún así, ella me decía que si seguía usando mi mano izquierda el brazo se me iba a hacer igual de chueco como el de ella. A pesar de que fue una enfermedad que la hizo deforme, yo vivía con el temor constante de despertar un día con la mano izquierda encogida. Es una ironía que fue la abuela Evila la que acabó marchitándose, cuando la osteoporosis le llegó varios años más tarde. Y sería la tía Emperatriz la que tuviera que cambiarle los pañales y continuara cuidándola, porque nadie más lo quiso hacer.

—No le hagas caso, Nena —Mago me decía a veces—. No hay nada malo en ser zurda. —Pero al igual que Mago no podía ignorar las burlas de Élida sobre las cicatrices que tenía en la cara, yo no podía pasar por alto las burlas de la abuela Evila. O las de mi maestro. Me sentí impotente cuando él me hizo sentir vergüenza de ser zurda. Él no entendía que mi lápiz obedecía a mi mano izquierda, pero no a la derecha.

Intenté una vez más escribir mi nombre, pero las letras me salían torcidas y feas. Cuando Mago me enseñó a escribir mi nombre, ella lo escribió con letras bonitas e hizo la cola de la Y larga y rizada. Se veía tan bonita que hizo finalmente que me gustara mi nombre. Solía odiar mi nombre porque a veces cuando Mami y yo íbamos rumbo al mercado, los hombres le silbaban a Mami desde el otro lado de la calle y le gritaban "¡Mi reina!" y la forma en que decían "mi reina" me daban ganas de tirarles una piedra y hacerlos sangrar. Entonces le preguntaba a Mami por qué ella me dio un nombre que suena tan desagradable en la boca de un hombre. Como una grosería. Le pregunté por qué no podía haberme llamado Regina, como la abuela Evila había querido. Yo quería que ella hubiera escogido otro momento para rebelarse en contra de la forma mandona de mi abuela.

—Reyna es un nombre muy bonito —Mami me decía—. Esos hombres no lo están diciendo de la manera correcta. Y a tu abuela no le correspondía escoger tu nombre. ¡Tú no eres su hija!

Miré mi nombre en el cuaderno. Yo nunca lo había odiado tanto como lo hice en ese momento. Y no dejé de odiar mi nombre hasta muchos años después, cuando me di cuenta que no era un nombre del cual avergonzarme, sino uno al que yo tenía que hacerle honor.

∞

Me encontré con Carlos y Mago durante el recreo por el árbol de jacaranda en el patio. En la entrada de la escuela, había mujeres vendiendo comida. Habían traído cestas llenas de enchiladas, taquitos, y picaditas de papa. El olor de la salsa de chile guajillo, queso fresco, y cebolla flotaba hacia nosotros, y les pregunté por qué no nos formábamos en la fila para comprar comida.

Mago se echó a reír.

—Nuestra abuela no nos da dinero —dijo Carlos—. Es mejor que te acostumbres a eso.

No podía evitar mirar a las mujeres poner la comida en platos de papel y entregárselos a los estudiantes que sí traían dinero para el almuerzo. No éramos los únicos babeando por la comida. Por lo menos la mitad de los niños en la escuela estaban apoyados contra las paredes de las aulas, apretándose sus estómagos vacíos mientras miraban los puestos de comida.

Por segunda vez ese día, sentí mis ojos llenarse de lágrimas. —No me gusta la escuela —dije.

—¿Por qué, porque tienes hambre? —preguntó Carlos—. A mí me gusta. Por lo menos nos saca de la casa de nuestra abuela. ¿Imagínate si tuviéramos que estar allí todo el día?

—He estado allí todo el día durante todo este tiempo —le dije—. Hasta hoy.

—Entonces debes sentirte feliz de estar aquí —dijo Mago, pero no me miró. Ella estaba mirando a un chico de mi clase que se dirigía hacia nosotros comiendo un mango con chile.

—El maestro me pegó porque yo estaba escribiendo con la mano izquierda —le dije—. Creo que prefiero quedarme a limpiar la casa de abuela Evila de arriba a abajo que ir a la escuela.

—¿Así que prefieres quedarte en casa con nuestra abuela? —preguntó Mago—. No te lo creo.

Miré los recipientes de agua fresca en los puestos de comida: agua de melón, sandía, piña. Desde aquí, podía ver los grandes cubos de hielo nadando en los recipientes de vidrio. Sentía la garganta tan seca. Me imaginé que así era como la tierra se sentía después de meses y meses de esperar la lluvia. Mami decía que las nubes se sumergían en las montañas para beber agua de los ríos, y una vez que estaban llenas subían hasta el cielo, listas para bañar la tierra. A veces, las nubes se tardaban mucho para beber agua y era entonces cuando se secaba la hierba, las flores morían, el canal se hacía tan pequeñito que casi desaparecía. Pero a veces las nubes bebían demasiada agua, y ahí era cuando ocurrían las inundaciones. Días y días de incesante lluvia que convertían las aguas suaves del río en aguas broncas, derribando árboles y arrastrando todo a su paso, y luego se derramaban fuera de los bancos y entraban en los hogares.

Mago echó un grito ahogado, y me volví para ver lo que estaba mirando. El niño de mi clase había dejado caer su mango en el suelo. Alargó la mano hacia él, pero luego se levantó y dejó el mango allí y se alejó con la cara muy triste. Miré a Mago y sabía lo que estaba pensando.

Cada vez que salíamos hacer los mandados, siempre estaba mirando a su alrededor para ver si podía encontrar una fruta a medio comer, o un caramelo que a un chico se le hubiera caído. A veces tenía suerte. A veces, no.

Mago miró el mango, y yo sabía que ella no se iba a aguantar las ganás de recogerlo. —Ve por él —le dijo a Carlos mientras señalaba el mango.

—Ve tú —dijo Carlos.

—Algunos de mis compañeros están allá. Me van a ver. Ándale, tú ve a recogerlo, Nena.

—No —dije. Mago me miró, y yo sabía que tarde o temprano me iba obligar que hiciera lo que me pedía—. Mago, no deberías comer cosas del suelo. Son malas. Han sido besadas por el diablo.

Mago rechazó mis palabras. —Esos son sólo cuentos que a la abuela Evila le gusta contarnos para asustarnos —dijo ella. Abuela Evila solía decir que cuando la comida se cae al suelo, el diablo, que vive justo debajo de nosotros, la besa y la contamina con el mal—. Mira, yo no sé si el diablo existe o no, y no me importa. Tengo hambre. ¡Así que ve por él!

Mago me empujó hacia el mango, pero me negué con la cabeza. Cuentos o no cuentos, yo no iba a correr el riesgo. Pero mi boca se me hizo agua ante la idea de hundir mis dientes en la carne crujiente del mango.

Sonó el timbre y los niños se apresuraron a regresar a sus aulas. Mago y Carlos se despidieron de mí y desaparecieron de la vista. Me quedé allí bajo el árbol de jacaranda, y mis pies no querían moverse. Yo no quería volver a mi salón. Yo no quería volver y luchar para mantener el lápiz con mi inútil mano derecha. Yo no quería ver al maestro mirarme y hacerme sentir vergüenza, hacerme sentir como si yo fuera malvada. Yo no quería que él me golpeara de nuevo y que mis compañeros de clase se burlaran y se rieran de mí. Pero si yo no regresaba, sabía que no iba a aprender a leer y escribir. ¿Cómo iba a escribirles una carta a mis padres y pedirles que por favor, por favor, volvieran?

Cuando me dirigí al salón de clases, me fijé de nuevo en el mango. Estaba de un lado en el suelo, su carne de color amarillo como las plumas de un canario. Estaba cubierto de polvo de chile rojo y con tierra. ¿Y si Mago tiene razón? Me pregunté a mí misma. ¿Y si el diablo no existe? Si no existe, significa que el lado izquierdo no es el lado del diablo. Y eso significaría que no soy malvada por ser zurda.

Miré a mi alrededor, y el patio estaba vacío. Me agaché y cogí el mango, le quité la tierra y hundí los dientes en él. El chile en polvo me quemó la lengua. La sensación de ardor me hizo sentir calor por todas partes. Me quedé allí esperando a que algo sucediera. Esperé para ver si el diablo iba a salir de la tierra en su caballo arrastrándome al infierno con él. El jacaranda se movió en la brisa, luciendo hermoso con sus flores de color púrpura brillante. Desde encima de la valla de ladrillo, pude ver el colorido papel picado que colgaba sobre la calle empedrada. Las campanas de la iglesia comenzaron a sonar, y me volví a mirar las dos torres, las cruces de metal relucientes bajo el sol del mediodía.

Volví a clase, y el maestro me miró con desaprobación. Me senté en mi escritorio y miré mi lápiz. De reojo, vi al maestro dirigirse hacia mí con la regla en la mano. La regla subía y bajaba, subía y bajaba. Cogí el lápiz y me aferré a él con fuerza —pero con mi mano izquierda.

7

Tía Emperatriz y Mago

Mago y Élida tenían la costumbre de esperar al cartero al pie del portón todas las tardes, cuando él llegaba en su bicicleta. Si tenía correo para ti, sonaba su campanilla, un tintineo cristalino que podría ser el sonido más hermoso del mundo si tan sólo el correo fuera para mí.

En cambio, el tintineo de la campanita era una pequeña aguja que pinchaba mi corazón, porque el cartero nunca tocaba la campanita para nosotros. Siempre el tintineo era para Élida o los vecinos.

Un día, vi al cartero torcerse torpemente por el camino de tierra porque no era tan bueno para montar la bicicleta como lo era el panadero. Tenía una caja atada a la cremallera en la parte trasera de su bicicleta, y mientras se acercaba a la casa, comenzó a sonar la campanita. Pero mi corazón ya se estaba rompiendo, porque sabía que ese sonido lindo no era para mí. Élida nos empujó fuera del camino y le sonrió al cartero, con los brazos preparados para recibir la caja. La Navidad era en dos días. A pesar de que en México los niños no reciben regalos en la Navidad, sino el 6 de enero, el Día de los Reyes Magos, Élida dijo que su madre le había enviado un regalo de Navidad porque eso era lo que hacen en *el otro lado*, y su madre sabía todo sobre la cultura americana.

¡Pero la caja no era para Élida! El cartero le entregó a Mago el paquete y luego continuó a la casa de al lado.

—Ha cometido un error, ese hombre estúpido —dijo Élida mientras trataba de quitarle la caja a Mago.

—No hay ningún error —dijo Mago. Carlos y yo nos aferramos a la caja en caso de que Élida lograra arrebatársela a Mago. Cuando vio el nombre de Mago en la caja, Élida se metió a la casa muy enojada, llamando a la abuela Evila.

Rápidamente abrimos la caja para ver qué había dentro. Papi y Mami nos habían enviado a Mago y a mí dos vestidos idénticos. La parte superior era de color blanco y el fondo era el color púrpura de las flores de jacaranda. El cuello estaba adornado con encaje y en el centro había una hermosa orquídea de seda. También nos dieron brillantes zapatos de charol. Carlos recibió un par de pantalones de mezclilla y una camisa. Corrimos a la habitación de mi abuelo para ponernos nuestras ropas bonitas. Pero era como si nuestros padres no se hubieran dado cuenta de que mientras habían estado ausentes habíamos crecido, como si de alguna manera en *el otro lado* el tiempo se detuviera y allí yo no había cumplido los seis años, Mago los diez, y Carlos casi nueve. Los zapatos que nos enviaron eran demasiado pequeños, lo mismo que los vestidos. Las mangas de la camisa de Carlos le quedaban dos pulgadas arriba de las muñecas. Mi vestido ni siquiera me llegaba a las rodillas.

—¿Qué hacemos ahora? —preguntó Carlos, desabrochándose la camisa nueva—. Mejor nos deberían haber enviado algunos juguetes.

Mago le golpeó la cabeza.

—¡Ay! ¿Por qué hiciste eso? —preguntó Carlos, masajeándose la cabeza.

Mago se sentó en la cama y suspiró. —No lo sé —dijo. Bajó la mirada y me pregunté qué estaba pensando. Una parte de mí estaba desesperada por ponerme esos zapatos. Eran nuevos. Habían sido enviados por nuestros padres. ¡Eran de *el otro lado*! Pero luego pensé en mis padres, y el hecho de que ni siquiera sabían qué número calzaba, me daban ganas de tirar los zapatos a la basura.

Si ni siquiera saben algo tan básico como la talla de los zapatos y la ropa, ¿qué otra cosa no saben de nosotros? Y ¿qué no sabemos de ellos?

La pregunta estaba allí, pero ni Carlos, Mago, ni yo fuimos lo suficientemente valientes como para reflexionar sobre ella por mucho tiempo. Como era la mayor, fue más claro para Mago, que para Carlos y para mí, que la distancia entre nosotros y nuestros padres estaba rompiendo nuestra relación más que cualquiera de nosotros podría haber imaginado. Y las consecuencias serían grandes. Pero en aquel entonces, como nuestra madrecita, el papel de Mago era cuidar de nosotros y protegernos de la realidad que sólo ella podía comprender. Yo la tenía como protectora, pero ella no tenía a nadie más que a sí misma.

—Vamos, Nena, vamos a lavarnos los pies —dijo. Por lo tanto, lavamos la tierra en nuestros pies y nos pusimos los hermosos zapatos de charol—. Enrolla tus dedos del pie hacia adentro —me dijo Mago. Enrollé mis dedos y de esa manera los zapatos no me lastimaban tanto.

Mago, Carlos y yo nos agarramos de la mano y empezamos a dar vueltas en círculo, dando vueltas y vueltas, mezclándonos en un arco iris de púrpura, rosa, blanco y azul. Luego, sin soltarnos de las manos, salimos corriendo de la casa, a la calle, riendo y llorando al mismo tiempo.

Y mientras pasamos por la tienda de don Bartolo, atravesamos el terreno vacante, luego nos dirigimos a la iglesia, corriendo por el molino y la casita de don Rubén, todo el mundo se quedó mirando nuestra hermosa ropa nueva, y ni una sola vez alguien dijo "Pobrecitos huerfanitos". Los vecinos admiraron nuestros bonitos vestidos y zapatos desde lejos, sin saber que en el momento en que llegáramos a casa nuestros pies estarían cubiertos de ampollas.

8

El hombre detrás del vidrio

MI PADRE NOS había platicado sobre la casa de sus sueños en las cartas que le había enviado a mi madre desde *el otro lado*. La casa estaba hecha de ladrillo, con un piso brillante de hormigón y ventanas altas y anchas para dejar entrar la luz del sol. Las paredes estaban pintadas azules, como el color de sombra de ojos que Mami usaba, y tenía tres cuartos.

La casa de sus sueños tenía un televisor, un estéreo, un refrigerador y una estufa. Era una casa con electricidad, gas y agua potable, y tal vez incluso un baño interior con una ducha que te hacía sentir como si estuvieras de pie bajo la lluvia en un día caluroso de verano. Esa era la casa que mi padre había soñado.

En aquel entonces, yo no sabía que el estado de Guerrero era el estado mexicano con la mayoría de gente que emigraba debido a la escasez de trabajo. Yo no sabía que un año antes de irse, mi padre ya había estado saliendo de casa para encontrar trabajo de construcción en Acapulco, la Ciudad de México, incluso hasta en

Mazatlán, Sinaloa, hasta que finalmente terminó yéndose más hacia el norte.

Al principio, él había vivido en el Valle Central de California y había dormido en un coche abandonado mientras trabajaba en los campos cosechando los cultivos, tal como lo había hecho en su juventud. Con el tiempo se fue a probar suerte en Los Ángeles, donde tuvo la buena fortuna de encontrarse un trabajo estable como un trabajador de mantenimiento en una casa de ancianos.

Cuatro años después de que mi padre se fue a los Estados Unidos, y dos años después de que se fue mi madre, la construcción de nuestra casa finalmente comenzó. En aquel entonces, yo interpreté que eso significaba sólo una cosa: ¡Papi y Mami pronto estarían de vuelta!

Abuela Evila le dio a mi padre una parte de su propiedad, lo que significaba que nuestra casa iba a ser construida justo al lado de la suya. No era algo que nos hacía felices a Mago, Carlos y a mí. ¿Quién quería vivir al lado de la abuela Evila? Nosotros no. Pero debido a que reduciría los gastos finales, era la única opción que tuvieron mis padres. Además, como más tarde me diría mi padre, él había ayudado a sus padres a pagar la hipoteca de la propiedad con los salarios que había ganado desde que tenía nueve años de edad. En realidad, era justo que a él le tocara una parte de esas tierras. Si tan sólo hubiera sabido que estaba cometiendo un error al construir una casa en una propiedad que no estaba bajo su nombre.

Los trabajadores llegaron temprano por la mañana a derribar la letrina y la choza en que nací. Tanto la choza y la letrina estaban hechas de cañas de bambú, por lo que no tardó mucho en deshacerse de ellas. Me quedé mirando, sintiendo tristeza al ver que mi pequeña choza estaba siendo destruida. Mago me abrazó y dijo: —Sólo piensa en lo que se va a construir allí mismo, en ese lugar.

Los trabajadores regresaron al día siguiente y al día siguiente y el día después y comenzaron a sentar la base, y después de eso, a construir las paredes. Tan pronto como las clases terminaban, Mago, Carlos y yo corríamos colina abajo para ayudar lo más que podíamos. Abuelo Augurio nos entregaba a cada uno de nosotros una cubeta, y acarriábamos cubetas llenas de cemento. Carlos trabajó especialmente duro. Le gustaba trabajar mano a mano con el abuelo

Augurio. Quería que nuestro abuelo estuviera orgulloso de él por ser rápido y constante, no como nosotras, que éramos demasiado lentas y torpes con los ladrillos y las cubetas de cemento. Pero el abuelo Augurio no prestaba mucha atención a Carlos.

Nos raspamos los dedos cargando ladrillos para los albañiles. Por la noche no podíamos dormir del dolor, pero cada día poníamos toda nuestra energía en la construcción de nuestra casa, y cuando los dedos nos dolían demasiado, o las rodillas querían doblarse por debajo de nosotros mientras acarreábamos las cubetas a los albañiles, nos decíamos a nosotros mismos que cuanto más rápido trabajáramos, más rápido tendríamos una familia. Ese pensamiento nos daba fuerza.

No pasó mucho tiempo en que los trabajadores dejaron de venir. El momento en que febrero llegó a su fin, y Carlos cumplió los nueve años, los trabajadores ya no aparecieron. Abuela Evila dijo que nuestros padres ya no tenían dinero, por lo que la casa tenía que esperar. Nos parábamos por la puerta todas las mañanas antes de irnos a la escuela y fijábamos la vista en el camino de tierra, con la esperanza de ver la camioneta que traía a los trabajadores aproximarse. Luego nos dirigíamos a la escuela, donde lo único que hacíamos era mirar por la ventana y suspirar a través de las horas, apoyando nuestro dolor en los codos.

A finales de la semana, Mago dejó de mirar hacia el camino. Nos empujó a Carlos y a mí hacia la escuela y nos dijo que no importaba de todos modos. Ella dijo que no importaba cuántos ladrillos y cubetas de cemento ayudáramos a llevar a los albañiles, la casa nunca se terminaría de construir, ya que era sólo un sueño tonto, tan tonto como nuestro sueño de tener una verdadera familia de nuevo.

—¡Se va a construir! —dijo Carlos—. ¡Ellos van a volver! Se echó a correr por la colina, y cuando llegamos a la puerta de nuestra escuela, él ya había desaparecido.

Cuando regresamos de la escuela, entré en la habitación de mi abuelo a ver "al hombre detrás del vidrio". —¿Cuánto tiempo más? —le pregunté—. ¿Cuánto tiempo más estará lejos? —Como siempre, no hubo respuesta.

9

Tía Emperatriz

Los alacranes siempre habían sido parte de nuestras vidas. Mami nos enseñó a revisar los zapatos antes de ponérnoslos por la mañana y sacudir nuestras cobijas en la noche para asegurarnos de que no había alacranes en los pliegues. Teníamos que sacudir la ropa antes de ponérnosla. No podíamos apoyarnos en las paredes. No podíamos meter mano en los cajones del armario sin el temor de ser picados por un alacrán escondido en la oscuridad.

Por la noche, mientras uno está durmiendo, no hay nada que uno pueda hacer para que un alacrán no se trepé a la cama o, como en el caso de abuelita Chinta cuando murió en 2002, no puede uno evitar que un alacrán se caiga del techo y te pique.

Así que la noche en que me desperté gritando por Mami, mi nalga derecha ardía como si hubiera sido marcada con un hierro al rojo vivo, como las vacas en la lechería cerca de la casa de mi abuela, y de inmediato supe la causa de ese dolor.

—¡Mami! ¡Mami! —grité.

—Nena ¿qué pasa? —preguntó Mago.

—Alacrán —dije.

Mago salió corriendo de la habitación para buscar ayuda. Carlos saltó de la cama y se quedó a mi lado, pero no me tocó, como si temiera que el alacrán le picara también. Mi abuelo siguió roncando y no se despertó para ayudar.

—¡Mami! —grité de nuevo. Mi madre no vino a mi lado. En su lugar, fue mi tía la que vino corriendo a la habitación y me preguntó dónde me dolía. El alacrán estaba escondido en el cuello de mi vestido, y cuando la tía Emperatriz me desvistió, sentí otra punzada en el cuello. El dolor se extendió hacia arriba, en ondas sobre mi cuello, mis hombros y hasta mi cara.

—Mago, ve a rebanar una cebolla y tráeme el alcohol —dijo la tía Emperatriz. Mago corrió a la cocina mientras mi tía y Carlos buscaban el alacrán, porque la gente de ahí creía que si uno mata el alacrán que lo picó, su veneno no sería tan potente. Pero no pudieron encontrarlo.

—¿Qué es todo este alboroto?—dijo la abuela Evila mientras permanecía de pie junto a la puerta.

Cuando tía Emperatriz le dijo sobre el alacrán, abuela Evila miró a su alrededor.

—Ahí está —dijo, señalando al alacrán de color paja que se trepaba en la pared, apenas visible en la luz tenue del foco que colgaba sobre nosotros. Todos se quedaron sin aliento cuando el alacrán apretó su cuerpo plano a través de una grieta entre los ladrillos de adobe y desapareció de la vista.

Tía Emperatriz frotó el alcohol en las zonas picadas y ató las rebanadas de cebolla con tiras de tela. Las lágrimas bañaban mi cara, y me sentí como si miles de agujas calientes estuvieran cavando dentro y fuera de mi cuerpo. Mi cara, mis manos y mis pies estaban perdiendo la sensación. Mi tía envió a Mago a la cocina por un huevo, que luego me obligó a tragar. Se sentía como si una gran bola de moco se deslizaba por mi garganta. Tía Emperatriz me dijo que el huevo crudo podría diluir el veneno. En aquel entonces no me quedó otra opción que creerle, así que dejé mis ascos a un lado y me tragué el huevo crudo.

—Tenemos que llevarla al médico —dijo Mago mientras se sentaba a mi lado y me apretaba la mano.

—No hay dinero para eso —respondió la abuela Evila.

—Tal vez el veneno ya no le haga mucho daño, ahora que se ha comido el huevo crudo —dijo la tía Emperatriz—. Además, mírate a ti, Mago, cuando te ha picado un alacrán, es como si nada hubiera pasado.

—Eso es porque mi sangre es caliente y fuerte —dijo Mago con orgullo—. Y yo soy Escorpión, por lo que los escorpiones no me hacen nada. Pero, por favor, tía, lleve a Reyna con el médico.

—No hay dinero —dijo la abuela Evila otra vez.

—Voy a cuidarla esta noche —dijo la tía Emperatriz—. Si todavía no se siente mejor en la mañana, la llevaré al doctor. ¿Está bien?

Mago asintió con la cabeza.

—Ahora, regresen a la cama. Tía Emperatriz me recogió y me llevó a la sala donde dormía en una cama situada en una esquina. Para tener privacidad, había colgado una cortina de las vigas. Se acostó a mi lado, y finalmente me quedé dormida en sus brazos.

Por la mañana, toda la habitación giraba a mi alrededor. Yo no podía levantarme, y cada vez que lo intentaba, sentía ganas de vomitar. Me preguntaba si era así como mi abuelo se sentía cuando estaba borracho. Al abuelo Augurio le gustaba beber mezcal, que se hace del corazón de la planta del maguey. Cuando llegaba a casa de los campos, se sentaba afuera en los escalones de piedra y tomaba tragos de su botella mientras veía a la gente pasar a caballo o a pie. Él llamaba a sus amigos y les preguntaba si querían tomar una copa. Cuando el olor de chorizo y frijoles llegaba a su nariz, tomaba un trago más de mezcal y se dirigía a la cocina, agarrándose de la pared para que no fuera a perder el equilibrio.

Esa mañana, yo me estaba moviendo al igual que mi abuelo, zigzagueando dos pasos en una dirección, un paso hacia otro lado. Tía Emperatriz faltó al trabajo para cuidarme. Sentía como si tuviera una guitarra dentro de mi cabeza. Ella me detuvo por la cintura y me llevó a la letrina nueva, pero con cada paso que daba la guitarra pulsaba y pulsaba, las vibraciones enviaban ondas de dolor que rebotaban en las paredes de mi cerebro.

—Ella necesita ver al médico, Amá —dijo la tía Emperatriz a la abuela Evila—. Está ardiendo de fiebre. No hay que correr ningún riesgo. Si algo le pasa a ella, Natalio…

—Él y Juana decidieron dejar a sus hijos —dijo la abuela Evila mientras limpiaba los frijoles—. Yo no pedí esto. Mírame a mí. Tengo setenta y un años de edad. ¿Me veo como que debería estar cuidando a tres niños pequeños además de la que yo ya estaba cuidando?

—Se fueron para que pudieran construirse una casa, Amá —dijo la tía Emperatriz.

—Ya no van a volver. Créeme —abuela Evila dijo al sacar su monedero de su sostén—. Mira a María Félix. Hace nueve años que se fue, y cada vez que Élida le pregunta cuando por fin va a volver, le da sus excusas de por qué no puede todavía. Pero eso es todo lo que son. Excusas. Y luego soy yo la que tiene que secarle las lágrimas a la pobre criatura, la que tiene que encontrar maneras de disminuir su dolor.

Mientras mi tía y yo esperábamos un taxi por el camino de tierra, no podía dejar de pensar en las palabras de mi abuela, que mis padres no iban a volver. A pesar de mis mareos y escalofríos, estaba emocionada por el viaje en taxi, ya que rara vez tenía la oportunidad de subirme en un coche, o ir a cualquier lugar fuera de La Guadalupe. En el camino hacia el médico, le pregunté a la tía Emperatriz si pensaba que abuela Evila tenía razón. —¿Cree que mis padres no van a volver?

—No sé, Reyna —dijo la tía Emperatriz—. Por lo que he oído, *el otro lado* es un lugar muy hermoso. Pero aquí… ella señaló con su mano hacía afuera de la ventana del taxi. Ahora sé lo que ella quería que yo viera en aquel entonces: los bancos del canal llenos de basura y escombros flotando en el agua, las casas de adobe que se estaban desmoronando, las chozas hechas de palos, los niños corriendo con los pies descalzos y con barrigas infladas, llenas de lombrices, los montones de estiércol de caballo regado por todo el camino, los perros callejeros pulgüientos echados bajo la sombra de los árboles, las moscas revoloteando por encima de ellos. Pero lo que vi en ese entonces lo vi a través de los ojos de una niña —una niña que nunca había ido a ningún lado, una niña que todavía era lo suficientemente inocente, como para ver más allá de las cosas que más adelante en la vida no podría. Lo que yo vi eran las montañas aterciopeladas que nos rodeaban, el cielo azul, los hermosos árboles de jacaranda cubiertos de flores de color púrpura, buganvillas que se trepaban en las cercas, sus pétalos secos de color magenta dando vueltas alrededor por el viento. Vi la calle empedrada que conducía a la hermosa iglesia de La Guadalupe, papel picado de todos los colores volando sobre la calle.

—¿No cree que hay belleza aquí también? —le pregunté a tía Emperatriz. Ella miró por la ventana y no contestó. Cuando el taxi llegó hasta el corazón de la ciudad, seguía pensando que había belleza en todas partes a nuestro alrededor. Pero cuando el taxi se detuvo frente al zócalo, donde vi a las mamás y los papás que se paseaban tomados de la mano con sus hijos, me di cuenta de que no importaba lo que pensaba de Iguala.

Sin mis padres aquí, era un lugar de belleza imperfecta.

A pesar de que me sentía mejor después de la inyección, la tía Emperatriz me dijo que debía dormir con ella esa noche. Me acosté en la cama y la miraba secarse el cabello con una toalla. Ella siempre se bañaba por las tardes porque decía que le ayudaba a dormir mejor. Se metió en la cama y apagó la luz. Sentía tan extraño tener el cuerpo de una mujer a mi lado. En los dos años desde que mi madre se había ido, me había olvidado lo que se sentía al dormir con ella. Escuchaba la suave respiración de mi tía. Me hubiera gustado cerrar los ojos y acurrucarme a su lado. Me hubiera gustado embarrar mi cara en su pelo que olía a rosas. Pero al contrario, me moví al otro lado de la cama, tan lejos como fuera posible. Puse un dedo en mi ombligo y pensé en mi madre.

Mago a veces me decía: —Yo no la veo como mi madre. Ella es más como una hermana mayor para mí. Y, sin embargo, cuando entramos por las puertas de la escuela para las conferencias de padres y maestros, Mago enlazó su brazo con el brazo de la tía Emperatriz y se sintió de lo más orgullosa. Ella insistió que tía Emperatriz recogiera *su* boleta de calificaciones primero. Cuando entramos en su salón de clases, los compañeros de Mago y el profesor miraron a tía Emperatriz con admiración. Se veía tan elegante con sus zapatos de tacón rojos, su bonito vestido azul y el corte de pelo con estilo.

—¿Es tu mamá? —preguntó uno de los estudiantes, ya que por un momento todo el mundo parecía haber olvidado que nuestra madre estaba muy lejos.

—Ella es nuestra tía —dije rápidamente.

Mago me miró feo.

El hecho de que ella nos cuide cuando estemos enfermos, y nos haga hermosos vestidos de vez en cuando, y nos peine el cabello en colitas sin lastimarnos, y quiera saber que hemos aprendido en la escuela, y se de cuenta cuando nuestra ropa interior está llena de agujeros y necesite ser reemplazada, y vea la mugre detrás de nuestras orejas y se preocupe lo suficiente como para hacernos bañar, eso no quiere decir que podría tomar el lugar de Mami, le dije a Mago después.

—Dije que ella es como una hermana mayor para mí, ¿está bien? —gritó Mago.

Y, sin embargo, ella no estuvo muy contenta cuando dos meses antes habíamos descubierto el secreto de la tía Emperatriz —que tenía un novio. Estábamos trepados en el guamúchil cuando un taxi se detuvo justo debajo de nosotros. Mientras mi tía y su novio se besaban, Carlos y yo nos tapamos la boca y tratamos de no reírnos. Pero Mago estaba en shock. Tía Emperatriz nunca nos vio allí. Estábamos muy callados, y ellos estaban por lo general demasiado ocupados besándose para poner atención. Tía Emperatriz no quería que la abuela Evila supiera que tenía un novio. Llevaba la falda por arriba de la rodilla, pero cuando llegaba a casa se bajaba la falda un poco más abajo para que la abuela no se diera cuenta. Ahí en el árbol, podíamos verla limpiarse el maquillaje de su rostro antes de entrar a la casa.

Abuela Evila nunca aprobó a ninguno de los pretendientes de mi tía, por lo que mi tía ya era considerada una solterona. Ella iba a entrar en los treinta, y las mujeres ahí comienzan a casarse tan pronto como se convierten en señoritas, hasta el día de hoy.

—Deberías estar feliz por ella —le dije a Mago mientras veíamos a tía Emperatriz escaparse de la casa para ver a su novio.

—Si ella se va, entonces, ¿qué va a pasar con nosotros? —dijo Mago.

—Mami y Papi regresaran pronto —le dije.

—¡Despierta, Reyna! Mira hacia allá, ¿ves eso?

Volteé a mirar la casa con la que había soñado Papi. Solo era una base, unas paredes sin terminar, varillas expuestas. La casa parecía tan frágil como el esqueleto del gorrión muerto que Mago y yo una vez nos encontramos en el terreno vacante, el que había sido escupido por una culebra.

—Ellos no van a volver hasta que la casa esté terminada —dijo Mago—. Le ha tomado a Papi cuatro años para construir una base y la mitad de una pared. ¿Cuánto tiempo crees que le llevará construir el resto?

El lunes que volví a la escuela era el Día de las Madres. Los estudiantes de todos los grados estaban haciendo proyectos de arte. En mi clase hicimos ramos de tulipanes con cartones de huevos, que cortamos y formamos antes de pintarlos de rojo, amarillo o rosa.

El maestro nos dio un papel de color rosa para que pudiéramos hacer una tarjeta para nuestras madres. Era difícil para mí escribir YO AMO A MI MAMÁ, como se nos dijo que hiciéramos. Doblé el papel por la mitad y luego lo escondí en mi libro. Pensé en el día en que aprendí a escribir mamá. Estábamos haciendo la fonética, y el maestro escribió en la pizarra MI MAMÁ ME MIMA. MI MAMÁ ME AMA. Tuvimos que repetir, mientras señalaba las palabras. "Mi mamá me mima, mi mamá me ama". Mi garganta comenzó a cerrarse y me sequé la humedad de los ojos. Cuando el maestro dijo que escribiéramos las frases diez veces, no podía dejar de temblar mi mano al escribir las palabras. Y entonces empecé a reorganizar las palabras para que formaran una pregunta: ¿ME AMA MI MAMÁ?

Si es así, ¿por qué está tan lejos?

Mientras Mago, Carlos y yo caminábamos a casa después de la escuela, platicamos sobre los proyectos que habíamos hecho. La clase de Mago había hecho claveles de estambre rojo. La clase de Carlos hizo carteles con pinturas en los dedos. Hizo un gran corazón que decía "Te Quiero Mucho", pero él no había escrito el nombre de la persona que amaba, tampoco.

—Vamos a dárselos a tía Emperatriz —dijo Carlos—. Mami no está aquí de todos modos. Ella no se va a enterar.

—Podríamos dárselos a abuelita Chinta la próxima vez que ella venga —les dije.

—Tía Emperatriz es muy buena con nosotros —dijo Mago.

—Y *hoy* es el Día de las Madres. ¿Quién sabe cuándo abuelita Chinta vaya a venir —dijo Carlos.

—Podríamos guardarlos para Mami —insistí—. Se los daremos a ella cuando vuelva.

Por la noche, la tía Emperatriz llegó a casa con un ramo de flores para la abuela Evila. También trajo pollo asado para la cena. No fue sino hasta después de que se bañó que Mago dijo que teníamos que decidir lo que íbamos hacer. Cuando no pudimos llegar a ningún acuerdo, Mago se levantó y dijo: —Yo voy a darle mis claveles. Hagan ustedes lo que quieran.

Le eché un vistazo a la foto de Papi, deseando por enésima vez tener una foto de Mami también. Se me estaba olvidando su rostro, su olor, cómo se sentía. No podía recordar el sonido de su voz, la forma en que se reía. Cada vez que cerraba los ojos para recordarla, escuchaba la risa de la tía Emperatriz. Si tomaba un respiro, aspiraba el perfume de champú de la tía Emperatriz, que olía a rosas.

Fui a la sala donde mi tía se estaba secando el pelo. —Tía, le queremos dar esto —dijo Mago. Tímidamente le entregó el ramo de claveles de estambre.

—Y esto —dijo Carlos, y le entregó el cartel que decía "Te Quiero Mucho". Di un paso atrás. Me aferré a mi ramo de tulipanes y me escondí detrás de Mago.

—¡Oh! Dios mío —dijo la tía Emperatriz—. ¡Qué sorpresa tan dulce! Ella tomó los regalos de Mago y Carlos. Me agarré al vestido de Mago con tanta fuerza que ella me lo jaloneó. Me empujó hacia la tía Emperatriz.

Era tan difícil entregar por completo mis sentimientos a tía Emperatriz. Por mucho que la amaba, había dos posibilidades en el horizonte que me separarían de ella. O mis padres regresarían pronto o ella se casaría y nos dejaría para tener sus propios hijos. De cualquier manera, la perdería. Después de haber perdido a mis padres, ¿cómo podría entonces entregarme a alguien que también perdería? *Pero ella está aquí ahora*, me dije esa noche, así que me acerqué a ella y le ofrecí mi regalo.

—Tenga, tía —le dije—. Hice esto. Yo no me atreví a decir "para usted", ya que no era cierto.

—Muchas gracias por este bonito detalle, niños —dijo la tía Emperatriz, dándonos a cada uno un abrazo. Cuando que nos fuimos a nuestra habitación, volteé a mirar a tía Emperatriz, quien estaba poniendo nuestros proyectos de arte en su mesita de noche. Volví corriendo a darle un abrazo una vez más.

—Gracias, tía —le dije, y volví a mi habitación y soñé con rosas.

10

Elizabeth y Mami,
recién llegadas a México

A PÚRATE! —DIJO MAGO al detenerse para esperarme. Caminé más rápido para alcanzarla y Carlos, con cuidado de no derramar más agua de las cubetas que llevaba en cada mano, pero ya estaban a la mitad de vacías.

—¿Por qué necesitamos acarrear nuestra propia agua del pozo? —le pregunté de nuevo por enésima vez—. ¿Por qué no podemos usar la que hay en el tanque de agua?

—Porque nuestra abuela es una mujer vieja y amargada —dijo Mago—. Y no se quejen hoy, o no nos dejará ir con nuestra tía.

Esa tarde, la tía Emperatriz nos iba a llevar al cine a ver *La niña de la mochila azul*, protagonizada por Pedrito Fernández, que era realmente guapo, y tanto Mago como yo teníamos un flechazo grande por él. Las clases habían terminado la semana anterior, y nos dieron muy buenas calificaciones, por lo que la película era un premio que tía Emperatriz nos quería dar. Esta era la primera vez que iba al cine y yo no podía esperar.

Cuando llegamos a la casa, sólo tenía un poco de agua que quedaba en mis cubetas, mis tobillos estaban en carne viva de ser raspados por el borde de las cubetas, y mis palmas de las manos de color rojo y con ampollas.

Pensé en Pedrito Fernández, y le oí cantar mi canción favorita. "La de la mochila azul. La de ojitos dormilones...". Yo estaba tarareando esta canción cuando entramos por el portón, y entonces dejé de tararear cuando vi a la mujer que estaba en el patio con una niña pequeña en sus brazos. La mujer llevaba un vestido guinda y sandalias doradas de tacón alto que brillaban bajo el sol. Yo no podía verle la cara muy bien porque tenía grandes gafas de sol. Su cabello estaba teñido de color rojo y con permanente. Parecía una estrella de la televisión. La niña en sus brazos estaba vestida de rosa y su vestido tenía encajes y moñitos. Era una niña gordita, con las mejillas tan hinchadas que parecía como si su boca estuviera rellena con algodón de azúcar. *Esta niña debe tener un montón de buena comida, donde ella vive*, pensé. Yo nunca antes había visto a un bebé de aspecto tan saludable.

—¿Bueno, no van a saludar a su madre? —preguntó la mujer con una sonrisa.

Nos quedamos junto a la puerta, apoyándonos el uno al otro.

—No se queden ahí parados —dijo la abuela Evila—. Vayan a empacar sus cosas.

Tía Emperatriz se acercó a nosotros, tomó mis cubetas y me susurró: —Ve a darle un abrazo a tu mamá. Aún así no nos movimos del portón. Mami fue la que se dirigió hacia nosotros. Me agarré del vestido de Mago y me escondí detrás de ella. Mami no se parecía a la madre que había intentado no olvidar durante esos dos años y medio.

—Miren a mis hijos, ¡pero qué tanto han crecido! —dijo. Cuando se quitó las gafas de sol, y vi aquellos ojos que eran también los ojos de abuelita Chinta, ya no podía negar a mi madre. Carlos corrió a abrazarla. Esperé a Mago para ver lo que iba a hacer para que yo pudiera hacer lo mismo. Pero ella se quedó allí agarrando sus cubetas. Élida se echó a llorar y entró a la casa sin mirarnos más.

—¿Dónde está Papi? —preguntó Mago—. ¿Él está de vuelta, también?

—No, él no ha vuelto. Ahora, vayan a buscar sus cosas para que podamos irnos ya —dijo Mami.

—¿Nos vamos ahorita? —pregunté. Miré a tía Emperatriz. ¿Y que iba a pasar con el paseo al cine?

—Por supuesto —dijo Mami—. ¿No me digas que te quieres quedar aquí?

Cuando no dije nada, tía Emperatriz dijo: —Vamos a ir otro día, niños. Hagan lo que dice su mamá.

—Voy a empacar nuestras cosas —dijo Mago. Ella puso una mano en mi hombro, y luego entró en la casa mientras que Carlos y yo nos quedamos con Mami.

—Ya tengo nueve años —le dijo Carlos a Mami. Me faltaban tres meses para cumplir los siete, pero yo no quería decirle mi edad, porque me quedé mirando a la hermanita que nunca había visto antes. *Ella realmente existe. Ella realmente es real.*

—Ven acá, Reyna —dijo Mami. Me acerqué a ella, y dejé que me abrazara con un brazo. Yo tímidamente enredé mis brazos en su cintura, sintiendo como si esto fuera un sueño y que desaparecería en cualquier momento. Miré la mano de Mami que tenía a mi alrededor y vi las cicatrices de color plateado que corrían a lo largo de tres de sus dedos. Me tomó un segundo para recordar que cuando conoció a Papi, y hasta que ella estaba embarazada de Carlos, ella había trabajado en un molino de tortillas y una vez su mano había quedado atrapada en el molino mientras ella estaba metiendo la masa en él. Casi perdió los dedos. Por eso se cambió a la venta de Avon. Abracé muy fuerte a Mami, y muchas cosas más que yo había olvidado de ella volvieron a mí.

La niña me jaló del pelo y grité.

—Betty, ¡no! —dijo Mami.

Me moví fuera del alcance de la niña y me froté la melena. Mago volvió con nuestras cosas metidas en dos fundas de almohada, y luego nos despedimos. No abrazamos a nuestra abuela. Pero le dimos las gracias por dejarnos estar en su casa y cuidar de nosotros.

—Bueno, al menos habrá tres bocas menos que alimentar —dijo. Como si la comida que nos había dado estos dos años y medio hubiera venido de su propio bolsillo, y no del duro trabajo de mis padres.

—Ay, Amá, usted nunca va a cambiar, ¿verdad? —dijo la tía Emperatriz. Abrió los brazos para nosotros y corrimos hacia ella y la abrazamos.

—Vamos, se está haciendo tarde y mi mamá nos está esperando —dijo Mami.

—Adiós, tía —dijo Mago.

Miré a tía Emperatriz. Había muchas cosas que me hubiera gustado decirle, pero cuando miré a mi madre, sabía que no sería una buena idea decir nada más que gracias. Mami entrecerró los ojos mientras me miraba, y me pregunté si ella sabía que yo la había traicionado mientras ella estuvo ausente.

—Vengan a visitarme —dijo la tía Emperatriz, cuando salíamos de la puerta. Élida se encerró en la habitación de la abuela Evila y no salió a decirnos adiós.

—¡Esperen! La foto —dije cuando ya nos íbamos. Corrí a la casa. A pesar de que me sabía de memoria todas las partes de su rostro, no podía dejar "al hombre detrás del vidrio".

Mami paró a un taxi, y nosotros tres nos sentamos atrás, y Mami y su pequeña hija se sentaron adelante con el conducor. Teníamos tantas preguntas que hacerle a nuestra madre, pero no lo hicimos debido a que el taxista empezó una conversación con Mami.

—Vienes del *otro lado*, ¿verdad? —preguntó.

Hasta hoy en día todavía no se cómo es que la gente siempre sabe cuando alguien acaba de regresar de los Estados Unidos. ¿Acaso huelen de forma diferente? ¿Hablan de otra manera? ¿O es la ropa?

Mami se echó a reír y le dijo que sí. —Acabo de llegar ayer por la noche —dijo.

—¿Te gustó? ¿Es tan bonito como dice la gente? —preguntó el taxista.

—Oh, sí. Es hermoso —dijo Mami—. Un lugar verdaderamente hermoso.

—Entonces, ¿por qué has vuelto? Quiero decir, con nuestra economía en el suelo, todo el mundo se está yendo para *el otro lado*, no al revés.

Su niña empezó a llorar, y Mami no le respondió.

A pesar de nuestra tristeza por dejar a tía Emperatriz y no haber ido al cine, estábamos encantados de que nuestra madre había regresado. Seguimos esperando que ella dijera que nos había echado de menos, pero ella no nos había dicho casi nada. Nos bajamos en la carretera principal y nos dirigimos a la casa de abuelita Chinta en una fila detrás de Mami. El aire olía a humo y la basura se quemaba a ambos lados de las vías del tren. La casa de abuelita Chinta era la única en la cuadra hecha de cañas de bambú. Estaba cubierta con láminas de cartón, y el techo estaba hecho de lata. Las casas de los vecinos estaban hechas de ladrillo y cemento. La casa más bonita le pertenecía a doña Caro. Su esposo, don Lino, era un soldador. Ganaba buen dinero y su familia tenía un refrigerador y agua potable. Abuelita Chinta no tenía esas cosas, pero tenía una estufa y electricidad. Compraba el agua del vecino de al lado y la acarriaba a casa en una cubeta.

Cerca de la choza de abuelita Chinta, hacia el oeste, había un canal que a veces se desbordaba durante la temporada lluviosa. Perpendicular al canal estaban las vías del tren que servían la línea El Río Balsas hasta la década de 1990, cuando el gobierno privatizó los ferrocarriles y el tren de Iguala fue suspendido. Pero en aquel entonces, los trenes traían minerales, cereales, combustibles, cemento, fertilizantes y pasajeros. Las cañas de bambú de la choza de mi abuela se sacudían como maracas cuando el tren pasaba. Era especialmente aterrorizante por la noche porque todo estaba tranquilo, excepto por los ladridos de los perros del barrio, cuando, de repente, el tren llegaba, con sus pitos y los motores rugientes.

Doña Caro estaba sentada afuera de su casa peinándose su larga cabellera gris. Cuando vio a mi madre, ella dijo: —Juana, ya estás de vuelta. Tenía ganas de gritar que sí, Mami estaba de vuelta y ¡ya no seríamos los pobrecitos huerfanitos!

—¿Cómo está papá?

—Cuéntenos de los Estados Unidos.

—¿Qué hizo cuando estaba allí? ¿Es cierto lo que dice la gente? ¿Nos echó de menos?

—¿Nos echa de menos Papi?

—¿Por qué no regresó con usted?

—Niños, ¿por qué no salen a jugar con los nuevos vecinos? —dijo Mami, sin responder a nuestras preguntas. Ella dijo que tenía algo que decirnos, pero ahora no era el momento. Sólo Carlos le hizo caso y fue en busca de niños para jugar. Mami entregó a su hijita a Mago y le dijo que la cuidara mientras ella y abuelita Chinta preparaban la cena.

Mago se negó a tomar a la bebé.

—Ella es tu hermana —dijo Mami.

—Ella es su hija —dijo Mago, y salió corriendo de la casa.

—Reyna, cuida de ella.

—Pero...

Me puso la niña en mi regazo, e hice lo que se me dijo. Yo no quería cuidar a esta niña. Pero Mami estaba de vuelta, tal como yo había esperado, y era mejor que me comportara o ella podía decidir marcharse de nuevo.

La casita de mi abuela era un cuarto grande. A diferencia de la abuela Evila, esta casa no tenía paredes interiores así que la privacidad era difícil de conseguir. Una cortina separaba la parte trasera de la casa y ahí era donde mi abuela había guardado nuestras pertenencias, como la cama de mis padres, el refrigerador descompuesto, el armario. En el centro de la choza había una mesa. A la derecha una hamaca colgaba de las vigas donde mi tío Crece dormía. La cama de mi abuelita estaba en el lado izquierdo del comedor. El área de la cocina estaba en la parte delantera de la casa, por la puerta. Al lado de la estufa había una mesita llena de santos, velas y flores. En el centro había un retrato de mi abuelo difunto.

Me senté en la cama de la abuelita Chinta y miré a Mami hacer el arroz y carne con chile verde. Por fin, íbamos a comer buenas comidas. Comidas que eran algo más que frijoles y tortillas. Yo estaba tan contenta con la comida que por un momento, me olvidé que tenía que estar enojada por tener que cuidar a Elizabeth, o Betty, como Mami dijo que llamáramos a su hija menor. Mi hermanita. Una desconocida. Ella tenía un año y tres meses. Me miró y sonrió. Una parte de mí quería sonreírle. Una parte de mí quería tenerla en mis brazos y oler su aroma de talco de bebé y leche, pero yo no lo hice. En su lugar, estudié su cara, y me puse celosa de que ella era más bonita que yo, a pesar de su edad. Yo tenía celos de que su cabello era más rizado que el mío, y sus pestañas eran más gruesas y más largas que las mías, y sus ojos no estaban rasgados como los míos, sino que eran redondos y enmarcados por pestañas tan gruesas que parecía como si llevara delineador de ojos.

Pero luego le miré la piel. Estaba tan prieta, esta niña, que me hizo sentir contenta de que fuera tan prieta. Había oído decir que en *el otro lado* había una gran cantidad de gente con cabello rubio y brillante como el oro, con ojos azules como el cielo y la piel tan blanca como la panza de un cerdo. Pero esta niña, que nació en ese hermoso lugar especial, estaba casi tan prieta como los nahuas, la gente indígena que venía de los cerros para vender ollas de barro en la estación del tren.

Mami había olvidado que estaba allí y no murmuraba tanto como antes. Ahora podía oír un poco de lo que le estaba diciendo a la abuelita Chinta. Algo acerca de otra mujer. Una pelea que tuvo con Papi. Ella estaba haciendo la salsa verde, y mientras hablaba machucaba los tomates verdes asados con la mano del molcajete con tanta fuerza, que el jugo salpicaba en su vestido. Pero a ella no le importaba. Dijo que odiaba a Papi y nunca quería volverlo a ver.

—Me las va a pagar, Amá. Se lo juro.

—Calla, Juana. No digas esas cosas. Sigue siendo el padre de tus hijos —dijo abuelita Chinta.

—Pero eso no puede ser verdad —balbuceé—. Papi no puede querer a otra mujer.

Mami me miró sorprendida, y cuando se dio cuenta de que estaba en la casita con ellas, y que yo había estado allí todo el tiempo, se puso furiosa.

—¿Qué haces ahí parada? Vete afuera y no vuelvas hasta que te llame, ¿me oyes?

Betty comenzó a llorar. Sentí las lágrimas brotar de mis propios ojos, pero a Mami no le importaron nuestras lágrimas. —¡Pa' fuera! —gritó otra vez, y salí corriendo.

Carlos estaba jugando canicas con los niños, pero Mago no estaba brincando la cuerda con las niñas; estaba sola, encaramada en el poste de metal utilizado para cambiar la dirección de las vías del tren. Me llevé a Betty en mis brazos y luché para sostenerla. Sus mejillas se veían como si estuvieran rellenas de algodón de azúcar, pero pesaba más que un saco de maíz.

Mago estaba mirando a la distancia, más allá de los árboles de huisache, y cuando miré hacia la dirección en la que ella veía, pude ver las torres de la Iglesia de Guadalupe cerca de la casa de la abuela Evila sobresaliendo como dos dedos. Detrás de las torres, "la montaña que tiene un dolor de cabeza" se elevaba hacia el cielo.

—¿La echas de menos? —pregunté.

La casa de abuelita Chinta

Mago miró la montaña una vez más y luego saltó del cambiador de vías. —¿A quién, a Mami? Pero ella está de vuelta —dijo—. ¿Y por qué estás llorando?

Me puse a llorar de nuevo. Yo no sé por qué todavía sentía ese vacío familiar dentro de mí cuando miraba "la montaña que tiene un dolor de cabeza", a pesar de que mi madre estaba de vuelta. ¿Y por qué se sentía como si ella no lo estuviera?

Carlos se acercó a nosotras, sonriendo y señalando hacia la casa. —¿Pueden creer que ella está aquí? Él respiró hondo y dijo: —Finalmente, todo va a volver a ser como era antes de irse.

Mami asomó la cabeza por la puerta y dijo que nos metiéramos. Cuando miré hacia la puerta y vi a la mujer que estaba allí, llamándonos, yo supe por qué el vacío y el anhelo seguían allí en mí. Carlos estaba equivocado.

La mujer que estaba allí no era la misma mujer que se había marchado.

11

Mami y Papi con Mago y Carlos

E N AGOSTO, DOS meses después de que mi madre hubiera regresado del *otro lado*, se devaluó el peso por segunda vez ese año. El poco dinero que mi madre había traído con ella, se gastó rápidamente. Se encontró a cargo de la familia y con muy pocas opciones de cómo ganarse la vida. Después de dos años de ganar dólares, era difícil para ella volver a ajustarse a las dificultades provocadas por la inestabilidad económica de México causada por la crisis nacional. Pero lo que fue más difícil para ella fue tener que explicar a todos los que la conocían por qué había vuelto. Así como el taxista había dicho, todo el mundo se estaba yendo, no volviendo. No me di cuenta en ese entonces de lo difícil que debería haber sido para mi madre ver a sus viejas amigas y admitir que su marido la había dejado por otra mujer.

A menudo la encontrábamos hablando con mi abuela en voz

baja. Pero cuando Mago, Carlos y yo le preguntábamos por los detalles de los dos años y medio que se había ido, decía poco. Así que todo lo que sabíamos en ese entonces era que mi padre la había dejado por otra mujer. Pero en ese tiempo aún no sabíamos cómo lo había hecho. ¿Qué significa que ahora está con otra mujer? Queríamos saber. ¿Significa que no iba a volver? ¿Significa que había abandonado la casa de sus sueños? ¿Significa que iba a comenzar una familia nueva con la otra mujer y olvidarse de nosotros? ¿Significa que no lo veríamos nunca más?

—Significa que se está lavando las manos de nosotros —dijo mi madre—. Significa que nos moriremos de hambre aquí en este lugar miserable, y él estará demasiado ocupado con su nueva mujer para importale un comino.

—Papi no haría eso —dijo Mago—. Él va a volver. —De todos nosotros, Mago era la única que parecía albergar alguna esperanza de que Papi no nos abandonaría. La promesa rota de mi madre había provocado un distanciamiento entre ellas, por lo que la lealtad de Mago hacia mi padre se mantuvo firme. Él había estado ausente durante tanto tiempo que en su ausencia, se había convertido más grande que la vida en los ojos de Mago. Pero yo estaba muy feliz de tener a mi madre de vuelta, a pesar de lo mucho que había cambiado, para aferrarme a la esperanza de volver a ver a mi padre. Estaba enojada con él, no tenía ni un solo recuerdo de él y Mami juntos, de todos nosotros juntos, y me sentía robada de la familia que ansiaba tener. ¿Por qué tenía que ir a enamorarse de alguien más? Yo quería saber. ¿Acaso Mami no siempre hizo lo que él había pedido de ella? ¿Acaso no fue suficiente que ella lo hubiera seguido al *otro lado* y nos hubiera dejado atrás?

Y ahora él nos había regresado una versión diferente de mi madre, una que estaba amargada, desconsolada y abrumada por el conocimiento de que tenía cuatro hijos que mantener y estaba completamente sola.

No muy lejos de la estación de tren está La Quinta Castrejón. Aunque ahora se ha deteriorado y ya no es el lugar lujoso que una vez fue, en su día era frecuentado por gente adinerada. Estaba en las afueras de la colonia de mi abuela, La Ejidal, a pesar de que era un área muy pobre. Sin embargo, La Quinta Castrejón se sentaba en medio de la pobreza, como burlándose de nosotros, recordándonos lo que no podíamos tener. Estaba rodeada por un muro de bloques alineados con pedazos de botellas de refresco que brillaban al sol como los afilados dientes de una bestia bella pero mortal. Había un largo camino que conducía a la sala de recepción y las piscinas. El camino de entrada estaba flanqueado por palmeras, las únicas palmeras en la colonia, como soldados que estaban de guardia. En el interior había una gran piscina con un trampolín y una piscina más pequeña para los niños. Había un parque infantil con columpios, toboganes y balancines. Bodas y quinceañeras se llevaban a cabo en la sala de recepción cada fin de semana. Más adelante, una vez que la clase media fue casi aniquilada por la crisis nacional, las fiestas se hicieron menos frecuentes, haciendo que La Quinta Castrejón perdiera su glamour y pasara al olvido.

Pero en ese entonces, eso no había sucedido todavía, y Mami decidió probar suerte allí.

—Ese lugar es inmune a la recesión —había dicho Mami—. La gente todavía tiene que casarse. Y la inflación no puede evitar que las chicas cumplan los quince años.

Mami no había podido encontrar trabajo, y ya no quería vender más Avon porque no quería ver a sus viejos clientes y sus miradas burlonas. Así que empezamos a vender cosas ahí en La Quinta Castrejón los fines de semana.

El sábado, después de un almuerzo de sopa de letras y tortillas, Mami preparaba la mercancía para la venta de esa noche. Me preguntaba qué clase de fiesta se llevaría acabo. Mago dijo que sería una boda. Yo opiné que iba a ser una quinceañera. Hicimos una apuesta y el perdedor tenía que limpiar el retrete al día siguiente.

Alrededor de las cinco Mago, Carlos y yo salimos de la casa con Mami. Betty se quedó en casa llorando. No se le permitió venir. Mami quería que ella viniera, quería que todos viniéramos con ella para que los invitados de La Quinta Castrejón vieran que tenía cuatro bocas que alimentar, y tuvieran piedad de ella y compraran su mercancía. Pero la primera noche que fuimos a vender, Betty lloró y lloró porque la música a todo volumen, la risa y la charla de las personas en el interior le impedían conciliar el sueño. La noche era fría y estábamos temblando porque nuestros suéteres eran demasiado delgados para protegernos del frío. Mami se negó a ir a casa a pesar de que todo el mundo estaba adentro del salón de baile pasando un buen rato, y dijo que pronto la fiesta terminaría y que volverían a comprar más cigarrillos o chicles, incluso una bolsa de papitas si querían un bocadillo de medianoche.

Al día siguiente Betty tenía fiebre y tos. Abuelita Chinta regañó a Mami como si fuera una niña, diciendo que el sereno de la noche había enfermado a Betty, y ¿qué haríamos si le daba neumonía?

Mami, dijo: —Ella es una americana, por eso es tan frágil —Ya que Mago, Carlos y yo tenemos la sangre espesa mexicana corriendo por nuestras venas y ni la humedad de la medianoche ni el frío nos haría mal, teníamos que ir con ella. No me importaba tanto. Eso significaba que tendría la oportunidad de pasar tiempo con Mami y ver los hermosos vestidos que vestían las quinceañeras y las novias.

Llegamos a La Quinta Castrejón y nos sentimos decepcionados al ver que ya había otras madres tendiendo sus puestos. Tenían todos sus hijos con ellos, también. La ganadora fue la madre que traía a cinco hijos, el menor estaba atado a su espalda con un rebozo. Mami dijo una maldición en voz baja y comenzó a tender su puesto. Sacó los dulces de menta y caramelo, bolsitas de cacahuates y semillas de calabaza, los cigarrillos y cerillos. Mago y yo le ayudamos con el puesto, mientras que Carlos caminaba por el estacionamiento ofreciendo cuidar los coches de los invitados a cambio de propinas.

Mago y yo vimos una limusina aproximarse. Yo contuve la respiración y recé para que fuera una quinceañera, en primer lugar porque me encantaban las quinceañeras y segundo porque yo no quería limpiar el retrete al día siguiente si perdía la apuesta que había hecho con Mago. Le pedí a los santos y contuve la respiración hasta que el conductor abrió la puerta de la limusina, entonces vi a una chica emerger con su vestido rosa y su tiara brillante. Mago estaba fascinada también por la chica, que parecía estar flotando en una nube rosa, que ni se enojó por haber perdido la apuesta. Vimos a la chica y a sus acompañantes entrar en la sala de recepción, mientras que todos le aplaudían y la felicitaban por haberse convertido en una mujercita.

Pronto, todos los invitados estaban adentro, y nosotros estábamos afuera en el frío de la noche temblando y soplando bocanadas de aire tibio en nuestras manos. Era la mitad de la temporada de lluvias, y el cielo estaba cubierto de nubes. De vez en cuando podríamos ver relámpagos sobre "la montaña que tiene un dolor de cabeza". Mami no le prestó atención a la intemperie. No dejaba de mirar a los otros vendedores. Reorganizaba su mercancía como si estuviera tratando de encontrar la forma correcta para mostrarla. Un hombre salió afuera para comprar un paquete de cigarrillos, y miró a Mami y a Mago y a mí. Puse mi cara triste, como Mami me había dicho que hiciera, para que él pudiera sentir lástima por nosotros y comprar de nuestro puesto. Sabía que no importaba cuánto lo intentara, yo tenía siete años, estaba demasiado grande como para competir con el bebé que se amamantaba del pecho de su pobre madre. El hombre parecía un príncipe con su traje y corbata. Él compró los cigarrillos de la mujer e incluso le dio una propina extra, para sus hijos, y luego volvió a la fiesta.

No volteé a ver a Mami, porque yo sabía que ella estaba enojada, conmigo, con el hombre, con la madre y sus cinco hijos, con Papi por ponerla en esa situación, consigo misma por haber dejado *el otro lado* en un momento de desesperación. —Debería haberme quedado —a veces le decía a abuelita Chinta—. Natalio me dejó allí por mi cuenta, y yo no conocía a nadie, pero me hubiera quedado. Allá había trabajo. Tal vez no trabajos estupendos, pero al menos allá nadie se muere de hambre. Y aquí en México, con el costo de todo poniéndose más y más caro, ¿cómo vamos a sobrevivir?

Me apoyé contra la pared y traté de no pensar en ese hermoso lugar del que ella anhelaba. Mami cogió su bandeja de cigarrillos y chicles y decidió entrar a la sala de recepción para ofrecerlos a los invitados. A veces la corrían para fuera, a veces, si los anfitriones eran amables, le permitían vender un rato.

Mago y yo nos levantamos y nos acercamos a mirar las piscinas. Había una valla de tela metálica desde la sala de recepción a la taquilla para mantener a la gente fuera, pero yo no tenía necesidad de entrar. Desde allí, podíamos ver la piscina grande con claridad, que brillaba como una joya azul. En la taquilla había un cartel blanco con la lista de los precios de entrada. Mago me ayudó a sumar los números, porque yo todavía no había aprendido a sumar números grandes en mi clase de segundo grado. El costo de nadar aquí, para mis hermanos y yo, más Mami, era lo equivalente al costo de dos días de alimentos para toda mi familia.

—Su padre trabajó en esa piscina —dijo Mami detrás de nosotras, haciéndonos brincar de susto. Me volví hacia ella, pensando que estaría enojada con Mago y conmigo por haber dejado el puesto sin supervisión. Yo esperaba que nos gritara, pero en su lugar, repitió lo que acababa de decir—. Su padre le puso el azulejo a esa piscina.

Dimos la vuelta a la piscina y admiramos los azulejos de color azul marino que estaban alrededor de los bordes y que cubrían el interior. —¿Papi hizo eso? —le pregunté impresionada. Yo sabía que Papi había trabajado en la construcción, pero hasta ese momento nunca había sabido en cuales proyectos él había trabajado en la ciudad.

—Recuerdo que él llegó a casa después del trabajo y me dijo que tan pronto como se abriera la piscina, me traería aquí a nadar. —Mami puso la mano sobre la cerca de alambre y enroscó los dedos alrededor del alambre de metal. Ella puso la frente contra la cerca y miró hacia la piscina—. Su padre dijo que de agradecimiento, el dueño había permitido que los trabajadores vinieran por un día para disfrutar de la piscina, gratis. Así que él me trajo aquí. ¿Imaginen eso? Yo no sé nadar, pero su padre sí. Él me sujetó todo el tiempo. Yo tenía tanto miedo, pero ni una sola vez él me dejó ir.

Volví a mirar a Mami y vi que el agua azul de la piscina se reflejaba en sus ojos llenos de lágrimas. Quería decirle lo que Mago me había dicho una vez: "Los recuerdos son tuyos para siempre". Quería decirle que mientras ella se aferrara a esos momentos especiales entre ella y Papi, siempre serían de ella; esa otra mujer, quienquiera que fuese, no podía quitárselos.

Pero Mami ya se había limpiado las lágrimas. Había mirado el puesto solo y se dio cuenta que no habíamos vendido nada esa noche. Se alejó con pasos rápidos, con las manos apretadas en puños, gritando que fuéramos a atender el puesto o que no habría dinero para la comida de mañana. —No puedo hacer todo yo sola —dijo con enojo—. Ustedes niños tienen la edad suficiente para ayudar.

No me alejé de la valla metálica. Oí la música a la deriva en la noche fría. Había llegado el momento para el vals. Miré la piscina a la cual Papi le había puesto azulejo con sus propias manos y me imaginé bailando El Vals de las Mariposas con él. En mi mente, me estaba apretando fuerte, susurrando en mi oído lo orgulloso que estaba de mí por haberme convertido en una mujercita.

—¡Aléjate de allí! —dijo Mami mientras me jalaba de una oreja. Me arrastró lejos de la piscina y los azulejos bonitos, y volví a atender el puesto con Mago. Pronto llegó la medianoche y se soltó la lluvia. Los invitados salieron y corrieron a sus vehículos, sin otra mirada a nuestra mercancía. Carlos y los otros niños corrían de un coche a otro, tratando de recoger las propinas de los invitados por haber cuidado sus coches. Algunas personas ignoraron las manos extendidas de los niños y pisaron el pedal del acelerador con demasiada fuerza. Me preocupé por Carlos al verlo saltar fuera del camino para evitar ser atropellado.

—Esta es la última vez que venimos aquí —dijo Mami cuando empezó a tirar toda la mercancía en una bolsa.

—Va a ser mejor el próximo fin de semana, Mami —le dije—. Tal vez la próxima semana los invitados serán diferentes.

Pero Mami no me estaba escuchando. Tiró las bolsas en nuestros hombros y dobló la mesa de metal, mientras la lluvia se dejaba caer, nosotros nos apuramos por el camino de entrada, nos deslizamos en el lodo, las piernas salpicadas por la procesión de coches. Los invitados voltearon a la derecha en la calle pavimentada para volver a sus casas de lujo, y nosotros doblamos a la izquierda y tropezamos con el camino de tierra lodoso y oscuro, hacia la choza de abuelita Chinta. Mami no disminuyó el paso a pesar de que estábamos sin aliento y nuestras piernas y nuestros costados ardían de dolor. Ella miraba fijamente hacia delante y no miró hacia atrás.

Ahora sé que ella no estaba huyendo de la lluvia, estaba huyendo de la piscina reluciente y sus azulejos azules, de la memoria de ella y mi padre nadando en el agua, con los brazos entrelazados, del dolor de saber que a pesar de que él la había sujetado en la piscina de La Quinta Castrejón, finalmente la había soltado, en un lugar tan hermoso y aterrador: *el otro lado*.

12

Mami en los Estados Unidos

Dos años y medio después de que mi madre se fuera a los Estados Unidos, mi padre le dijo que ya no la amaba, y que ya no quería seguir con ella.

—¿Y adónde me voy a ir? —le preguntó mi madre, agarrándose con fuerza de mi hermanita, porque ella era la única familia que mi madre tenía en ese país extraño y hermoso.

La ironía fue que en sus peores pesadillas, mi madre se había imaginado a mi padre dejándola por una gringa rubia y de ojos azules. Pero la mujer que le robó al marido fue una paisana, una mexicana del estado de Zacatecas. ¿Qué había en esa mujer que a él le gustó? Mi madre se había preguntado. ¿Acaso era porque ella era educada y una asistente de enfermera, a diferencia de mi madre, que sólo se le permitió una educación de sexto grado? ¿O fue el hecho de que esa mujer era una ciudadana naturalizada de los Estados Unidos y podía hablar inglés, a diferencia de mi madre, que tan duro como lo intentaba, no era capaz de dar sentido a las palabras extrañas que salían de las lenguas de los americanos? ¿Había visto mi padre los privilegios de esa mujer por ser ciudadana americana como un camino hacia un futuro más grande, un futuro que mi madre, con sus limitaciones, no podía darle?

Fuera lo que fuera esa mujer, mi madre no podía dejar de pensar que tal vez la abuela Evila tenía razón: ella era muy poca cosa para él.

Y luego vino la traición final: al final de la semana mi padre la echó del apartamento, pero no permitió que se llevará a Betty. Lo primero que se le occurrió a mi madre fue ir a la policía, pero tenía miedo de ser deportada, y si eso llegara a suceder, entonces seguramente no volvería a ver a su hija. Así que no lo hizo. Lo que quería era regresar a México, volver al lugar que conocía, volver a su madre, a nosotros —sus hijos, y alejarse de mi padre, pero no podía irse así, sin dinero y sin su hija. Todo el mundo la despreciaría por regresar peor que cuando se fue.

Todos los días iba a la casa de la niñera a visitar a mi hermanita. Mi padre le había dicho a la niñera que la hacía responsable si algo le pasaba a Betty, y porque estaba aterrorizada de mi padre, la niñera nunca descuidaba a la bebé. Pero cuando mi madre tocó la puerta, la niñera no tuvo el valor de decirle que no podía ver a su propia hija, por lo que la dejó entrar a su casa. Ni una sola vez dejó que mi madre se llevara a Betty.

Sin embargo, en el Día de las Madres de 1982, mientras que Mago, Carlos y yo estábamos discutiendo si le íbamos a dar nuestros proyectos de arte a la tía Emperatriz, mi madre iba corriendo a la casa de la niñera, porque era su día especial y ella quería estar con su hija. Betty corrió a ella tan pronto como la vio. Mi madre se sentó en la sala con su bebé y miró hacia fuera la hermosa luz del día.

—Déjeme llevarla a pasear —le dijo a la niñera—. Es un día bonito hoy, y quiero llevar a mi niña al parque y comprarle un helado.

—Usted sabe que yo no puedo hacer eso, Juana —dijo la niñera—. Natalio me mataría si descubre que le permito verla, y mucho menos llevarla a pasear.

—Sólo una hora —dijo mi madre—. Sólo le pido una hora. Por favor, hoy es el Día de las Madres.

La niñera aceptó finalmente. —¿Me promete que la traerá de vuelta en una hora?

—Sí, sí, se lo prometo —dijo mi madre.

Y ella no tenía la intención de romper su promesa, pero a mitad de camino a casa de la niñera, algo brotó en su interior. Su sangre le hirvió ante la idea de que otra mujer preparara los biberones de su hija, le diera un baño, la acostara en la cama, le cantara para dormir. Se imaginó a Betty creciendo y pensando que la otra mujer era su madre. Le dió temor de que esa mujer —que ya le había arrebatado a su marido— también le arrebatara el amor de su hija. Y ella juró que no permitiría que eso pasara. Y él, ¿cómo pudo él dejarla ir en ese lugar tan aterrador cuando sabía que ella estaba sola y él y Betty eran la única familia que tenía allí? Así que mi madre se dio la vuelta y caminó en la dirección opuesta, y ni una vez miró hacia atrás.

Los acontecimientos culminaron con algo tan horrible que incluso ahora todavía no lo puedo creer. Mi padre, en un momento de rabia y con la sangre hirviendo con el alcohol, fue a buscar a mi madre con una pistola. ¿Estaba pensando en pegarle un tiro? Mi padre diría más tarde que no, su intención fue nada más asustarla. Pero cualquiera que sea la verdad, alguien salió lastimado. Un fulano inocente había tratado de defender a mi madre cuando vio a mi padre intimidándola en la acera frente al apartamento de la tía María Félix, donde mi madre había buscado refugio. Mi padre quería que ella le regresara a Betty. Mi madre se negaba a entregarla. Betty estaba llorando incontrolablemente, mientras que sus padres se peleaban a gritos sobre quién se iba a quedar con ella. La nueva mujer de mi padre esperaba en el asiento del pasajero del coche, y su presencia enfureció a mi madre aún más. La hizo aferrarse a Betty con todas sus fuerzas. El fulano y mi padre se empezaron a pelear a puñetazos cuando él trató de detener la pelea entre mis padres. El arma se disparó accidentalmente, y el fulano resultó herido.

Para suerte de mi padre, el hombre no murió. A mí padre se le permitió la deportación voluntaria, en lugar de ser encarcelado. Una semana más tarde, logró cruzar la frontera y reanudó su vida en los Estados Unidos como si nada hubiera pasado.

El relato que mi madre nos contó en ese entonces no incluyó todos los detalles, y no sería hasta años después que escucharía la versión completa. Pero aún así, la idea de que Papi había tratado de dispararle a nuestra madre era algo tan horrible que era casi demasiado para creerlo. ¡Como sacado de una telenovela!

—Está exagerando —dijo Mago después de que habíamos oído el relato abreviado. Si Mami estaba exagerando o no, no podíamos estar seguros, pero de cualquier manera nos hicimos muy leal a ella. Incluso Mago, con sus dudas, trató de complacer a Mami y tenía cuidado de no mencionar a Papi enfrente de ella. Sin embargo, no pasó mucho tiempo antes de que descubriéramos que nuestra lealtad y nuestro amor no sería suficiente. Mami estaba distante con nosotros, indiferente de muchas maneras. A veces, sus ojos se agrandaban de horror, y ella movía la cabeza como si tratara de deshacerse de los recuerdos que la perseguían. Entonces, ella nos miraba, pero en realidad no nos veía. Ella estaba buscando algo que nosotros —sus hijos— no podíamos darle. No sabíamos aún lo que eso era exactamente, pero pronto nos daríamos cuenta.

En noviembre, mi madre dejó de vender en La Quinta Castrejón y finalmente encontró un trabajo en una tienda de discos. Por lo general llegaba a casa alrededor de las siete, cuando ya estaba oscuro afuera. El camino frente a la casa de mi abuela era de tierra y cubierto de baches y tantas piedras que los taxis y combis —microbuses públicos— no se acercaban a la casa. Mami tenía que bajar en la carretera principal y caminar los ocho minutos a la casa de abuelita Chinta en la oscuridad, ya que no había alumbrado público.

Una noche, abuelita Chinta envió a Carlos a que esperara a Mami en la carretera principal y la encaminara a casa. Por lo general, era el tío Crece quien esperaba a Mami, pero él todavía no llegaba, y estábamos seguros de que estaba en la cantina bebiéndose su salario.

Carlos estaba aterrorizado de caminar por el puente sobre el canal en la oscuridad.

—La Llorona está por ahí buscando a gritos a sus hijos —dijo.

—No tengas miedo—dijo abuelita Chinta —. Sólo asegúrate de que cuando llegues al canal, reces un Ave María y un Padre Nuestro. Haces la señal de la cruz antes de cruzar el puente.

Mago y yo nos sentamos en la cama de abuelita Chinta y prendimos el radio. No teníamos un televisor, pero el radio tenía algunos buenos programas como *Porfirio Cadenas, El ojo de vidrio*, una radionovela sobre un bandido que trataba de vengar la muerte de su padre. Pero mi programa favorito era la hora del cuento, en el que escuchábamos los cuentos de hadas como "Cenicienta", "Hansel y Gretel" y "Los Tres Cochinitos".

Minutos después, Mami llegó a casa sola.

—¿Dónde está Carlos? —le preguntamos.

—No lo sé. No me esperó esta noche —dijo Mami.

Me asomé por la puerta. No había nada por ahí, sino las vías del tren, el gorgoteo del canal, el silbido solitario del último tren anunciando su salida de la estación.

—Vamos a buscarlo —dijo Mago.

Nos dirigimos hacia el canal, pero no vimos a nadie atravesando el puente. Me senté en una vía de tren y esperé. Escuché los grillos cantar sus canciones tristes. El canal gorgoteaba. El viento agitaba las ramas de los guamúchiles. Las luciérnagas estaban jugando al escondite entre los arbustos, y yo quería levantarme y correr tras ellas, atraparlas en los huecos de mis manos y soltarlas dentro de la casa de abuelita Chinta donde podrían brillar sobre nosotros como estrellas. Pero yo no quería dejar el lado de Mago, porque la Llorona me podría llevar con ella si me iba lejos.

Finalmente, vimos una pequeña figura caminando hacia nosotras desde el otro lado del puente.

—¿Dónde estabas? —Mago preguntó.

Carlos pasó junto a nosotras con la cabeza colgando hacia abajo.

—Entonces, ¿dónde estabas? —preguntó Mago de nuevo, al apresurarnos tras él.

—En ninguna parte.

—¿Qué quieres decir, en ninguna parte? Estábamos preocupadas por ti.

—Déjame en paz —dijo. Entró en la casa y no le contestó a Mami cuando ella le preguntó acerca de su paradero. Él no quiso cenar. Fue a acostarse en su catre y no nos habló más por el resto de la noche.

⁑

Por la mañana, todavía estaba de mal humor. Generalmente caminábamos juntos a la escuela, pero él se fue sin nosotras. Él no nos encontró en la hora del recreo. Cuando regresamos de la escuela tratamos de que nos contara más chistes de Pepito, pero en cambio nos ignoró, y se quedó jugando al fútbol toda la tarde en el terreno baldío con sus amigos.

—¿Pues qué le pasa? —preguntó Mago mientras meniaba los frijoles.

—No sé —dije. Tomé un trago de agua en la olla de barro en la cocina y corrí afuera, donde mis amigas y yo estábamos brincando la cuerda.

Me encantaba la calle de mi abuelita. Por la noche, los rayos del sol poniente pintaban el camino de tierra del color rojo del barro. Todos los niños del vecindario salían a jugar. Las vías del tren eran divertidas. Hacíamos concursos para ver quién podía saltar sobre la mayor cantidad de durmientes o quién podía mantener el equilibrio por más tiempo en las vías. A veces poníamos pedazos de metal en las vías y después que el tren silbaba y pasaba por ahí íbamos a recoger nuestro metal aplanado y brillante.

Las mujeres se sentaban fuera de sus hogares en las sillas de mimbre, bordando servilletas de tela o leyendo una revista mientras escuchaban boleros en la radio. En grupos o solos, los hombres regresaban a casa del trabajo. Algunos venían de los campos de milpa cubiertos de sudor y tierra, con sus machetes colgando a los lados en cuerdas de cuero crudo. Otros venían de la estación de tren, mirándose como fantasmas, cubiertos de pies a cabeza con el polvo que se filtraba de las bolsas de cemento que descargan todo el día.

Me imaginé a las esposas de esos hombres y los niños esperándolos en casa. Me imaginaba a las mujeres amasando bolas de masa en tortillas redondas y cocinándolas en el comal. Podía oler los frijoles hirviendo, la carne dorándose en el sartén, los chiles y los tomates asándose antes de ser convertidos en salsa en el molcajete. Pude imaginar a los padres lavándose las manos antes de sentarse a la mesa para cenar con sus esposas, hijos e hijas. Si Papi no se hubiera ido, así es como mis noches siempre hubieran sido, me decía a mí misma.

Mientras hacía tortillas de lodo con mis amigas Meche y Cheli, Carlos y sus amigos se iban a esperar el tren de la noche, y tan pronto como venía, corrían tras él para treparse, y luego montarlo todo el camino hasta la estación de tren, donde tendrían que correr de vuelta para nuestra parte favorita de la noche, cuando el esposo de doña Caro llegaba a casa.

Don Lino era la única persona en nuestra calle que tenía carro. Todos los niños dejábamos lo que estábamos haciendo tan pronto oíamos el zumbido silencioso del motor en la distancia.

—¡Vamos, vamos! —gritaba Jimmy, el hijo de don Lino—. ¡Ahí viene mi papi!

Todos nosotros corríamos por el camino para encontrar a don Lino y subirnos en la parte trasera de su camioneta azul. La camioneta se sacudía de lado a lado, gimiendo a su paso. Nos imaginábamos que estábamos en un barco lanzado en una tor-

La calle de la abuelita Chinta

menta. Cuando por fin llegábamos al canal todo el mundo estaba mareado.

Cuando Mami llegó a casa, Betty, como de costumbre, corrió hacia ella.

—¿Sólo frijoles refritos y un pedazo de queso? —dijo Mami—. ¿Eso es todo lo que comeremos esta noche?

—Hay gente que no cenará esta noche, Juana. Seamos agradecidos —dijo abuelita Chinta al servir los frijoles en nuestros platos.

—No puedo creer que su padre no envía nada de dinero para ustedes niños —nos dijo Mami—. ¡Probablemente se lo está gastando en esa mujer!

—Juana, vamos a estar bien —dijo abuelita Chinta—. Tú estás aquí con tus hijos. Estoy segura de que eso es suficiente para ellos.

—Tiene razón, Amá. Las cosas van a mejorar muy pronto.

Yo quería ir a su lado. Quería decirle que prefería comer frijoles por el resto de mi vida, siempre y cuando ella estuviera conmigo, pero la mirada que me dio me asustó. Era como si ella me odiara.

—Te ves igual que él —me dijo. Eché un vistazo "al hombre detrás del vidrio", y por primera vez, yo no estaba feliz de parecerme tanto a él. No quería que Mami me mirara así, una mirada llena de dolor, de ira, de odio. Yo quería agarrar "al hombre detrás del vidrio" y tirarlo afuera sobre las vías para que el tren lo rompiera. Para que Mami no lo mirara a él, y me mirara a mí, y luego creyera que éramos iguales.

Abuelita Chinta puso el plato de frijoles en la mesa y me alborotó el cabello. —¿Por qué no van a comprar unos refrescos para la cena? Cuando regresen, los frijoles no estarán tan calientes.

Tomamos el dinero y nos fuimos.

—Entonces, ¿qué es lo que te pasa? —le preguntó Mago a Carlos mientras regresábamos de la tienda.

—Te vas a enojar si te digo.

—Ya déjate de cosas y dinos ¿qué te pasa?

Habíamos dejado de caminar. Ya estábamos cerca de la casa, y no queríamos entrar por el momento, porque entonces no podríamos hablar.

—Mami tiene un novio —dijo Carlos.

—¿Qué?—Mago y yo dijimos al mismo tiempo.

—Yo la vi. La vi con un hombre. —Carlos nos dijo que la noche anterior muchas combis habían ido y venido, pero sin Mami. Ya que tenía miedo de estar allí solo en la oscuridad, poniéndose en peligro de ser golpeado o asesinado por algún loco, se subió al árbol cerca del molino de tortillas. Minutos después, un taxi se detuvo justo debajo del árbol y Mami y un hombre salieron. El taxi se fue, y tan pronto como lo hizo el hombre jaló a Mami entre sus brazos y la besó en la boca.

—Se besaron por mucho tiempo —dijo Carlos—. Yo no sabía qué hacer. No quería que Mami se enojara conmigo. Cuando acabaron de besarse, el hombre llamó un taxi y se fue. Mami comenzó a caminar hacia el puente, y yo quería alcanzarla y caminar con ella, pero me quedé en el árbol. No quería que ella supiera que la había visto.

Entramos a la casa antes de que Mami o abuelita Chinta vinieran a buscarnos. ¿Qué significaba que Mami tuviera un novio? Me pregunté.

Durante la cena, pude ver a Mago luchando para no gritar que sabía el secreto de Mami. Tenía la cara en una mueca constante y cada vez que Mami le decía algo, Mago sólo gruñía en respuesta.

—¿Qué te pasa? —preguntó Mami otra vez.

Entonces Mago no pudo aguantar más y dijo: —Mami, ¿quién era ese hombre?

—¿Qué hombre?

—El hombre con el que se besaba por la calle principal.

Como tenía a Betty en su regazo, era difícil para mí ver la expresión en la cara de Mami. Hundió la cara en el pelo de Betty, como escondiéndose de nuestros ojos acusadores.

—Bueno, como ustedes ya lo saben, es mejor que les diga todo —dijo finalmente—. Él vende seguros de coche al lado de la tienda de discos. Pero en el fondo él es un luchador. Él hace la lucha libre los fines de semana, y es muy bueno.

—¿A quién le importa eso? ¿Qué es *él* para usted?

—No me hables así, Mago —dijo Mami, mirando por encima de la cabeza de Betty—. En todo caso, quiero que sepan que me voy a ir con él.

—¿Qué? —todos gritamos. Betty empezó a lloriquear al escuchar nuestras voces airadas.

—Juana, ¿qué estás diciendo? —dijo abuelita Chinta.

—Francisco ha conseguido un contrato para pelear en Acapulco, y me pidió que me fuera con él. He aceptado.

—¡Pero no se puede ir! —Mago gritó. Se levantó tan de repente que la silla se volcó—. ¡No puede!

—No me voy a ir por mucho tiempo. Ahora siéntate y deja de gritarme.

—Usted nos dijo eso la última vez —dijo Carlos—. Y se fue por dos años y medio.

—Mami, no nos deje otra vez —le rogué, mientras corría a su lado.

—¿Y nosotros qué? —dijo Mago—. ¿Qué va a pasar con nosotros?

—Se van a quedar con su abuelita. Ella cuidará de ustedes.

—Juana, no puedes hacer esto —dijo abuelita Chinta—. No está bién.

—Cuando Papi se entere de esto, que nos está dejando otra vez... —dijo Mago.

—No te atrevas a mencionar a tu padre. No hay nada entre nosotros. ¿No entienden eso, niños? Él trató de matarme.

—Usted se lo está inventando —dijo Mago—. Él no haría eso. Y si lo hizo, tal vez, ¡tal vez fue por su culpa!

Mami se puso de pie y se dirigió a Mago, dispuesta a golpearla. Abuelita Chinta rápidamente se interpuso entre ellas. —Juana, es necesario pensar bien las cosas.

—Ya lo hice, Amá. Y he tomado mi decisión.

Cuando Mami se fue, ni siquiera tuvo el valor para decirnos. Cuando llegamos a casa de la escuela al día siguiente, encontramos a Betty en lágrimas. Abuelita Chinta nos dijo que nuestra madre apenas se había ido con el luchador. —Se fueron a coger un taxi por La Quinta Castrejón —dijo.

Los sollozos de Betty eran ensordecedores. Mago, que siempre había mostrado su antipatía por Betty en muchas maneras, fue quién la levantó y la abrazó. Carlos y yo salimos por la puerta, esperando que Mami y el luchador todavía estuvieran en la carretera principal. A los siete años, me encontré corriendo para alcanzar a mi madre y pedirle que no me dejara por segunda vez en mi vida. Carlos corrió más rápido que yo, y cuando llegué a la carretera principal, él estaba agachado, llorando. Mami ya no estaba por ninguna parte.

13

Tío Crecenciano

Después de que mi madre se fue, Carlos se puso muy enfermo. Abuelita Chinta dijo que estaba sufriendo de pena. Tenía fiebre, dolores de cabeza, náuseas y vómitos; perdió tanto peso que realmente parecía un esqueleto. Pensé en esa canción que Élida le gustaba cantar para él. *La calaca tilica y flaca. La calaca tilica y flaca.*

Mientras Mago y yo nos sentamos alrededor de su catre, mirándolo marchitarse, todo lo que podía pensar era en la carretera vacía, donde mi madre había desaparecido. Me pregunté si Carlos estaba pensando en eso, también. Me pregunté si estaba reproduciendo ese momento en su mente febril, como yo.

—Todo es culpa de ella —dijo Mago, al coger la mano inerte de Carlos—. La odio.

—Mago, no digas eso —dije, pero una parte de mí sentía que estaba en lo cierto. Yo no sabía lo que tenía mi hermano, pero también me sentía mal. A pesar de que no estaba mal físicamente, por dentro estaba ardiendo. Me sentía como si tuviera un escorpión dentro de mí que estaba picando mi corazón una y otra vez. Quería meter mano al interior de mi cuerpo y sacar el escorpión, pisarlo o matarlo con mis propias manos.

Cuando Carlos estuviera en los treinta, finalmente aprenderíamos el término médico para lo que tenía: la hepatitis. Aún así, si lo hubiéramos sabido en aquel entonces, no hubiera habido gran diferencia. Mago todavía le hubiera echado la culpa a mi madre, y abuelita Chinta todavía hubiera dicho: —Le pueden llamar lo que quieran, la pena en cualquier otra forma sigue siendo pena.

Mi hermana Escorpión, de sangre caliente, nunca se dejaría sucumbir por algo tan tonto como la pena. Ella reaccionó de la única manera que sabía hacerlo.

Unos días antes de que se fuera mi madre, la perra de tío Crece tuvo cinco cachorros que no se nos permitía tocar. Tío Crece dijo que tenía la intención de venderlos y no quería que nosotros jugáramos con ellos. Me pregunté por qué alguien querría *comprar* un perro, ya que había un montón de perros callejeros que la gente se podría llevar gratis a casa.

Tío Crece hizo una camita para ellos con una caja de cartón. Eran pequeños y sus ojos aún estaban cerrados. Cuando queríamos cogerlos, la madre perra nos gruñía. Nos fijamos en los cachorros acurrucados con su mami, y yo no podía creer que sentía celos de ellos. Mago miraba a los cachorros y su madre con la misma mirada celosa tan intensa como había mirado a los hijos de doña Paula. Cuando me acerqué a Mago, la mirada en su rostro se transformó rápidamente en un ceño fruncido.

Después de la comida, la perra de tío Crece salió y no regresó de inmediato. Los cachorros gemían y lloraban de hambre.

—¿Crees que podamos darles una tortilla empapada en jugo de frijol? —le pregunté a Mago mientras lavaba los platos en el lavadero.

—Déjame ver qué puedo encontrar para ellos —dijo. Entró en la casa y me dejó lavando los platos sola. Luego salió y se dirigió a la parte de atrás, donde estaban los cachorros. Yo no podía ver lo que tenía en sus manos, pero no se parecía a las tortillas. Me sequé las manos y fuí a la parte de atrás.

—¿Qué estás haciendo? —pregunté. Mago estaba sosteniendo una lata de chiles jalapeños y le ofreció un chile a uno de los cachorros, como si fuera un pezón. —¡No hagas eso! —grité—. Vas a matarlos.

—¿Y qué? — dijo—. No son más que perros.

—Mago, ¡no! —le dije, llorando. Mago me empujó.

—Es mejor que te vayas, antes de que te pegué—dijo.

Di la media vuelta y corrí hacia la casa, gritándole a la abuelita Chinta que viniera. Sólo que ella no estaba allí, y me acordé que iba a hacer una limpia para la mamá de mi amiga Meche. Corrí a buscarla, pero cuando llegamos a la casa, ya era demasiado tarde.

Cuando los cachorros murieron, el tío Crece estalló en cólera y persiguió a Mago, dispuesto a golpearla. Abuelita Chinta, como de costumbre, agarró la escoba y lo persiguió. —¡Déjala, déjala en paz! —dijo, pegándole con la escoba.

Abuelita Chinta y yo pusimos a los cachorros muertos en un costal y los arrojamos en el terreno baldío donde la gente quemaba la basura. En los días siguientes, de camino al mercado, alcanzamos a oler la pestilencia de los cachorros muertos.

Debido a su enfermedad, Carlos perdió más de un mes de escuela, y se desplomaron sus calificaciones, que no habían estado tan buenas desde el principio.

—Yo no voy a volver a la escuela —dijo Carlos, cuando abuelita Chinta le dijo que estaba lo suficientemente bien para volver.

—Por supuesto que sí —dijo Abuelita Chinta—. ¿Cómo vas a aprender de otra manera?

—Ya no iré —dijo Carlos—. Voy a reprobar el cuarto nivel, de todos modos. Así que ¿cuál es el punto?

—Mijo, no hables así. Cuando tu madre regrese, no quiero tener que decirle que no te portaste bien.

Carlos estaba demasiado triste y enojado por sus calificaciones bajas, y él hizo algo que nunca había hecho antes, y nunca hizo de nuevo, le gritó a nuestra abuela. —¡Su hija nunca va a volver! ¡Ella no nos quiere!

El tío Crece corrió hacía Carlos, y yo pensé que iba a pegarle. Al contrario, lo agarró por el brazo y lo empujó hacia la puerta. —Vámonos —dijo mi tío—. Vamos a buscar trabajo.

—Crece, esa no es una buena idea —dijo abuelita Chinta cuando mi tío se sentó en su bicicleta y Carlos se subió atrás.

Abuelita Chinta, Betty y yo vimos a mi tío irse por el camino de tierra con su perro negro a su lado y mi hermano de pie en las clavijas. Carlos se volvió a mirar hacia atrás y nos dijo adiós con la mano. Mago se había ido temprano a la escuela para trabajar en un proyecto para su clase. Yo sabía que ella se iba a enojar cuando se enterara de dónde estaba Carlos. Tenía miedo por mi hermano. Yo no quería que se volviera loco como mi tío. Yo no quería que él aprendiera a ser un hombre como tío Crece. Pero, ¿de quién iba a aprender lo que es ser hombre? me pregunté al mirar hacia "el hombre detrás del vidrio". No de *él*.

El cuento que escuché cuando era niña era que cuando tío Crece tenía dieciocho años, había tenido muchas admiradoras. Una mujer, en particular, estaba locamente enamorada de él, pero él no sentía lo mismo. Un día, cuando él estaba en el trabajo, descargando los vagones de carga en la estación de tren, ella había venido con el almuerzo y un cántaro de agua fría para él. Pero no era simplemente agua. Ella le hizo brujería a mi tío dándole agua de toloache, una bebida hecha de agua mezclada con estramonio y sangre menstrual con la intención de hacer que la persona que bebe de esa agua caiga desesperadamente enamorado de uno. Mi tío fue llevado a casa por sus compañeros de trabajo. Tropezó en la casa, diciendo tonterías, con la piel ardiendo. Tenía alucinaciones, y abuelita Chinta se pasó toda la noche a su lado, tratando diferentes remedios para contrarrestar el veneno. Tío Crece no se enamoró de esa mujer. Y él nunca fue el mismo después de eso.

En ese entonces yo nunca había oído hablar de la esquizofrenia, por lo que yo había creído, sin duda, que la vida de mi tío se había arruinado por la brujería. Cuando llegamos a vivir a la casa de abuelita Chinta, mi tío estaba a punto de cumplir los treinta años, y ninguna mujer en la ciudad lo miraba dos veces. El apuesto joven que una vez fue había desaparecido. Su pelo negro y rizado estaba enmarañado con frecuencia y mugroso de no bañarse. Sus dientes se estaban comenzando a pudrir. Su ropa estaba sucia y rota. En lugar de un cinturón, llevaba un lazo alrededor de su cintura delgada para sostener sus pantalones. Lo único que seguía siendo igual eran sus ojos, castaños color de miel, como la que cubre los panqués que se venden en el zócalo. A veces, cuando la locura lo dejaba por breves momentos, y se bañaba y se ponía sus mejores ropas, podía ver el hombre que podría haber sido, y me sentía triste por él.

Ni siquiera había pasado una semana de la partida de Mami, cuando tío Crece me dijo: —Te doy un peso por un beso —mientras que sostenía ante mí una moneda brillante. Su aliento apestaba a alcohol. Un peso por un beso, me dijo. Miré la moneda que mi tío me ofrecía, y pensé en el caramelo que podía comprarme con ella. Se me hizo agua la boca al pensar en una pulpa de tamarindo deshaciéndose en mi lengua y quemándola con el chile picante.

Cuando no respondí, tío Crece se hizo para atrás y se echó a reír. —Mi sobrina es inteligente. Tú no quieres un solo pesito, ¿verdad? Está bien, ¿qué tal ésto? —tendió cuatro monedas más hacia mi. Puse mis manos en mi espalda, los dedos entrelazados, y me agarré con fuerza, pero no sabía cuánto tiempo podía resistir. Eché un vistazo a la letrina en el rincón más apartado del patio trasero, y quise que Mago se diera prisa a hacer pipí.

—Ándale, tómalos. ¿Qué es un beso en comparación con lo que te puedes comprar con esto? —me ofreció las monedas otra vez, y vi cómo brillaban en el sol.

—Nena, ¿qué estás haciendo? —dijo Mago.

—Nada —le dije de inmediato.

Tío Crece se echó a reír. —Sólo le estaba haciendo compañía a mi sobrina —dijo. Luego se alejó.

—Mantente alejada de él, Nena —dijo Mago—. Está loco.

A partir de ese momento, traté de evitar al tío Crece tanto como pude, pero era difícil hacerlo en una pequeña casita que no tenía las paredes interiores. Mago y yo teníamos que tener mucho cuidado cuando él estaba cerca. Él se acostaba en su hamaca, leyendo una novela que tenía una foto de una mujer con grandes chichis y nalgas del tamaño de las sandías. Él metía la mano en sus pantalones y se tocaba, sin importarle que pudiéramos verlo.

Todo el resto del día, mientras estaba en la escuela, me quedé pensando en mi hermano y tío Crece. Me imaginaba lo peor. ¿Qué pasa si al tío Crece se le sube la locura y golpea a mi hermano sin motivo alguno? ¿Y qué tal si se enoja con él y lo deja abandonado en otro lugar y Carlos no puede encontrar su camino de regreso? ¿Y qué si le enseña a mi hermano a decir cosas sucias a las niñas y a beber tequila?

—Abuelita, usted debería haberlo detenido —le dijo Mago a nuestra abuela, tan pronto como llegamos a casa de la escuela y nos dimos cuenta de que Carlos aún no estaba de regreso. Mi abuela no dijo nada. Todos sabíamos que cuando se trataba del tío Crece, no había mucho que uno pudiera decir o hacer.

Por la noche, Mago, Betty y yo escuchamos el cuento de Hansel y Gretel en la radio. Me sentí muy triste por el niño y la niña al imaginarlos solos en el bosque oscuro, tratando de encontrar su camino de regreso a casa. Entendí su miedo perfectamente. ¿Cómo podría su padre dejarlos por ahí para valerse por sí mismos?

Carlos y tío Crece entraron en la casa muy sucios y sudorosos, pero con sonrisas en sus rostros. Tío Crece le entregó a mi abuela dos bolsas de las que sacó cinco tórtolas muertas, una iguana y diez mazorcas de maíz.

—¿De dónde sacaste toda esta comida? —dijo abuelita Chinta al ponerlas en la mesa.

—Mi sobrino aquí es bastante bueno con su resortera —dijo el tío Crece. Carlos sonrió tanto, que podía ver sus dos dientes grandes y el pequeñito en medio de ellos, pero él no cerró y apretó los labios, como siempre lo hacía para no dejar de sonreír grande y mostrar sus dientes chuecos.

Mientras que abuelita Chinta y tío Crece preparaban la cena, Carlos se sentó con nosotras en la mesa y nos contó todo acerca de sus aventuras. Dijo que él y tío Crece encontraron trabajo en la estación de tren cargando y descargando vagones hasta el medio día. De allí pasaron a lo largo de las carreteras y autopistas recogiendo la caca de vaca seca y estiércol de caballo y poniéndolo en una bolsa. Luego lo fueron a vender al fabricante de ladrillos. Después, se metieron en un campo de milpa a robar elote, pero mi tío no dejó que Carlos cortara el elote para que no lo picaran los alacranes que se trepaban en la milpa. En cambio, el trabajo de Carlos era poner los elotes en el costal mientras mi tío los iba cortando.

—Mago, nuestro tío es como tú —dijo Carlos—. Fue mordido por un alacrán en el campo, ¡pero no le hizo nada!

A partir de entonces, Carlos y tío Crece se hicieron inseparables. Por loco que tío Crece fuera, él era la única figura paternal que Carlos tenía, y en su opinión un tío loco era mejor que nada. A diferencia del abuelo Augurio, quien no quería nada con Carlos, tío Crece no le decía que no a Carlos cuando él le preguntaba si podía acompañarlo cuando hacía los mandados. Ellos se iban a recoger leña juntos. Tío Crece ponía a Carlos en las clavijas detrás de su bicicleta, y se iban a la panadería a comprar pan dulce para nuestra taza de té de canela en la merienda. A veces en los fines de semana se pasaban el día juntos y volvían a casa con los pescados que habían atrapado en la laguna de Tuxpan.

Mago le decía: —No pases tanto tiempo con él, Carlos. —Pero él se encogía de hombros y felizmente subía a la bicicleta de mi tío y se despedía de nosotras mientras que Mago y yo nos dirigíamos a la escuela, donde lo único que hacíamos era preocuparnos por el tiempo que Carlos pasaba con tío Crece. No quería que agarrara sus malos hábitos, sobre todo el de beber. Mago me dijo que era así como los niños pequeños empezaban a beber, cuando sus padres les daban sorbos de su cerveza hasta que finalmente las compraban por su cuenta. Más tarde me enteraría que eso le había sucedido a mi padre.

—Recuerda, él no es tu padre —le decía Mago a Carlos—. No te apegues demasiado a él.

—Deja de decirme qué hacer —Carlos le decía a veces a Mago—. Tú no eres mi madre.

Mirando hacia atrás, ahora me doy cuenta de que ese fue el principio de cuando Carlos se independizó de Mago. El segundo abandono de mi madre lo había obligado a crecer. Y eso significaba que ya no necesitaba una madrecita. Él necesitaba a un hombre a quien admirar. Él necesitaba a un padre, y lo más parecido a ello era tío Crece.

Unas semanas más tarde, el tío Mario llegó, y nos sentimos felices por su visita. Pero tío Crece no estaba feliz. Tío Crece siempre se sentía amenazado cuando otros hombres estaban cerca, y sus hermanos no eran una excepción. Durante los días que tío Mario estuvo aquí, tío Crece estuvo de mal humor. Él incluso le pegó a Carlos porque por la mañana hizo gelatinas para que Carlos las vendiera, pero mi hermano no vendió muchas. Por la noche, mientras caminaba a casa con la bandeja todavía llena, Carlos, que aún estaba aterrorizado de caminar por el puente sobre el canal, había tropezado al correr, las gelatinas volaron en diferentes direcciones. Tío Crece se puso furioso y lo golpeó.

El día antes de su partida, tío Mario invitó al tío Crece a la cantina local. Tío Crece estaba lo suficientemente de mal humor cuando no estaba bebiendo. ¿Acaso tío Mario no sabía que su hermano se convertía en un demonio cuando estaba borracho? Efectivamente, esa noche nos despertamos escuchando una conmoción afuera. Miramos por la puerta y a la luz de la luna vimos al tío Mario y al tío Crece por las vías del tren, gritándose y empujándose uno al otro.

—Cálmense. ¡Cálmense! —dijo mi abuelita Chinta mientras corría hacia la puerta. Tío Crece pasó junto a la abuelita Chinta y entró en la casa. Trasteó sus herramientas y sacó un machete. Nos quedamos sin aliento al verlo salir corriendo de la casa de nuevo, el machete reluciente como plata bajo la luna.

—¡Voy a matarte! —gritó. Al ver salir a tío Crece corriendo con el machete en el aire, tío Mario levantó las manos.

—Crece, hermano, cálmate —dijo el tío Mario. Pero tío Crece blandió su machete y tío Mario dio unos pasos hacia atrás sacando el cuchillo que siempre llevaba en el bolsillo como protección.

—Por el amor de Dios, hijos míos, no se peleen. Por favor, ¡paren esto! —exclamó abuelita Chinta.

Carlos dijo: —Tío Crece, por favor, baje el machete.

Tío Crece maldijo y escupió. Estaba esperando ver la espuma salir de su boca. Me recordó al perro rabioso que don Lino había matado unos días antes.

Los vecinos salieron, pero no hicieron nada para evitar que mis tíos se mataran. Tío Crece saltó hacia tío Mario. Cerré los ojos al oír el sonido de metal contra metal, su respiración agitada, el arrastrar de sus pies. Los perros ladraban más fuerte. Tío Mario gritó. Abrí los ojos y lo vi agarrarse del hombro. El machete del tío Crece había roto su camisa, pero no había sangre, por lo que yo podía ver. Me puse a llorar, no quería ver a tío Mario muerto.

Enojado ahora, tío Mario se lanzó hacia tío Crece y sacó la primera sangre. Tío Crece se tocó la mejilla en dónde el cuchillo del tío Mario le había cortado.

De repente, Carlos empujó al tío Mario y se puso en medio de ellos. —¡No mate a tío Crece! —gritó.

El machete del tío Crece quedó suspendido en el aire. Mago le gritó a Carlos que se quitara del camino. El cuchillo de tío Mario apuntaba hacia tío Crece. Abuelita Chinta empujó a Carlos a un lado y se puso con los brazos abiertos y elevados al cielo como si fuera la mismísima Virgen de Guadalupe. —¡Mátame a mí, mátame, pero no a mi hijo! —abuelita Chinta le gritó a tío Mario.

¡Van a matar a mi abuela! ¡Van a matar a mi hermano! Mago y yo corrimos al lado de Carlos y abuelita Chinta. Finalmente, tío Crece pareció despertar de sus alucinaciones de ebriedad, dejó caer el machete al suelo y se alejó a trompicones, de vuelta a la casa.

Carlos corrió tras tío Crece; cuando entramos, tío Crece estaba echado en su hamaca y Carlos estaba sentado a su lado, mirándolo como todo un hijo obediente.

—¡No vuelvas a hacer eso! —dijo Mago a Carlos y lo golpeó en la cabeza—. ¿Por qué arriesgarías tu vida por *él*? ¿Te estás volviendo loco también?

Cuando nos despertamos a la mañana siguiente, tío Mario se había ido. Abuelita Chinta ya no le permitió a Carlos ir a buscar trabajo con el tío Crece. En cambio, lo hizo ir a la escuela con nosotras, y justo cuando estábamos cruzando el puente, Carlos se volvió y se despidió de tío Crece, quien se alejaba por el camino de tierra, con su perro negro a su lado.

14

Abuelita Chinta cocinando

E RA JUNIO DE 1983, el comienzo de la temporada de lluvias y
el fin del año escolar. Mago, Carlos y yo corrimos a casa de
la escuela mientras la lluvia comenzaba a caer. La tierra sedienta
absorbió hasta la última gota. Abuelita Chinta nos esperaba con una
taza de chocolate caliente, que, aunque hecho con agua y no con
leche, era delicioso porque ella estaba allí en casa, esperándonos y
preguntándonos acerca de nuestro último día de clases, acerca de lo
que habíamos aprendido, sonriéndonos con su sonrisa desdentada
que se veía exactamente como la mía. Aspiré el aroma del chocolate
caliente y la tierra mojada, el olor del aceite de almendras y del

epazote que siempre envolvía a mi abuelita, y todos los olores se mezclaron junto con el de la cera derretida y las flores marchitas en el altar. Volví a respirar hondo y me sentí mareada con todos los olores de mi hogar.

Abuelita nos dejó tomando nuestro chocolate caliente y salió a la lluvia para visitar a mi tía Güera, cuya niña, Lupita, estaba enferma con el mal de ojo. Mago, Carlos, Betty y yo nos sentamos en la mesa escuchando la lluvia.

—Parece como si Diosito estuviera lanzando pesos a nuestro techo desde el cielo —les dije.

—¿Y qué si cada gota de lluvia fuera una moneda? ¿Qué pasaría si los árboles tuvieran dinero en vez de hojas? —preguntó Mago—. Papi todavía estaría aquí con nosotros.

Imaginé que él estaba sentado en la mesa, bebiendo chocolate, sentado tan cerca que podría fácilmente alcanzar y tocar su mano.

Carlos se dirigió a Mago y le dijo: —Dinos algo acerca de Papi que te hiciera feliz.

Mago sopló en su taza y tomó un sorbo de chocolate. —Bueno, una vez cuando vivíamos en la casa de don Rubén… —dijo. Cerró los ojos y se quedó un rato en silencio, como si estuviera recordando todo y estaba disfrutando de la memoria, con ganas de guardársela para sí sola por un poquito más de tiempo antes de compartirla con nosotros—. Fue el día antes del Día de los Reyes Magos. Recuerdo que Papi regresó a casa esa noche mirándose sospechoso. Mami nos había puesto a dormir más temprano que de costumbre, y por supuesto que habíamos protestado. Pero ella insistió en que debíamos ser buenos chicos si queríamos que Los Reyes Magos nos trajeran regalos. Así que nos metimos a la cama y ustedes dos se quedaron dormidos. Pero yo no lo hice. Fingí, mantuve los ojos ligeramente abiertos y esperé a Papi. Cuando llegó a casa, agarró a Mami y la llevó al patio trasero. Al día siguiente, Mami nos despertó y nos llevó afuera. Papi dijo que en algún lugar debajo de los arbustos, encontraríamos lo que los Reyes Magos nos habían traído. A ti, Carlos, te trajeron un camión rojo, y para ti, Nena, una muñeca que podía abrir y cerrar sus ojos.

—¿Y qué te trajeron a ti? —preguntó Carlos.

—A mí me trajeron lápices de colores y un cuaderno para dibujar.

—¿Y a mí? ¿Qué me trajeron a mí? —preguntó Betty.

—Tú no habías nacido todavía —dijo Mago—. Pero quizá en el próximo Día de los Reyes Magos te traerán una muñeca, una Barbie hermosa hecha en los Estados Unidos, igual que tú.

Carlos dijo que imaginaba a Papi manejando una gran camioneta blanca todo el camino desde *el otro lado*, de regreso para vivir con nosotros. —La camioneta estaría llena de cajas y cajas —dijo Carlos—. Con un montón de ropa y juguetes, y una bicicleta nueva para mí.

—¿Y para nosotras? —preguntó Mago.

—Bueno, él les traería muñecas y un juego de cocina.

Mago agitó su brazo. —Olvídate de eso, yo quiero una bicicleta, también.

—Y yo quiero patines —le dije, porque a mí no me importaba que no se pudiera patinar en el camino de tierra.

—Yo quiero un triciclo —dijo Betty.

Nos quedamos en silencio después de eso. Mago miró "al hombre detrás del vidrio" y suspiró. —Él vendrá por nosotros, sé que lo hará.

Me aferré a las palabras de Mago. Con Mami lejos de nuevo, nuestro padre era la única esperanza que teníamos, por pequeña que fuera esa esperanza, a pesar de lo que había sucedido entre ellos, todavía éramos sus hijos, ¿no era así? Él no nos abandonaría, ¿verdad? Necesitábamos creer en algo, ¿pues qué sucedería una vez que perdiéramos la fe en nuestros dos padres y no tuviéramos nada que esperar?

Abuelita Chinta regresó empapada y con las piernas cubiertas de lodo. Cargaba las sandalias en las manos y nos dijo que tuvo que caminar descalza todo el camino desde la carretera principal, porque todo se había convertido en lodo y no quería que sus sandalias se arruinaran. Carlos agarró una de las ollas que pusimos bajo una gotera en el techo. Había estado lloviendo tan fuerte que la olla ya estaba llena de agua, ideal para que abuelita Chinta se lavara los pies embarrados con lodo.

Abuelita tomó algunas piezas secas de estiércol de vaca que tío Crece tenía en un costal y las encendió en el suelo para que el humo ahuyentara a los mosquitos. Pronto, la casa olía a hierba quemada.

—¡Esos mosquitos nos van a comer vivos! —dijo. Habíamos estado tan ocupados platicando que no les habíamos echo caso a los mosquitos en la casa. Abuelita Chinta se sentó en el comedor y Mago calentó el resto del chocolate para ella. Mago encendió la radio justo a tiempo para escuchar otro episodio de nuestra favorita radio-novela, *Porfirio Cadenas, El ojo de vidrio*

—*¿Por qué se hizo criminal El ojo de vidrio? La borrascosa juventud de Porfirio Cadenas, cómo perdió uno de sus ojos, y por qué tuvo que seguir la vida criminal, perseguido por sus poderosos enemigos…*

Nos sentamos allí y escuchamos el radio. Pero a mitad del episodio se fue la luz. Ahora la única luz que había, provenía de las velas en el altar de abuelita. Y lo único que podíamos escuchar era el sonido áspero de la lluvia incesante.

Le pregunté a abuelita que nos contara algo sobre Mami. ¿Cómo era cuando era una niña? Yo quería saber.

—Tu madre era una niña terca —dijo abuelita Chinta—. Muy fuerte, pero también muy impulsiva. Supongo que todavía es así —dijo. Ella se rió de un recuerdo que se le vino a la mente y le pedí que lo compartiera con nosotros. Mi abuela dijo que una vez había un burro en la colonia que no tenía dueño y era tan salvaje que nadie se le acercaba. Mi madre, que tenía doce años en ese entonces, se le había metido en la cabeza que iba a domar al burro. Ella lo haría manso, y luego empezaría su propio negocio acarreando agua del pozo communal, tal como ella había visto hacer a otros dueños de burros. Ella y abuelita Chinta podrían montar el burro a los campos para llevarle el almuerzo al abuelito Gertrudis, y así su pobre madre ya no tendría que hacer la larga caminata. También podría utilizar el burro para juntar leña en los montes, y podía vender su estiércol a las fábricas de ladrillos o secarlos y quemarlos para ahuyentar a los mosquitos por la noche. Todo esto se estaba imaginando mi madre que pasaría si pudiera domesticar a ese burro.

Así que un día, mientras caminaba a casa de la escuela con sus amigas, vio el burro cerca de su casa. Estaba demasiado ocupado comiendo hierba para hacerles caso. —Voy a montar el burro —mi madre declaró. Sus amigas se rieron y dijeron que no podía hacerlo. Muchos de los chicos habían intentado y no habían sido capaces ni de acercarse al burro, mucho menos montarlo. Ninguna chica había intentado nunca. Pero mi madre tenía en la cabeza que lo haría y que cosas buenas vendrían de eso. Y así lo hizo. Ella montó al burro durante treinta segundos gloriosos. Treinta segundos de triunfo antes de que el burro relinchara y alzara sus patas traseras y la enviara volando en el aire. Ella todavía estaba soñando con el negocio de agua que iba a empezar, así que no sintió el dolor del impacto al aterrizar en el suelo, con el brazo torcido en un ángulo extraño.

A partir de entonces, sus amigas se burlaban de ella por el burro. Su brazo quebrado tomó mucho tiempo para aliviarse, e incluso una vez aliviado sus amigas nunca la dejaron olvidar que ella había fracasado. Pero ella quería que recordaran esos treinta segundos de triunfo.

—Su madre cree que ha vuelto a fracasar —dijo abuelita Chinta cuando terminó su cuento—. Y ella piensa que todo el mundo piensa lo mismo.

La temporada de lluvias trajo más mosquitos que de costumbre. Se amontonaban alrededor de nosotros, picándonos. Abuelita Chinta tenía un mosquitero colgando alrededor de nuestra cama, pero estaba viejo y lleno de agujeros, por lo que los mosquitos podían entrar y picarnos toda la noche. Afortunadamente, las lluvias también trajeron una explosión de sapos, cientos de ellos saltando de un lugar a otro, croando y comiéndose a los mosquitos que pululaban alrededor. Perseguimos los sapos tratando de hacerlos retroceder al canal, donde no molestarían a nadie con su croar constante que hacía eco por todo el vecindario. Por las noches, las luciérnagas salían, y las atrapábamos y las metíamos en un frasco. Las llevábamos a casa y las poníamos sobre la mesa para que iluminaran la casa. Las libélulas se arremolinaban a nuestro alrededor, y Carlos y sus amigos las perseguían con su resortera, tenían una competencia para ver quién podía matar más libélulas. Yo los odiaba por eso. Las libélulas son bellas, y no quería mirar la mano tendida de Carlos, mostrando con orgullo una libélula muerta, sus alas fijas que brillaban al sol como un vitral.

Me encantaban las lluvias del verano. Me encantaba cuando las lluvias eran suaves, y podía oler el dulce aroma de tierra mojada. Todo era de color verde a mi alrededor, flores silvestres crecían a lo largo de las vías del tren, y las nubes se reunían en las cimas de las montañas como almohadas suaves. Pero a mitad del verano, los cielos se abrieron por completo.

Durante días y días la lluvia caía sobre nosotros sin fin. Los truenos hacían temblar las cañas de bambú de la choza. No teníamos suficientes ollas y cubetas para atrapar la lluvia que goteaba por el techo. Un día ya no importó. Nos despertamos en medio de la noche para descubrir que la choza se había inundado. Pronto, la cama estaba bajo el agua. El único que no se mojó fue tío Crece, que dormía en una hamaca colgada de las vigas. Durmió allí toda la noche, mientras Carlos, Mago, Betty, abuelita Chinta y yo nos sentamos en la mesa pequeña del comedor y esperamos a la mañana. Mago puso a Betty en sus brazos y la mantuvo caliente mientras que el resto de nosotros nos estremecíamos del frío y nos apoyamos uno contra el otro a mientras intentábamos conciliar el sueño.

Pasamos toda la mañana sacando el agua de la casa con las cubetas. Nuestras sandalias quedaban atrapadas en el suelo lodoso y a veces nos caíamos al agua. Pusimos la ropa encima de los arbustos y las rocas por las vías del tren para que se secaran. Sacamos los colchones al sol. Los vecinos también sacaron algunas de sus pertenencias, pero sus casas no se inundaron mucho. Eran hechas de concreto y ladrillo, mientras que la casa de abuelita, con sus endebles paredes hechas de cañas de bambú, era como un colador.

Cuando finalmente sacamos toda el agua de la casa, llevamos nuestras cubetas a las vías del tren y las llenamos con grava. Hicimos varios viajes desde las vías del tren a la casa, tirando puñados de grava en el suelo como si estuviéramos sembrando el maíz para las cosechas del año siguiente. Por último, el piso de tierra estaba lo suficientemente firme y ya no tan lodoso.

A lo largo de la semana, nos llegaban noticias sobre los daños que las inundaciones habían hecho. El río que corría paralelo a las vías del tren se había desbordado, el agua se derramó sobre el puente, lo que era imposible para que los coches o las personas cruzaran para ir al mercado, la estación de autobuses o el centro. La colonia de al lado estaba completamente bajo agua. Fue construida en terreno más bajo, y las personas que vivían allí tuvieron que quedarse en los techos de sus casas. La gente navegaba por las calles en canoas improvisadas, y los cadáveres de sus pollos, cerdos, perros y gatos flotanban en el agua. Por suerte, no mucha gente había muerto, pero la estación de lluvia aún no había terminado y uno nunca sabía que otras tragedias traería.

Temprano, una mañana, alguien tocó nuestra puerta y llamó a mi abuela. —¡Doña Jacinta, Doña Jacinta!

Abuelita Chinta se persignó en su altar antes de abrir. Yo hice lo mismo, con la esperanza de que no fueran más malas noticias. Abuelita Chinta abrió la puerta y yo me paré detrás de ella, preguntándome qué problemas más habían ocasionado las inundaciones.

—¿Qué pasa? —preguntó abuelita Chinta. Era el hijo de uno de los vecinos de mi tío Gary. Él se agachó para recuperar el aliento. Estaba descalzo, y no sólo sus piernas se veían como si estuvieran bañadas en chocolate, sus manos y los brazos también. Me pregunté cuántas veces se había deslizado mientras corría hacía aquí—. Catalina —dijo—. El río.

—Ave María Purísima —dijo abuelita Chinta, persignándose.

Tío Gary vivía al otro lado de la estación de tren en una choza similar a la nuestra. Treinta metros detrás de su choza estaba el río. Catalina era su hija de cinco años de edad. Cuando llegamos a la casa de tío Gary, todos sus vecinos se encontraban fuera de su choza, susurrando entre sí, persignándose una y otra vez. Abuelita Chinta no entró en la choza. Ella corrió a la orilla del río. Las aguas habían bajado lo suficiente como para estar contenida en las orillas del río, pero la corriente seguía siendo rápida y fuerte, arrastrando ramas, sillas rotas, ropa, pedazos de madera. Más abajo en el río, vi a varios hombres que se sujetaban a un lazo atado a un árbol para que la corriente no se los llevara.

—La corriente está demasiado fuerte —dijo abuelita Chinta.

Regresamos a la choza y esperamos con el resto de los vecinos. Eché un vistazo a la madre de mi prima Catalina, y lloré cuando vi el cuerpo de tía Lupe estremecerse de dolor, las lágrimas rodando por sus mejillas sin parar, como si el río se hubiera metido dentro de su cuerpo. Tía Lupe dijo: —Todavía hay esperanza. Catalina puede haber sobrevivido. Ella pudo haberse agarrado de algo. Ella pudo haber sido rescatada por alguien andando por ahí.

Nadie la contradijo.

Escuchaba a los vecinos susurrando los detalles a todos los recién llegados. Decían que mi primita se había ido en la mañana a jugar a la orilla del río. Las piernas de Catalina estaban tan enlodadas que decidió lavárselas en el río, pero la orilla estaba resbalosa, cayó y fue arrastrada por la corriente. El hijo del vecino fue a pedir ayuda, pero cuando la ayuda llegó Catalina ya no estaba por ningún lado. Tío Gary, quien trabajaba en la estación de tren descargando vagones de carga, llegó a casa tan pronto como se enteró de lo sucedido.

—Ellos han estado allí todo el día —dijeron los vecinos—. Y hasta ahora no han encontrado nada.

En la noche, hicimos nuestro camino a casa. Sólo los cuatro regresamos. Abuelita decidió quedarse y dirigir los rezos toda la noche.

Esa noche, Mago y yo no pudimos dormir. —Cuéntame un cuento —le dije a Mago.

—¿Cuál? —preguntó ella.

—Cualquiera —le dije. Simplemente no quería pensar en Catalina, no quería pensar en el río, tampoco en las lágrimas de su madre.

—Había una vez tres cochinitos... —Mago comenzó.

Al escuchar el cuento, pensé en la casa de los sueños de Papi. Tal vez no era tan tonto querer vivir en una casa de verdad. Mira a los cochinitos, fueron comidos los dos que vivían en chozas de palos y paja. Y el que sobrevivió al lobo grande y malo tenía una casa de ladrillo y hormigón, como la casa que Papi quería construir para nosotros. Tal vez era por eso que él quería una casa así, para poder protegernos de los horrores que esperan a las afueras de la puerta. Me quedé dormida con una oración en los labios de que Papi terminaría la casa de sus sueños un día. Luego, finalmente, podría volver, llevarnos allí y mantenernos a salvo.

Al día siguiente, tío Gary y sus amigos hicieron su camino por el río de nuevo. Nos quedamos por la orilla y los vimos hacerse cada vez más pequeños. Dentro de la casa del tío Gary, todas las mujeres estaban rezando. Mago, Carlos, Betty y yo nos quedamos afuera con el resto de los niños y encontramos la manera de entretenernos. Hicimos tortillas de lodo. Escribimos nuestros nombres en la tierra húmeda con un palo. Pero nuestros ojos siempre volvían al río. Entonces los hombres por fin llegaron. Cabizbajos, con la espalda encorvada. Arrastraron sus pies sobre el camino de tierra lodosa que corría paralela al río. Y en los brazos de tío Gary vimos a Catalina. Sus brazos colgaban flácidos a sus costados. Todo se convirtió en un borrón. Me sequé los ojos una y otra vez, pero las lágrimas nunca se detuvieron. Nadie tocó a Catalina, excepto su madre y abuelita Chinta, quienes le retiraron las hojas secas y ramas del pelo mojado. Tío Gary dijo que mi primita estaba enredada en las ramas de un árbol caído.

Colgaron a Catalina por los pies para que el río pudiera salirse de ella. Gota a gota el agua se derramó por su boca y cayó al suelo. Todos se arrodillaron y oraron, y ni una sola vez le quité los ojos al cuerpo hinchado de mi prima, y me estremecí al verla así, colgando de sus pies, al igual que los pollos en la sección de carnes en el mercado, igual de fría y sin vida. Me sobrecogió un temor tan grande, que hizo que mi estómago se revolviera. *¿Y si algo me pasara a mí, Mago, Carlos o Betty? ¿Qué pasaría si, en el tiempo hasta que Papi termine la casa de sus sueños, no habrá nadie para él proteger? ¿O qué si nunca la termina, nunca regresa y nos quedamos aquí a enfrentar al lobo por nuestra propia cuenta?*

15

Abuelita Chinta y Betty

UNA SEMANA DESPUÉS de que el nuevo año escolar comenzara, el sueño de Mago se hizo realidad. Ella fue elegida para ser miembro de la escolta, una distinción que se otorga a los estudiantes de sexto grado con las mejores calificaciones acumuladas. El único problema era que iba a necesitar un uniforme especial. Casi no teníamos dinero para comer, mucho menos para comprar la tela y pagar una costurera para hacer un uniforme.

—Aún tenemos un par de semanas —abuelita Chinta se apresuró a decir al ver el rostro cabizbajo de Mago—. Vamos a conseguir el dinero, de alguna manera.

En aquel entonces, Mago había amado la escuela más que nadie que yo conociera. Incluso más que yo. A veces en la noche, cuando todos dormían, ella me hablaba de sus sueños de ir a la escuela técnica y de ser una secretaria un día. Ser una secretaria también había sido el sueño de mi madre. Mago puso sus dedos en el aire y fingió escribir en una máquina de escribir invisible. Cerré los ojos y me la imaginé vestida con una blusa de seda y una falda negra con una abertura en la parte posterior, como las que las secretarias en las telenovelas visten. Me imaginaba a su jefe, un abogado guapo, diciéndole que era la mejor secretaria que jamás había tenido. Entonces ellos se enamorarían.

—¿Dónde voy a conseguir el dinero para pagar la escuela técnica? —se preguntó Mago—. Cuando ni siquiera tenemos dinero para mi uniforme para la escolta.

Mago envidiaba a los hijos de don Lino. Él ganaba buen dinero como soldador, y sus hijos no tenían que preocuparse de pagar la escuela. Su hija mayor era una maestra de kínder. Lemo, que tenía quince años, estaba aprendiendo a ser un soldador, como su padre. Alba, quien, a los trece años, era un año mayor que Mago, ya estaba hablando de ir a la escuela de enfermería en unos pocos años. Y el pequeño Jimmy, que tenía ocho años como yo, no sabía qué quería ser, pero cuando doña Caro decía que su niño iba a ser el alcalde de Iguala, nadie se reía. Si abuelita Chinta dijera lo mismo acerca de Carlos, todo el barrio se doblaría de la risa. —¿Él? ¿El huerfanito? —habrían dicho.

Abuelita Chinta hacía todo lo posible para cuidar de nosotros, pero no ganaba mucho como curandera. El dinero no era la razón por la que atendía a los enfermos de cuerpo y mente. Era difícil para ella alimentar a cuatro niños. La poca comida que compraba nos la daba a nosotros. A veces se quedaba sin comer, se aseguraba que nosotros comiéramos primero. Como era una curandera respetada, la gente a veces le traía fruta de sus árboles, como guayabas, naranjas, ciruelas, y ella nos la daba a nosotros. Si alguien le regalaba un mantel, ella lo usaba para hacer vestidos para nosotras, diciendo que su mesa no tenía ningún uso para esas cosas.

—Ella está demasiado vieja para eso —dijo Mago, mientras miramos a abuelita Chinta dirigirse por el camino para ir a hacer una limpia. Mago cerró su libro de texto.

—¿Qué pasa? —le pregunté.

—¿Qué sentido tiene? —dijo Mago—. ¿Para qué estudiar tanto cuando todos sabemos que no voy a terminar la escuela? Debería dejarla ya y conseguir un trabajo. Poner un poco de comida en la mesa.

—No digas eso! —dije—. Tienes que terminar la escuela. Un día, serás una secretaria. Tendrás un buen trabajo. Nos harás sentir orgullosos.

Mago era *casi* una señorita, casi, porque ella tenía doce años y su cuerpo aún no había comenzado a sangrar, pero ella rezaba para que pronto lo hiciera. Ella se estaba convirtiendo en una chica bonita. Sus pechos estaban empezando a crecer y los chicos lo notaban. Pero Mago era muy conciente de la forma en que se veía, sobre todo acerca de sus cicatrices.

—Estoy fea —decía mientras se miraba en el espejo.

La Quinta Castrejón tenía una huerta de mangos en la parte posterior del lote, detrás de la hermosa sala de fiestas y las piscinas. Al propietario de La Quinta la gente lo llamaba el Cuervo, porque se teñía el pelo negro, siempre se vestía de negro y tenía un coche negro.

Carlos y algunos de sus amigos decidieron hacer un viaje a la huerta para cortar algunos de los mangos. Su primer intento fue un éxito, y Carlos volvió con una cubeta llena de mangos pequeños. Nos los comimos con chile en polvo. —La próxima vez —dijo Carlos— voy a traer más mangos. Puedes venderlos en la estación de tren, Mago. Tal vez entonces tendrás suficiente dinero para tu uniforme.

La vez siguiente Mago y yo fuimos con Carlos y sus amigos. Uno de los chicos fue el encargado de velar por el Cuervo, mientras que el resto de nosotros subimos a los árboles. Yo no me subí demasiado alto porque tenía miedo a las alturas. Sin embargo, los mangos a mi alcance eran pequeños. Más arriba, los mangos del tamaño del puño de un hombre colgaban como decoraciones de Navidad gigantes. Carlos seguía yendo más alto y más arriba de las ramas. Mago le dijo que no fuera demasiado alto, pero Carlos no le hizo caso. Cuanto más grande los mangos, más dinero podíamos pedir por ellos en la estación de tren, le dijo.

—¡Ahí viene el Cuervo! Rápido, salgan. ¡El Cuervo se acerca!
—Al oír esto, saltamos de los árboles. Mago me agarró de la mano y juntas salimos por el agujero en la valla. Volvimos a mirar detrás de nosotras y nos quedamos sin aliento al ver que Carlos estaba todavía en el árbol. Debido a que había subido demasiado alto, ahora estaba luchando para bajar. Oímos el coche del Cuervo haciendo crujir la grava en el camino de tierra al entrar en su propiedad.

—¡Apúrate! —siseó Mago a Carlos. Él saltó de la última rama y se le rompió la bolsa. Todos los mangos rodaron en distintas direcciones. Para entonces, los niños que vinieron con nosotros corrían hacia las vías del tren, rumbo a casa. Pero Carlos estaba ocupado recogiendo sus mangos y aquí estaba el Cuervo, abriendo las puertas, listo para entrar.

—¡Déjalos! —gritó Mago. Pero Carlos no los quiso dejar. Se puso a recogerlos y utilizó la camisa para guardarlos.

—Oye, ¡salte de mi propiedad! —gritó el Cuervo. Un disparo sonó. Carlos salió del agujero en la cerca y corrimos tan rápido como pudimos hacia la casa de abuelita.

—No puedes a volver allí, ¿me oyes? —dijo Mago—. Esta fue una mala idea. ¡Nunca te hubiera dejado ir!

—Voy a tener más cuidado la próxima vez —dijo Carlos.

—¡Te dije que no! —Mago golpeó a Carlos en el brazo y se echó a correr.

—Pero, tu uniforme... —dijo Carlos, pero Mago ya se había ido.

Volvimos a casa para encontrar a abuelita Chinta y a Mago sentadas al lado de Betty en la cama. Abuelita Chinta estaba haciendo una pasta con la pulpa de las hojas de sávila. Mago estaba poniendo un

paño húmedo en la cara de Betty, que estaba llorando desconsola-
damente.

—¿Qué le pasó? — pregunté.

—Estaba hirviendo agua —dijo abuelita Chinta entre lágrimas—.
Para el baño.

Entre semana, abuelita Chinta nos enviaba a Carlos, Mago y a mí
a bañarnos en el canal. El agua era de color café y de vez en cuando
un trozo de estiércol de caballo flotaba cerca, pero era muy divertido jugar en el agua. Un pedazo de caca no podía evitar que nos
divirtiéramos. Betty, como era la más chica, se bañaba en casa. Ese
día, mientras que abuelita Chinta llevaba una olla de agua hirviendo
afuera para mezclar el agua caliente con el agua fría en la cubeta,
perdió el control sobre la olla, y el agua hirviendo amerizó en el
rostro de Betty.

Los gritos de Betty eran ensordecedores. Mago le quitó el paño
húmedo, para que abuelita Chinta le aplicara la pasta de sávila, y me
quedé sin aliento al ver su cara roja, roja. Su piel se veía como si se
estuviera derritiendo.

—Vamos a llevarla al médico, abuelita —dijo Mago.

—No tenemos dinero —dijo abuelita Chinta—. Y no sé cuando
tu madre va a llamar. Pero tienes razón, Mago, tu hermana necesita
un médico. Está sufriendo mucho, y yo no creo que mis remedios
sean suficientes.

—Pero usted es una gran curandera —le dije—. Puede curar
cualquier cosa, ¿no?

Abuelita Chinta puso su mano sobre mi brazo y me dijo: —No,
mija. Hay muchas cosas que no puedo curar, no pude curar a mi
hijo, no pude sanar el corazón roto de tu madre. Y ahora, ni siquiera
puedo ayudar a tu hermanita.

Mago se puso de pie. —Ahorita vuelvo —dijo, y luego se fue.

Mago volvió con dinero que le pidió prestado a doña Caro. Cogió
a Betty y salió de la casa. Seguimos detrás de ella. Abuelita Chinta
llamó un taxi y nos metimos como pudimos. Fue un viaje largo y
doloroso. Puse mis manos sobre los oídos para bloquear los gritos

de Betty. En el momento en que llegamos a la sala de urgencias, enormes ampollas habían aparecido por toda la cara de Betty, las cuales rezumaban un líquido rosáceo que se mezclaba con sus lágrimas. Estuvimos en el hospital durante varias horas. El médico le puso una pomada de color amarillo en la cara a Betty y le envolvió toda la cabeza con una gasa. Hizo lo mismo con las áreas en los brazos y el pecho que se habían quemado.

Mago apenas tuvo suficiente dinero para comprar la medicina y los analgésicos que el médico dijo que comprara. —Vamos a necesitar más dinero —le dijo a abuelita Chinta al salir de la farmacia—. Este medicamento no será suficiente. Y tenemos que hacer las cosas bién. No quiero que a mi hermanita le queden cicatrices en la cara.

Por la mañana, Mago se fue temprano y no nos dijo a dónde iba. Volvió con la noticia de que había conseguido un trabajo en la estación de tren, vendiendo quesadillas en uno de los puestos de comida. —Voy a empezar allí mañana —dijo.

—Pero ¿qué va a pasar con la escuela? —preguntó abuelita Chinta.

—Todavía voy a ir. Iré a mi trabajo después de la escuela. Tal vez será suficiente para pagar mi uniforme y comprar los medicamentos de Betty.

Abuelita Chinta miró hacia el suelo y sacudió la cabeza. —Lo siento, mi nieta.

—No diga eso —dijo Mago.

Al día siguiente, Carlos no volvió a casa con nosotras después de la escuela. Él dijo que tenía algo que hacer y se fue sin decir palabra. Mago y yo corrimos a casa, porque ella sólo tenía alrededor de media hora para hacer su tarea. Era el primer día de trabajo de Mago. Su trabajo consistía en ayudar en el puesto de comida de doña Rosa. Como parte de su salario, doña Rosa se comprometió a darle las quesadillas que sobraran.

Abuelita Chinta trató de darle de comer a Betty caldo de frijol, pero era doloroso para Betty abrir la boca, y después de una cucharada o dos, empujó el platón lejos de ella. Abuelita Chinta la abrazó suavemente y la besó en la parte superior de la cabeza.

—Lo siento mucho, mi niña. Nunca me lo perdonaré.

—No fue su culpa, abuelita —le dije rápidamente.

Carlos llegó a casa con una gran noticia. Había ido a visitar a la tía Emperatriz para preguntarle si podría hacer el uniforme de Mago para la escolta.

—Ella dijo que fuera a recogerlo la semana que viene.

—Gracias a Dios —dijo abuelita Chinta, santiguándose. *Quizás Mago no tenga que trabajar, después de todo.* Fue lo que pensé. Pero luego miré a Betty, que parecía una momia con la cara toda vendada, y me acordé de que había otra razón por la cual Mago había buscado trabajo.

Al atardecer, abuelita Chinta nos mandó a Carlos y a mí a la estación de tren a esperar a Mago. —Pronto será de noche, y no es seguro para su hermana caminar a casa sola —dijo.

Carlos y yo nos pusimos nuestras sandalias y nos fuimos. Tuvimos una competencia para ver quién podía mantener el equilibrio sobre las vías por más tiempo. Muy pronto, oímos el estruendo del tren de la noche que se acercaba y volteamos para ver que serpen-

Estación de tren de Iguala

teaba a través de las colinas, moviendo las hojas de los árboles de guamúchil a lo largo de las vías. El conductor hizo sonar el silbato, mientras Carlos y yo nos escabullimos fuera del camino. Corrimos a lo largo del tren.

Cuando llegamos a la estación de tren, la mayoría de los pasajeros habían bajado del tren, y los pocos que seguían a Cuernavaca o la Ciudad de México fueron de embarque. Nos sentamos en una banca y miramos a Mago ir de vagón en vagón con una bandeja de quesadillas de pollo, ofreciéndolas a las personas que estaban sentadas en sus asientos, esperando que partiera el tren. Sonó el silbato, el conductor gritó: "¡Váaaaamonooooos!" Y Mago aún estaba en el interior del tren. Los últimos pasajeros se apresuraron a subir.

—¡Salte! ¡Salte! —dije para mis adentros. El tren empezó a moverse, y Mago aún no estaba a la vista.

Me puse de pie y corrí hacia el tren. —¿Qué estás haciendo? —dijo Carlos mientras corría detrás de mí. El tren comenzó lentamente a salir de la estación.

Sería tan fácil, pensé, *que Mago se quedara en el tren. Ella podría decidir huir de este lugar y nunca volver. Finalmente podría decir que ya basta, que estaba cansada de ser nuestra madrecita.* Se me cortó la respiración en la garganta, y me encontré corriendo junto al tren en movimiento, caminando al lado de él, buscando desesperadamente a mi hermana.

—¡Mago! ¡Mago! —grité, las lágrimas corrían por mi cara. Entonces, finalmente, Mago apareció en el descansillo del último coche pasajero con una bandeja vacía y saltó justo antes de que el tren acelerara.

—Pensé que me estabas dejando —le dije en tono de reproche. Ella se rió y me alborotó el cabello.

—Nunca —dijo. Nos quedamos mirando al tren, que pasó junto a nosotros en un colorido borroso.

16

Abuelita Chinta

L A HERMANA DE Mami, la tía Güera, llegaba durante la semana
para visitar a abuelita Chinta. Ella y mi abuela sacaban dos sillas de plástico y se sentaban fuera de la choza. Temía las visitas de
mi tía. Me llamaba para despiojarme el pelo. Era tan doloroso ser
despiojada por ella. Ella disfrutaba demasiado cazar piojos, y me
sacaba mechones enteros de pelo, junto con los piojos. A este ritmo,
me decía, ¡me voy a quedar calva!

También era doloroso tener que escuchar su charla. Mi tía tenía
sus quejas habituales que a menudo iban así: "¡Ay, Amá, yo no
tengo dinero para comprar comida y mi marido se bebe todo su

salario", o "¡Ay, Amá tengo un dolor agudo en mi estómago que no se me quita, y creo que tengo cáncer de estómago o me han hecho brujería". O "Ay, Amá, ¿por qué mi marido es un borracho? Tal vez usted pueda hacerle un remedio para que deje de tomar". O, "¡Ay, Amá, qué difícil es la vida! ¿Por qué mi esposo permanece fuera durante toda la noche, diciendo que está trabajando, pero luego vuelve a casa oliendo a perfume de otra mujer?".

—Déjame hacerte un té de flor de azahar —abuelita Chinta le decía a tía Güera una vez que terminaba de escuchar las quejas de mi tía—. Es bueno para los nervios. —Yo quería preguntarle a abuelita Chinta si tenía algo para mi pobre cuero cabelludo, que para entonces estaría palpitando de dolor.

Pero un día, cuando estaban a punto de entrar en la choza, doña Caro salió de su casa y llamó a mi abuela.

—Doña Jacinta —dijo mientras se acercaba a nosotros—. Juana llamó esta mañana, pero no estaban en casa.

Mami a veces nos llamaba a la casa de doña Caro para decirnos que había enviado dinero para que abuelita Chinta fuera a recogerlo al banco. Las llamadas telefónicas eran poco frecuentes, pero sin embargo cada día pasábamos por la casa de doña Caro para averiguar si nuestra madre había llamado. Abuelita nos advirtió que no molestaramos a doña Caro, sin embargo no podíamos dejar de preguntar sobre la llamada telefónica.

—Me temo que algo terrible ha sucedido —dijo doña Caro—. Juana y el luchador tuvieron un accidente de automóvil, y él ha muerto.

—¿Y mi hija? —abuelita Chinta preguntó. Le agarré la mano y me apoyé en ella.

—Está en el hospital. Me pidió que le dijera que va a venir a casa.

—¿Está lastimada mi mami? —le pregunté a doña Caro.

—Nada serio, niña. Sólo una cortada y algunos moretes —dijo, y luego dio media vuelta y regresó a su casa.

En los siguientes días, en lo único que podíamos pensar era en nuestra madre, y al pensar que habíamos estado tan cerca de perderla nos mantenía despiertos por la noche.

Años más tarde, mi madre me contaría la historia del luchador, de como ella no tenía la intención de enamorarse de él, pero así es como las cosas suceden a veces, especialmente cuando uno está sufriendo de un corazón roto. Él trabajaba al lado de la tienda de discos.

Él le dijo: —Yo sólo vendo seguros de automóviles durante el día. Por la noche, y los fines de semana, soy un luchador. Sueño en convertirme en un gran luchador algún día, al igual que el legendario El Santo.

Fue entonces cuando ella empezó a pensar en él como algo más que el hombre que trabajaba al lado. Fue entonces cuando las pequeñas cosas que él hacía por ella como llevar tacos adicionales para compartir con ella durante el almuerzo, comprarle paletas de La Michoacana al otro lado de la calle, cuidar la tienda de discos para que ella pudiera usar el baño, se convirtió en algo mucho más grande en los ojos de mi madre. ¡Un luchador! Había más de este hombre, Francisco, que aparentaba, después de todo. ¿Pero un luchador? ¿Quién lo hubiera pensado?

A ella le gustaba la forma en que se paraba junto a ella, como si estuviera listo para protegerla de cualquier peligro que llegara. Y siendo un luchador, él podía protegerla de cualquier cosa, de cualquier persona.

Cuando él la llevó a una pelea de lucha libre y ganó, ella decidió que Francisco sería el hombre que la salvaría. ¿De qué? Ella no lo sabía. Lo único que sabía era que mi padre la había dejado ir, que había ido tras ella con una pistola y desde ese día, ella se había sentido como si estuviera tratando de mantenerse a flote, sin nada a que agarrarse. Francisco sería el camino para salir de la tristeza y el temor que amenazaba hundirla cada hora del día. Cuando él le pidió que se fuera con él a Acapulco, ella no lo pensó dos veces.

Pero entonces, mientras yacía con la cabeza contra el parabrisas de su coche destrozado, y lo vio desplomado sobre el volante, inconciente, se dio cuenta de que ni siquiera él, con todo su fuerza, podía salvarla.

Durante las dos semanas posteriores al regreso de Mami, me despertaba con el sonido del llanto. En el claro de luna delgada colándose a través de los huecos entre las cañas de bambú, la vi sentada en su cama, temblando mientras sollozaba. No sabíamos cómo consolarla o qué decir, así que nos manteníamos alejados. Ella se mantuvo alejada de nosotros también, y sólo una vez trató de acercarse a uno de nosotros —a mi hermanita. Sin embargo, cuando se acercó a Betty, mi hermanita lloró y se sujetó de los brazos de Mago.

—¿Por qué lloras? Soy tu madre —dijo Mami. Pero Betty sólo lloró con más fuerza y Mami no tuvo más remedio que dársela a Mago. Ella no trató de abrazarla de nuevo.

—Hay que darle tiempo —dijo abuelita Chinta—. Has estado ausente durante muchos meses, Juana.

—He vuelto, ¿no? —Mami dijo. La verdad es que ella había vuelto, ¿pero lo hubiera hecho si el luchador no hubiera muerto? ¿Habría vuelto si mi padre no la hubiera dejado por otra mujer? No sabíamos la respuesta a nuestras preguntas, y no nos atrevimos a preguntarle.

☙

Por la mañana, abuelita Chinta le dio una limpia a Mami. Ella envió a Carlos con el vecino para que comprara un huevo mientras ella preparaba el resto de los artículos que necesitaría: la botella de aceite de almendras, un manojo de epazote de su jardín, un cigarrillo. Mami se acostó en la cama. Abuelita Chinta se sentó a su lado en el borde y comenzó a frotar el cuerpo de Mami con el aceite de almendras. Mi abuela rezaba en voz baja mientras lo hacía. Tomó el huevo que Carlos trajo y después lo frotó sobre la cabeza de Mami, teniendo cuidado de no tocar la zona vendada en la frente de Mami, donde se cortó. Luego le puso el huevo en el pecho, brazos, manos, piernas y pies para que el huevo pudiera absorber las impurezas que estaban en el interior del cuerpo y del alma de mi madre. Mami mantuvo sus ojos cerrados mientras mi abuela golpeaba suavemente las ramas de epazote por todo el cuerpo.

Por último, abuelita Chinta encendió un cigarrillo y lanzó nubes de humo sobre Mami. El humo se posó sobre Mami como una manta invisible. La limpia fue tan tranquilizante que Mami se quedó dormida, y la abuelita Chinta nos mandó para afuera para dejar que nuestra madre descansara.

—Esperemos que ahora su alma pueda estar en paz —dijo abuelita Chinta. Me persigné en el altar camino hacia la puerta y recé para que Mami despertara sin ningún tipo de tristeza pesándole más.

Al día siguiente, Mami mandó a Carlos a la casa del vecino para comprar agua a crédito para bañarse. Por primera vez desde que había vuelto, ella se paró frente al espejo para maquillarse. Apretó los labios, y me imaginé que estaba besando a Papi a través del espejo. Con el color rojo brillante en los labios, las mejillas de color rosa y la sombra de ojos de color azul, Mami se convirtió en una mujer diferente, y yo casi podía ver a la madre —la que era antes de que se fuera— asomándose.

Se peinó el pelo negro con los dedos y se envolvió un pañuelo en la cabeza para cubrir el área donde los médicos le rasuraron el cabello para suturar sus heridas. Abrió el armario y sacó el mejor vestido que tenía, el vestido color vino que llevaba ese día agridulce cuando nos recogió en la casa de la abuela Evila después de que ella había llegado del *otro lado*. Luego se roció con un perfume que olía a jazmín.

—Bueno, deséanme suerte —nos dijo al salir de la casa, y nosotros cuatro nos arrodillamos ante el altar de mi abuela, y oramos para que Mami encontrara un trabajo.

Ella volvió con una sonrisa en su rostro. Don Oscar, su ex jefe, le había dado su puesto anterior en la tienda de discos, sólo que tendría que trabajar el turno de la tarde. —Sin embargo, un trabajo es un trabajo —dijo Mami, sonriendo—. Y los mendigos no pueden ponerse los moños. Incluso Betty, de tres años, parecía saber que era un momento para celebrar, porque cuando Mami se acercó a ella, Betty subió a los brazos extendidos de Mami.

Mami dijo: —Vamos al zócalo. —Nos lavamos los pies sucios y la cara tan pronto como pudimos y luego fuimos a la carretera principal para coger un taxi. A diferencia de la abuela Evila, abuelita Chinta nos llevaba al zócalo de vez en cuando. Ella nunca nos hizo sentir como si fuéramos sus presos. Pero no había estado allí en años con mi madre.

Mami le pidió al taxista que nos dejara en casa de mi tía. Ella vivía en el centro, cerca de todo. Tía Güera y mi prima Lupita vinieron con nosotros al zócalo, y mientras Mami y mi tía se sentaron en una banca a platicar, nosotros jugamos a las escondidas con los otros niños de allí. Al cruzar la calle estaba la iglesia de San Francisco, y los vendedores de comida se alinearon en la acera, a la sombra de los tamarindos. La gente se sentaba en las bancas situadas alrededor del zócalo, algunos leyendo el periódico, otros hablando, unos observando a los niños jugar. Pensé en lo difícil que había sido cuando íbamos allí con abuelita Chinta, porque no me gustaba ver a todas las madres y los padres sentados en las bancas del parque mirando a sus niños jugar.

¡Qué diferente me sentía ese día! Mientras yo corría y reía al perseguir a los niños alrededor del monumento a la bandera, me gustaba echar un vistazo a la banca donde mi madre estaba sentada con mi tía, y me gustaba saludarla porque quería asegurarme de que no era sólo mi imaginación. Cuando ella me devolvía el saludo, me sentía como si estuviera volando porque era muy bueno saber que no estaba soñando.

El primer día de paga de Mami, ella volvió a casa y dijo: —Vamos a ir al matiné. Yo nunca había ido al cine, y todavía estaba triste por el día que no fui a ver a *La niña de la mochila azul*, pero ese día nos apresuramos a ponernos nuestras mejores ropas.

Fuimos al cine, y Mami nos compró una bolsa de palomitas de maíz cubiertas en chile. Nos sentamos en la parte media, y peleamos por quién iba a sentarse al lado de Mami, pero la pelea no duró mucho porque Mami dijo que los niños más pequeños se sentarían junto a ella, ¡lo que significaba que nos tocaba a Betty y a mí! Así que me senté a su izquierda, Betty a su derecha, y Mago y Carlos se sentaron más lejos. Sabía que Mago estaba enojada porque me sacó la lengua justo antes de que comenzara la película.

La película que vimos se llamaba *Mamá, soy Paquito*. Se trataba de un niño que era muy pobre y vivía con su madre, ella trabajaba muy duro para cuidar de él. Pero un día su madre murió, y Paquito se quedó muy solo y todo el mundo lo trataba mal porque él era un pobrecito huerfanito. Su padre no vivía muy lejos, pero bien podría estar viviendo tan lejos como en *el otro lado* porque no le hacía a Paquito ningún bien tener a su padre tan cerca. Su padre era muy rico. Pensé en la distancia entre Papi y yo, y pensé que era lo mismo para Paquito. Mi padre estaba muy lejos, pero Paquito estaba en un mundo aparte de su padre porque así es como son las cosas, entre los ricos y los pobres, aunque vivan lado a lado.

Lloré cuando Paquito fue a la tumba de su madre, le cantó una canción y le prometió ser un buen chico. Eché un vistazo a Mami y vi que sus ojos estaban tan llorosos como los míos. Levantó la mano para tocar su pañuelo. Me pregunté si ella estaba pensando lo mismo que yo. Si ella hubiera muerto en ese accidente de coche, ¿qué hubiera pasado con nosotros?

Apoyé la cabeza contra el brazo de Mami y ella extendió la mano y jugó con mi pelo.

Un día, Mami regresó a casa muy emocionada. Dijo: —¡El gobierno está regalando tierras! —Y se apresuró a recoger las cosas que pensaba que necesitaríamos para convertirnos en paracaídistas.

Así que Mago cargó a Betty, Carlos cargó un lazo, yo cargué la colcha y Mami caminó en frente con una pala y una linterna en sus manos.

Nos apresuramos para mantener el ritmo de Mami mientras nos dirigíamos al río. Llegamos a un gran prado. En el otro lado del río había una huerta de mangos y tamarindos. Había gente en la pradera ya apartando su pedazo de las tierras que Mami dijo que el gobierno regalaría muy pronto. Mami eligió uno de los pocos lugares que todavía estaban disponibles, y Carlos recogió algunas ramas para utilizarlas como postes. Una vez en el suelo, atamos el lazo de un poste a otro para crear un gran cuadro. Mami entró en el centro del cuadro, puso la colcha en el suelo, luego se sentó y sonrió.

—Aquí es donde vamos a vivir —dijo—. Voy a mostrarle a su padre que yo también puedo construir mi propia casa de mis sueños.

Mago, Carlos, Betty y yo nos sentamos junto a Mami. A nuestro alrededor habían familias que, al igual que nosotros, estaban allí porque también tenían un sueño. Estaban construyendo tiendas de campaña de cajas de cartón, ramas y pedazos de metal corrugado. Algunos tenían un fuego y estaban cocinando una comida al aire libre. Yo respiré una bocanada de frijoles hirviendo, y me gruñó el estómago. No habíamos traído ni una sola cosa para comer.

—Entonces, ¿qué pasa ahora? —preguntó Mago.

—Esperamos —dijo Mami—. No dijeron cuándo exactamente los funcionarios del gobierno van a venir a darnos las escrituras del terreno, pero no debe faltar mucho. Por ahora, no podemos ir a ninguna parte, o vamos a perder nuestro lugar.

Me volví a mirar detrás de mí. El río estaba a sólo unos cincuenta metros de distancia. Pensé en mi prima Catalina. Yo no quería vivir tan cerca del río que cortó la vida de mi prima tan pequeña. Pensé en la Llorona, y cómo ella siempre vaga por los ríos, canales y arroyos. Yo no quería vivir en ningún lugar cerca del agua.

—Tengo hambre —dijo Betty.

—Yo también —dijo Carlos.

—Yo también —dijimos Mago y yo. Mami negó con la cabeza hacia nosotros.

—Piensen en esto como una aventura —dijo Mami. Ella agarró una vara y se levantó—. Aquí es donde va a estar mi habitación. ¿Dónde quieren ustedes que estén sus habitaciones?

Mago se levantó y corrió a un lugar. —Aquí, aquí, para tener una buena vista del río —dijo.

Carlos dijo que quería que su habitación viera hacia las montañas.

—¿Puedo tener mi propia habitación o tengo que compartirla con Mago? —pregunté.

Mami dijo: —Puedes tener tu propia habitación.

Así que me levanté y caminé alrededor y lo pensé. Yo elegí el lugar al lado de Carlos, porque yo no quería una vista del río, pero yo amaba las montañas.

—Y es aquí donde la cocina estará, y la sala va a estar aquí —dijo Mami, trazando las líneas en el suelo con la vara.

No podíamos ser aventureros por mucho tiempo con el estómago vacío. Nos sentamos bajo el sol sin nada que comer o beber. Por último, Mami no pudo aguantar más nuestras quejas, y se levantó y dijo: —Vamos a casa para que puedan cenar, pero sólo ustedes, chicas. Carlos se quedará para proteger nuestro terreno.

Carlos se quejó. —Pero también tengo hambre.

—No te atrevas a ir a ninguna parte, ni siquiera para ir al baño. Voy a volver con comida y agua para ti.

A medida que nos dirigimos a las vías, me volví a decirle adiós a Carlos. Él no me vio. Estaba sentado en el suelo arañando la tierra con una vara. Me pregunté si él estaba dibujando los muebles para su habitación. Se secó la frente una vez y siguió arañando la tierra.

Ya que él era el único varón en mi pequeña familia, Mami oficialmente designó a Carlos el mero, mero paracaídista, lo que significaba que era responsable de vigilar nuestro terreno. En los días que siguieron, Mago y yo fuimos a la escuela, mientras que Carlos se quedó solo junto al río. Se construyó una tienda de campaña con ramas, una manta vieja y los pedazos de cartón que tío Crece encontró fuera de la tienda de doña Chefa. Tan pronto como llegamos de la escuela, Mago y yo nos apresuramos a ir con Carlos para llevarle la comida. En el momento en que llegamos allí, Carlos ya casi se hacía pis. Él corrió a los arbustos más cercanos, mientras que nos reímos.

—¿Por qué no se dan prisa y nos dan el terreno? —preguntó Carlos—. Yo ya no quiero estar aquí.

—¿Es realmente aterrador? —le pregunté. Carlos había estado durmiendo ahí solo por varias noches. A veces, tío Crece venía con su perro para hacerle compañía, pero nunca pasaba la noche, porque decía que podría ser un loco, pero él no estaba tan loco como para estar durmiendo a la intemperie y en el suelo, donde un escorpión, un ciempiés o una tarántula podría treparse sobre él y picarlo.

—Tengo mi hamaca en casa —dijo.

Mami visitaba a Carlos tan a menudo como le era posible. Ella le llevaba caramelos y paletas cubiertas en chile en polvo, libros de caricaturas y una bolsa de soldaditos verdes para ayudar a Carlos a pasar el tiempo.

—Ya no falta, mijo, se paciente —Mami le decía.

—Voy a ser paciente, Mami —respondía Carlos. Ahora que teníamos a nuestra madre de vuelta, queríamos asegurarnos de mantenerla con nosotros.

Pero pronto, abuelita Chinta dijo: —Juana, esto es ridículo. Ya han pasado dos semanas. ¿Cuánto tiempo más vas a dejar al niño en ese lugar?

—El tiempo que sea necesario —dijo Mami—. Una cosa como esta exige sacrificios. Usted sabe eso, Amá.

Muy pronto, Carlos se enfermó con una tos severa y abuelita Chinta dijo que era el frío de la medianoche y el rocío de la mañana que había entrado en sus pulmones.

—¿Qué vas a hacer si le da neumonía? —preguntó abuelita Chinta.

—No le dará. En cualquier momento vamos a obtener las escrituras y vamos a tener nuestra propia tierra. Mami se sentó a la mesa de la cocina con nosotras mientras hacíamos nuestra tarea. Ella me pidió una hoja de papel y mis lápices de colores. Entonces, al igual que una niña, Mami hizo un dibujo de una casa. Ella incluso dibujó girasoles y árboles y un arco iris sobre la casa. Nos mostró con orgullo su obra y luego colgó el dibujo en la pared.

Pensé en el cuento de los tres cochinitos, en esa casa de ladrillos que había mantenido al tercer cochinito a salvo del lobo feroz. Quería tanto que el sueño de Mami se hiciera realidad. ¿Y si ella estaba en lo cierto? ¿Qué pasaría si ella realmente podía mostrarle a Papi que ella podía construir su propia casa de sus sueños?

—Ya muy pronto —dijo Mami a nadie en particular.

Pero al día siguiente, Carlos se puso peor. Tosía tanto que los paracaídistas se quejaron de que no podían dormir por la noche a causa de su tos. —Llévese al niño a casa —le decían a Mami. Ella le compró un jarabe para la tos y un frasco de VapoRub y todos los días antes de ir a trabajar, ella iba a ver cómo estaba. Abuelita Chinta observaba con ojos preocupados, hasta que finalmente dijo: —Vamos, mijas, vamos a resolver este problema de una vez por todas.

Fuimos con nuestra abuela al lugar por el río y para entonces Carlos estaba ardiendo de fiebre. Él estaba durmiendo en el suelo, encima de su colcha y sus brazos estaban envueltos alrededor de sus piernas. También se había orinado, y las moscas volaban a su alrededor.

—Vente mijo, vamos a casa —abuelita Chinta lo recogió. Pero aún en su estado, Carlos se rehusó a irse.

—No, no, no. Yo le ayudaré a Mami con la casa de sus sueños.

Yo quería detener a mi abuela e impedir que ella arruinara nuestra única oportunidad de tener tal casa, pero al ver a mi hermano, yo sabía que el precio sería demasiado alto si algo le llegara a pasar. Él estaba muy débil así que no se nos hizo difícil cargarlo. Entre mi abuela, Mago y yo nos llevamos a Carlos a casa donde mi abuela inmediatamente se puso a curarlo.

Cuando Mami llegó a casa, corrió al río para salvar su terreno, pero ya había nuevos paracaídistas ahí. Ella regresó a casa en lágrimas.

—Lo siento, Mami —dijo Carlos. Escondió la cara en su almohada y tosió por mucho tiempo.

—Tal vez para la próxima vez —dije.

Mami no dijo nada. Arrancó su dibujo de la pared en donde lo había colgado y lo miró por mucho tiempo. Justo antes de quedarme dormida, escuché el sonido que hace el papel al romperse en pedazos.

17

*Betty, Mami, Mago, Tía Güera y
Lupita en la graduación de Mago*

MAGO Y YO nos paramos cerca de las vías viendo el tren pasar ante nosotros. Mago dijo: —Ese tren nos puede llevar al *otro lado*.

—¿En serio? —le pregunté, tomándola de la mano a medida que comenzó a caminar. Carlos caminaba por la vías, inclinándose de vez en cuando para recoger trozos de grava.

—Si vieras, Nena —dijo Mago —cuánta gente en la estación de tren se dirige al *otro lado*. Yo les he preguntado sobre el viaje, y no parece tan malo. Toman este tren hasta la Ciudad de México, se suben a otro tren que los lleva todo el camino a la frontera. Podríamos ahorrar algo de dinero, comprar los boletos e irnos.

—Pero, ¿cómo vamos a encontrar a Papi? —preguntó Carlos al acercarse a nosotras.

—Vamos a preguntar cuando lleguemos allí —dijo Mago.

—Mi maestra dice que Los Ángeles es muy grande —dijo Carlos, tirando una piedra a un pájaro con su resortera. No le atinó.

—Pero, ¿qué de Mami? —dije—. ¿La vamos a dejar aquí?

—¿Por qué no? —dijo Mago—. Ella nos dejó una vez más, ¿no es así? A ella no le importará si nos vamos o no.

—Sí, pero —dije, dispuesta a defender a Mami. Yo seguía pensando en el dibujo que había roto en pedazos.

—Pero, ¿qué? —dijo Mago.

—No sé, me gustaría que las cosas fueran diferentes —le dije.

Caminamos el resto del camino en silencio, y nos dirigimos hacia el trabajo de Mami en el centro.

No mucho tiempo después de que el gobierno por fin diera las tierras que Mami había querido tan desesperadamente, decidió que sería mejor irse a vivir con la tía Güera. En ese entonces mi tía vivía en el centro, a pocas cuadras del trabajo de mi madre. Mami comenzó a quedarse en su apartamento un día o dos durante la semana. Luego se convirtió en tres días, luego cuatro, hasta que finalmente empacó su ropa y dijo que se iba a vivir con mi tía. Ya que ella salía tan tarde del trabajo, los microbuses públicos ya no daban servicio a esa hora, y Mami tenía que tomar un taxi a casa. —La tarifa del taxi es siete veces el costo del autobús. Eso es dinero que podemos usar para comprar comida —decía—. Además, me da miedo caminar a casa en la noche en estas calles oscuras. ¿Y si algo me pasa?

—Puedo acompañarla a casa —dijo Carlos, sosteniendo firmemente su resortera.

—Mijo, tú sólo tienes diez años de edad. No creo que un ladrón te tendría miedo a ti y a tu resortera —dijo Mami.

Nosotros le suplicamos que se quedara con nosotros. Le prometimos que nos portaríamos bien y no haríamos travesuras, pero Mami negó con la cabeza y dijo que era lo mejor.

Para entonces, el recuerdo de Papi se había convertido en una voluta espiral de humo. A veces me olvidaba que tenía un padre, y cada vez que me acordaba de él, el recuerdo de él no me dolía, no me quitaba el aliento de mi cuerpo y no me picaba ni me llenaba de dolor, como el veneno de un escorpión.

Pero el recuerdo de mi madre me hacía temblar el cuerpo, me hacía apretar los dientes en mi boca, y mis ojos se llenaban de lágrimas como lo hacían siempre que no teníamos dinero para comprar gas y avivaba las brasas del brasero, mientras que la comida se cocinaba lentamente.

Si ella no hubiera regresado del *otro lado*, Mago dijo que ya la hubiera olvidado, de la manera en que había olvidado a Papi. Los niños pequeños son bendecidos con poca memoria. Pero las idas y venidas constantes de mi madre no me dejaban olvidarme de ella. Por el contrario, aumentaban mi deseo por ella aún más.

Mami nos visitaba los domingos, y cada vez que se iba, Carlos, Mago y yo no corríamos tras ella. Betty corría tras ella como un patito. Mami nos dejaba para consolar a nuestra hermanita, abrazarla hasta que sus lágrimas dejaran de fluir, para hacer payasadas y sacar la lengua; hacer marometas y hacer el pino: a meternos a la propiedad del vecino y robar guayabas jugosas y mangos dulces para endulzar el amargo recuerdo de esa madre que iba y venía.

Ya que mi abuela no tenía un refrigerador, teníamos que ir al mercado todos los días para comprar los ingredientes para la comida de cada día. Pero primero teníamos que ir al trabajo de Mami para que ella nos diera dinero.

Ya para cuando llegábamos al trabajo de Mami, estábamos sin aliento y nuestros pies nos dolían. Nos tomaba cuarenta y cinco minutos para llegar allí y otros cuarenta y cinco para regresar a casa. Mago podría venir sola en la combi, pero a ella no le gustaba ir allí sola y no podía pagar la tarifa de autobús para todos nosotros, así que nos íbamos a pie. Mago pensaba que yo debería quedarme en casa, que era demasiado lejos para mí irme a pie, pero yo quería ver a Mami más a menudo que cuatro veces al mes así que yo venía. No me quejaba de mis pies adoloridos porque si lo hacía Mago dejaría de traerme. Ella se había echo tan impaciente conmigo. Con todos nosotros.

Por lo general, Mago entraba allí y ni siquiera hablaba con Mami. Ella le ponía el dinero en la mano de Mago y luego Mago salía rápidamente de la tienda de discos, y lo único que yo podía hacer era dar la vuelta y decirle un adiós rápido a mi madre.

Pero un día que llegamos a la tienda de discos, Mami no estaba sola. Su jefe, don Oscar, estaba allí, y su hijo también. Yo sabía que él era su hijo porque se parecía a don Oscar y Mami siempre se pasaba hablando de don Oscar y su familia, acerca de las tres tiendas de discos que tenían y el dinero que tenían. Vi a Mago limpiar el polvo en su cara con la mano. Pero ella no podía hacer nada con el polvo que cubría sus pies.

—Hola, niños, ¿cómo están? —dijo don Oscar. Le dimos las buenas tardes a él y a su hijo, que tenía aproximádamente la edad de Mago—. Mago, tu mamá me dice que te ha ido muy bien en la escuela. Estoy muy orgulloso de ti.

—Gracias, señor —dijo Mago.

—Mago, le pregunté a don Oscar que si nos hace el favor de ser tu padrino de graduación, y él ha aceptado. ¿No es una gran noticia? —Mami dijo. Ella vino y le puso un brazo alrededor de Mago. Mi hermana trató de alejarse de Mami, porque a pesar de que era la noticia más increíble que habíamos oído en mucho tiempo, todavía estaba demasiado enojada con Mami por habernos dejado otra vez.

—Gracias, señor —dijo Mago.

—Tendremos la fiesta de graduación en la casa de mi hermana —dijo Mami—. Sería un honor si usted y su familia pueden celebrar con nosotros, don Oscar.

—Claro, claro —dijo.

Mami nos dio el dinero para nuestras compras, y hasta unos pesos extra para que nos compráramos una golosina. Luego nos despedimos, salimos y Mago se detuvo y volvió a mirar a Oscar Jr. una vez más. Él le sonrió y ella se sonrojó todo el camino al mercado.

—Creo que le gustaste —dijo Carlos.

Ella se ruborizó aún más. —No creo que le pueda gustar alguien como yo —dijo.

—¿Por qué no? No tienes nada malo —le dije.

—Por supuesto que sí. Soy pobre.

Pensé en la película que vimos con Mami, de Paquito y su padre rico. No había nada malo con Paquito, excepto que él era pobre. Le dije a Mago que sabía lo que quería decir. Pero aún así, pensé en todas esas telenovelas que a tía Emperatriz le gustaba ver, aquellas donde las muchachas trágicamente hermosas eran rescatadas de su miserable pobreza por hombres guapos y ricos que se enamoraban perdidamente de ellas.

—Oscar puede ser tu héroe —insistí—. Él puede salvarte.

Mago me miró y me dijo: —Papi va a ser mi héroe. *Él* me salvará. Nos salvará a todos nosotros.

Don Oscar, su esposa y sus tres hijos asistieron a la graduación de sexto grado de Mago. Ellos trajeron tres enormes ramos de flores. Mago era la envidia de la clase porque nadie más había conseguido padrinos ricos. Los ramos de flores de los demás estudiantes no se podían comparar a los que Mago recibió.

Mago llevaba el uniforme blanco de la escolta, que era el mejor traje que tenía. Todos nos pusimos de pie y aplaudimos bien fuerte cuando dijeron el nombre de mi hermana.

La fiesta se celebró en la vecindad de tía Güera, ya que tenía un bonito patio. Para nuestra sorpresa, Mami se portó de una manera muy amable con Mago. Ella incluso le dio a Mago un par de aretes de oro. Los aretes hacían que Mago aparentara más años que los doce y medio que tenía, creo que por eso a ella le gustaron tanto los aretes —eso, y porque fueron un regalo de Mami.

Ese día fue la primera vez en mucho tiempo que Mago no tuvo que ser la madrecita de nadie. Ella no tuvo que limpiar o cuidar de nada ni de nadie. Por primera vez, Mago pudo ser sólo una niña. Mami, abuelita Chinta y tía Güera se hicieron cargo de los invitados. Nos sirvieron comida y bebidas. Mientras los adultos platicaban, nosotros los niños éramos libres de correr y jugar en el patio. Éramos muy tímidos con los hijos de don Oscar, a pesar de que tenían nuestra edad, pertenecían a una clase social diferente de nosotros. Tenían ropa bonita, asistían a escuelas privadas, hablaban español formal, y de vez en cuando se reían de la forma en que nosotros hablábamos. Mago nunca dejó de sonrojarse cuando Oscar Jr. la miraba.

Yo no sabía en ese entonces que trece años más tarde, volvería a Iguala durante mi primer año de universidad, y sería invitada por don Oscar para celebrar la Navidad con su familia. Para entonces yo también tendría ropa bonita como la suya, y no estaría con la boca abierta de ver su casa lujosa de dos pisos, porque ya para entonces habría puesto pie en casas similares en los Estados Unidos. Me sentaría en su sala y Oscar Jr. y sus hermanas me darían las letras de sus canciones americanas favoritas para que yo se las tradujera. Me encontraría platicando sobre mis cursos de la universidad después de que Oscar Jr. me había hablado de su último año en la UNAM, la universidad pública más grande de México. Regresaría a los Estados Unidos más decidida que nunca, porque mientras había bebido Bailey con ellos, había comido y cantado canciones en inglés con ellos, para entonces mi prima Lupita, la hija de tía Güera, estaría trabajando para ellos como su sirvienta. Supe entonces, como lo sé ahora, que alguna vez ese también podría haber sido mi destino.

18

Reyna, Mami, Mago,
Carlos y Betty en 1984

D ESPUÉS DE LA fiesta de Mago, la relación con nuestra madre mejoró. Éramos como Hansel y Gretel. No importaba cuántas veces fuéramos abandonados y dejados a nuestra suerte, siempre seguiríamos las migajas de regreso a Mami. Como pasaban los meses, ella siguió visitándonos los domingos, pero las visitas ya no eran incómodas y a menudo nos llevaba al zócalo, donde nos compraba un churro, un raspado con miel de tamarindo o un elote. Sin embargo, hubo momentos en que tenía miedo de que un día, las migajas no estarían allí para guiarnos de vuelta a Mami. La veía sentada en la banca en el zócalo, y en lugar de vernos jugar, ella estaba mirando con ansia a las parejas que paseaban alrededor tomadas de la mano. Yo no tenía la edad suficiente para comprender que Mami era dos personas, en una: una mujer que quería ser amada por un hombre, y una madre que quería hacer lo correcto por sus hijos. Sin embargo, la expresión de su rostro fue suficiente para alertarme sobre el conflicto en su interior. Cuando pasaban los hombres y la miraban, a veces incluso se detenían para preguntarle por la hora, me aterrorizaba. Quería esconderla, convertirla en Rapunzel y encerrarla en una torre, lejos de las miradas indiscretas de los hombres.

Cuando la temporada de Navidad finalmente llegó unos meses más tarde, las posadas me quitaron las preocupaciones de la mente. El tiempo de la Navidad era algo que todos los niños esperábamos porque nuestros estómagos se llenaban como piñatas con los cacahuates, jícamas, dulces, naranjas y caña. A partir del 16 de diciembre y finalizando el 24, las iglesias por todo Iguala tenían representaciones de la difícil jornada de María y José al viajar de Nazaret a Belén en busca de refugio. La posada terminaba con una fiesta en casa de alguien, donde a los participantes se les ofrecía ponche de fruta caliente, tamales, buñuelos y un aguinaldo. A veces incluso teníamos una piñata que romper.

Al caer la tarde, Carlos, Mago, Betty y yo nos dimos prisa a la iglesia donde todo el mundo se reuniría. A todos los "peregrinos" se les dio una vela. La procesión salió de las puertas de la iglesia, y comenzamos a cantar. En la parte delantera de la procesión había dos muchachos que cargaban una caja de madera con las estatuas de María y José. Nos detuvimos frente a una casa y pedimos refugio. *En el nombre del cielo os pido posada, pues no puede andar mi esposa amada.* Cuando se nos negó refugio, la procesión continuó hacia otra casa, donde una vez más, nos contestaron: *Aquí no es mesón. Sigan adelante, yo no puedo abrir, no sea algún tunante.* Nos fuimos a unas cuantas casas más, hasta que finalmente llegamos a la casa que nos daría "refugio" y escuchamos las palabras que habíamos estado esperando escuchar desde que la procesión comenzó: *¡Entren santos* *peregrinos, peregrinos, reciban este rincón, no de esta pobre morada sino de mi corazón!*

Entonces todo el mundo se regocijó y apagó las velas. Los niños aplaudieron porque finalmente llegó el momento de la mejor parte de la posada, la ruptura de la piñata y los aguinaldos. Luego corrimos a casa y los compartimos con nuestra abuela. Después nos fuimos a dormir con la panza llena de frutas y dulces.

En el último día de las posadas, Mago, Carlos, Betty y yo fuimos a la parte de la ciudad donde vivía la gente rica, donde don Oscar y su familia vivían. En ese barrio, además de los aguinaldos, nos darían juguetes.

Debido a que sería una larga caminata en la oscuridad, abuelita Chinta insistió en que tío Crece fuera con nosotros. Mago y yo no queríamos que viniera, pero tampoco queríamos caminar en la oscuridad solos, por lo que dijimos que sí. Montó en su bicicleta junto a nosotros. A veces, él ponía a Betty en el manubrio, porque era pequeña y se cansaba pronto. Resultó que el tío Crece no se sentía loco esa noche. Carlos nos contó bromas de Pepito, y el tío Crece se rió más fuerte que cualquiera de nosotros. Incluso tenía sus propios chistes de Pepito, y Carlos se los aprendió de memoria para contárselos a sus amigos.

Caminamos durante cuarenta y cinco minutos a lo largo de los caminos de tierra oscura. En el momento en que llegamos a la colonia de los ricos, la posada ya estaba empezando. Nuestros pies estaban cansados de tanto caminar, pero una vez que nos pusimos en línea, nos sentimos como si pudiéramos haber caminado cien kilómetros más por nuestros juguetes gratis. A Betty y a mí nos dieron una muñeca, a Mago un juego de té de porcelana, y un coche para Carlos. Nos sentamos en la acera jugando con nuestros nuevos juguetes, comiendo las frutas y dulces de nuestros aguinaldos y compartiéndolos con tío Crece, quien deseaba todavía ser un niño para obtener un aguinaldo y un juguete.

El día siguiente era Navidad y tío Crece encontró una rama seca que lijó hasta que se puso suave. Entonces la pintó de blanco y llenó una lata de café con cemento y metió la rama en ella y esperó hasta que el cemento se endureciera y la rama se sostuviera por sí misma. Luego la metió en la casa y nos dijo: —¡Aquí está nuestro árbol de Navidad!

Abuelita Chinta guardaba los cáscarones de los huevos que nos alimentaban durante todo el año. Ella hacía un pequeño agujero en el huevo, vaciaba su contenido en el sartén, y luego lavaba el cascarón y lo ponía en una bolsa. Cuando llegaba la Pascua pintábamos los cascarones, los rellenábamos con confeti y les pegábamos un pedacito de papel en la apertura. Después, abuelita Chinta vendía la mayor parte de los huevos, pero nos guardaba algunos para que nosotros nos los quebráramos en la cabeza, como es tradición.

Debido a que no teníamos adornos para nuestro árbol de Navidad, usamos nuestros cascarones. Los pintamos de diferentes colores y los colgamos en nuestro árbol, que al final ya no se parecía a una rama sino a una obra de arte.

Mago y yo pasamos toda la mañana limpiando la casa. Rocié agua sobre el piso de tierra y lo barrí hasta que quedara tan suave como la arcilla. Cuando terminé, Mago usó la escoba para deshacerse de las telarañas en el techo y las paredes. Desempolvamos los muebles, limpiamos las sillas y la mesa, e incluso salimos a barrer el camino de tierra frente a la casa. Queríamos que esta Navidad fuera especial. Mami y tía Güera iban a venir en la noche, y esperábamos que si hacíamos que la casa estuviera bien bonita, a lo mejor Mami finalmente decidiría volver a vivir con nosotros. Nos gustaba pasar los domingos con Mami, pero ver a nuestra madre una vez a la semana no era suficiente.

Cuando las vimos caminando por el puente, corrimos a su encuentro. Había un hombre que caminaba con ellas, y pensé que era el marido de mi tía. Yo sólo lo había visto una o dos veces, pero cuando se acercó a la casa, yo sabía que no era él.

—Este es Rey —dijo Mami.

Me volví a mirar a Mago, y vi que la sonrisa que tenía durante todo el día había desaparecido por completo. Le cogí la mano, pero ella me la soltó.

Entramos en la casa, y yo podía oler el delicioso aroma del pollo rostizado que Mami había traído. Miré a Rey, parecía demasiado joven para Mami, más tarde me enteraría de que era, de hecho, catorce años más joven que ella. Iba apenas a cumplir los veintiún años, y a mi madre le faltaban dos meses por cumplir los treinta y cinco años. Qué halagada se ha de haber sentido mi madre al ser deseada por un hombre de veinte años, una mujer que había dado a luz a cuatro hijos y cuyo cuerpo no era lo que había sido alguna vez. Si ella había albergado todavía alguna inseguridad, después de haber sido abandonada por mi padre por otra mujer, al llegar Rey se deshizo de eso de una vez por todas.

Lo conoció en la rosticería en la que tenía un segundo trabajo. Rey trabajaba en una ferretería cerca del mercado y venía durante su descanso para comprar comida. A primera vista, yo lo odié. Deseaba que su nombre no fuera la versión masculina de mi nombre, no quería tener nada en común con él, y sobre todo no quería compartir a mi madre con él. De repente, el pollo no olía tan rico. Nuestro árbol de Navidad era solamente una rama, y parecía patética con todos esos cascarones de huevo. ¿A quién estábamos tratando de engañar limpiando la casa? No importaba lo duro que habíamos limpiado, el suelo era todavía de tierra, las paredes todavía eran hechas de palos y cartón.

Abuelita Chinta dijo: —Los niños tienen hambre, han estado trabajando duro todo el día. Por favor, sentémonos a la mesa.

Lo que había temido desde hace meses finalmente pasó. Sentí que mis ojos se quemaban con mis lágrimas, pero rápidamente me las sequé. No podía arruinar nuestra cena de Navidad.

Mago, sin embargo, no pudo detenerse a arruinar la comida. No habíamos estado sentados ni un minuto antes de que ella comenzara a llorar.

—¿Qué es lo que te pasa? —preguntó Mami.

—¿Qué me pasa? ¿Qué cree que es lo que me pasa? —Mago gritó—. ¿Por qué tuvo que traerlo a él? Esta es nuestra noche con usted. Es Navidad. ¡No necesitaba traer a su novio a casa!

—Puedo traer a quien yo quiera —dijo Mami.

Mago se abalanzó sobre ella, y por un momento, pensé que iba a golpear a nuestra madre. En cambio, ella comenzó a patear las sillas, arrancándose su propio pelo, y gritando lo más fuerte que podía. Sentí escalofríos en mi espina dorsal. Mi hermana se había convertido en un monstruo.

Tía Güera y Mami se abalanzaron sobre Mago y la sujetaron, pero Mago sólo gritó y gritó. —¡Me quiero morir! ¡Me quiero morir! La obligaron a irse a la cama de abuelita Chinta, y Mami y tía Güera la sujetaron ahí mientras tío Crece agarró una cuerda. Rey se paró por la puerta y no dijo ni hizo nada.

—Yo quiero morirme. ¡Me quiero morir! —gritó Mago—. ¡Me quiero morir!

—¿Qué estás haciendo? —dijo abuelita.

Nadie le hizo caso. Sostuve a Betty y a mi prima Lupita en mis brazos, porque los gritos de Mago las estaban asustando. Ella pataleaba y gritaba como si estuviera poseída por el diablo. Vi a Mami, mi tía y mi tío atarla de los tobillos y las muñecas. Mago pateó las piernas en el aire y golpeó a Mami en la cara antes de que tío Crece finalmente la dominara.

Yo no había notado que Rey había salido, pero cuando miré a mi alrededor, él ya no estaba allí. Los gritos cesaron de repente, y cuando volví a mirar a Mago, puso los ojos en blanco, la cabeza inclinaba a un lado.

—¡Se ha desmayado! —dijo abuelita Chinta, haciendo la señal de la cruz. Corrió a su armario donde guardaba sus medicinas y regresó con una botella de alcohol—. ¡Mira lo que has hecho, Juana! Te deberías de avergonzar. Mi abuela comenzó a llorar mientras ella atendía a mi hermana.

El pelo de Mami era un desastre. Sus mejillas se tiñeron con rímel y el lápiz de labios rosa estaba embarrado en su barbilla. Se frotó la mejilla, donde Mago le había dado una patada, y me di cuenta que se le estaba hinchando. Mami dijo: —Me voy ahora. Si ella no va a recibir a Rey en esta casa, entonces no me voy a quedar.

—Juana, sé razonable —dijo abuelita Chinta, secándose las lágrimas—. No debiste haber traído a ese hombre aquí. No esta noche. Los niños querían pasar este día contigo. Por el amor de Dios, Juana, son tus hijos.

—Lo siento, Amá —Mami no nos miró. Ella salió por la puerta y se fue. Nos sentamos en la cama, y, finalmente, Mago abrió los ojos. Miró a su alrededor y vio que Mami se había ido.

—Vengan, mijos —dijo abuelita Chinta—. El pollo se está enfriando y no debemos perder el alimento que Dios tan bondadosamente ha provisto para nosotros.

Carlos y yo desatamos las muñecas y los tobillos de Mago, pero nos quedamos allí en la cama. Mago se levantó y se dirigió a la puerta abierta. Pensé que iba a salir a la calle corriendo para alcanzar a Mami, y pedirle que por favor regresara. Pero Mago cerró la puerta de un tirón.

Al día siguiente, mientras escuchaba las canciones de Juan Gabriel, Mago le escribió una carta a Papi. Pero no podía encontrar las palabras adecuadas, por lo que incluyó las letras de "Querida", que trata sobre una mujer, pero la raíz de los sentimientos era la misma —el desear que ese ser querido volviera.

Iguala, Gro. 26 de diciembre de 1984,

Papá, no se enoje cuando le digo esto, pero ya no puedo soportar más. Creo que cuando regrese me va a encontrar muerta y enterrada, porque no puedo soportar más esta vida. Papá, yo no sé por qué ya no ama a mi mamá ya que ella no hizo nada malo. Dice que trató de hacerle daño, pero yo no creo eso, papá.

Papá, cada momento de mi vida pienso en usted. Mire mi soledad. Venga. Lo extraño y lloro todavía. Tenga piedad de mí. Dígame cuándo va a volver. Querido. Venga a mí, que estoy sufriendo. Venga a mí, que estoy muriendo. En esta soledad. En esta soledad.

Lo amo con toda mi alma.
Magloria Grande Rodríguez

Tomé la foto de Papi desde la pared y la coloqué sobre el altar de mi abuela, junto a la imagen de mi abuelo. Allí, "el hombre detrás del vidrio" estaba rodeado por San Judas Tadeo, el Santo Niño de

Atocha, San Martín de Porres, San Antonio de Padúa, la Virgen de Guadalupe y otros santos de los cuales no sabía sus nombres. Tal vez mientras nos arrodillábamos ante el altar para orar, los santos *tenían* que llevarle nuestras palabras a nuestro padre, ahora que estaba justo al lado de ellos. En realidad, sólo había una oración que tenían que llevarle, sólo una cosa que le pedíamos —que él volviera.

19

Carlos, Reyna y Mago en 1985

U N DÍA SOLEADO de mayo de 1985, cuando me faltaban cuatro meses para cumplir los diez años, mi primo Félix se presentó a la casa de abuelita Chinta y dijo: —Su padre va a llamar en una hora. Él quiere hablar con ustedes.

Se dió la vuelta y se echó a correr, y nos tomó un momento para recuperarnos de la conmoción. En el momento en que pudimos hablar, Félix ya estaba corriendo por el puente y doblando la esquina para dirigirse a la carretera principal.

—¿Papi nos va a llamar? —preguntó Carlos, y entonces la pregunta se convirtió en algo más cuando él gritó: ¡Papi nos va a llamar!

Nos reímos y bailamos en un círculo. —Papi nos va a llamar. Papi nos va a llamar.

—Pero, ¿qué estamos haciendo? No tenemos mucho tiempo, ¡vamos! —dijo Mago.

Ya que abuelita Chinta no estaba en casa para darnos dinero para el autobús, no tuvimos más remedio que caminar hasta la casa de abuela Evila. Mi corazón latía con tanta fuerza contra mi pecho, que me dolía. No podía creer que Papi iba a llamarnos. Yo no podía creer que pronto volvería a oír su voz.

¿Finalmente va volver a casa? me pregunté. Caminamos a lo largo del periférico, pasando por una huerta de mangos y un campo de caña. Finalmente, después de cuarenta y cinco minutos, llegamos a la entrada de la colonia de mi abuela, La Guadalupe. Eché un vistazo a las torres de la iglesia posada en la parte superior de la colina. Nos detuvimos a descansar por la casa de don Rubén, que para entonces se había convertido en una tienda de licores. Las paredes eran blancas y una botella enorme de Corona estaba pintada sobre la pared de un lado. Me sentí tan triste de ver que la pequeña casa ya no era una casa sino un lugar para borrachos como tío Crece.

—Vamos —dijo Mago. Se secó la frente y luego recogió a Betty. Carlos y yo corrimos tras ella. Como yo no quería ser la última en llegar a la casa de la abuela Evila, corrí tan rápido como pude, pero me dolía el costado y mi garganta estaba seca y mi cabeza se estaba quemando bajo el sol. Entonces pensé en Papi, y apresuré el paso de nuevo. Podría besar a Juan Gabriel. Parecía que la letra de su canción había tocado por último algo dentro de Papi. Qué bueno que Mago había pensado bien en utilizar las letras de "Querida" en las cartas que había escrito para él, no sólo en diciembre, sino en los últimos meses también.

La casa de la abuela Evila finalmente apareció a la vista. —¿Qué le decimos? —dijo Mago mientras estábamos fuera de la puerta de nuestra abuela. Había tantas cosas que decirle, pero ¿cuánto tiempo tendríamos antes de que la abuela Evila nos arrebatara el teléfono?

—Vamos a decirle que lo extrañamos —dijo Carlos—. Creo que tiene algo que nos quiere decir, ¿no creen? ¿O por qué nos está llamando, después de todo este tiempo?

Tocamos la puerta y esperamos. Élida salió y sonrió, nos miró y sacudió la cabeza. —Por lo menos se podrían haber cambiado esos trapos —dijo—. Mírense, parecen mendigos.

—¿Y qué? —dijo Mago—. Él no nos va a ver así.

Entonces mi primo Félix asomó la cabeza por la puerta de la cocina y se rió. Él le susurró algo a Élida, y después, ella también se rió. Pasamos junto a ellos y entramos a la sala. Me preguntaba de qué se estaban riendo.

Nadie tuvo que decirme quién era el hombre que estaba sentado en el sofá. Pensé en la foto de ocho por diez pulgadas que había colocado en el altar de mi abuela. Había subido de peso. Llevaba lentes ahora. En lugar de blanco y negro, eran de color, y pude ver que su piel *era* del color de la tierra empapada por la lluvia. Allí estaba él, "el hombre detrás del vidrio", de sangre y hueso.

—Vayan a saludar a su padre —dijo la tía Emperatriz detrás de nosotros y nos empujó hacia él. No quería ir, todo lo que quería hacer era huir, correr de regreso a la casa de abuelita Chinta, lejos de él. No quería ver esa mirada en su cara. Todos estos años mirando su foto, con el deseo de que sus ojos no estuvieran mirando a la izquierda, sino que me estuvieran mirando a mí; todos esos años que deseé ser *vista* por él. Y aquí estaba, mirándome, pero realmente no me veía. No podía ver más allá del pelo enredado, la suciedad en mi cara, mi ropa hecha jirones. No podía ver a la hija que había deseado tanto este momento, finalmente conocer a su padre.

Papi

Sabía que él estaba avergonzado de lo que veía. ¡Qué broma tan cruel nos jugó Félix en no decirnos la verdad! Si lo hubiera hecho, nos hubiéramos bañado y cambiado la ropa antes de ir a casa de mi abuela. Ahora tenía que estar ante el padre que no había visto por casi ocho años, con el aspecto de una mendiga. Me toqué el pelo, y yo sabía que estaba enmarañado y grasoso. ¿Cuándo fue la última vez que me bañé? Me pregunté si él podía ver los piojos que en ese mismo momento andaban corriendo en mi cuero cabelludo. Me dieron ganas de rascarme, me mordí los labios y traté de no moverme. Papi abrazó a Mago, a Betty y a Carlos y luego me llamó. No tenía más remedio que ir con él. Me abrazó muy brevemente, algo vacilante, como uno abrazaría al hijo de un conocido, como si fuera obligado. Mirando hacia atrás ahora, entiendo lo incómodo que debió haber sido para él. También nosotros éramos unos extraños para él.

Me presentó a la mujer que estaba a su lado, a quien yo no había notado hasta entonces. Mis ojos estaban enfocados en él, sólo él.

—Ella es Mila —dijo.

Miré a la mujer que había roto mi familia. Quería gritarle, decirle algo malo, pero yo no podía pensar en nada que decir. En su lugar, la comparé con mi madre. Llevaba el pelo negro y ondulado hasta los hombros, mientras Mami, desde que regresó del *otro lado*, traía el suyo corto, con permanente en apretados rizos, y teñido de un rojo oxidado. Mila era de piel clara y llevaba maquillaje en tonos suaves como los duraznos y marrones, no como los azules oscuros, púrpuras y rosados fuertes que usaba Mami, que no iban bien con su piel trigueña.

La mujer vestía pantalones blancos, una blusa de color rosa y sandalias blancas con correas. Mami siempre andaba con vestidos floreados, como los que vestía abuelita Chinta. De repente quería ver a Mami llevar un bonito par de pantalones blancos. Me hubiera gustado que la mujer delante de mí no se viera más joven que mi madre, a pesar de que era cinco años mayor. Deseaba que su piel no fuera tan blanca y suave, tan diferente de la cara quemada por el sol de mi madre, llena de arrugas.

Yo quería pegarme por tener esos pensamientos. Yo estaba traicionando a mi madre. Me dije que debía odiar a esa mujer, no admirarle la ropa o el maquillaje o la piel bonita.

—Me muero de hambre —dijo Papi—. Vamos a comer.

Le dio dinero a tía Emperatriz, y ella fue a comprar una olla de menudo en el puesto de alimentos más cercano. De las maletas, Papi sacó tres muñecas, una para mí, una para Mago y una para Betty.

Eran muñecas del tamaño real de un bebé y de ojos azules que se cerraban cuando se acostaban y se abrían cuando se paraban. Enterré mi cara en el pelo de mi muñeca y respiré el olor de plástico, el olor de un juguete nuevo. Papi nos dio a nosotras las niñas un par de vestidos y a Carlos tres pantalones de mezclilla y camisas. Esta vez, él le había atinado a la talla que vestíamos. Miró nuestros pies. Puse un pie detrás del otro avergonzada de mis chanclas viejas. Papi dijo que no había sabido qué número de calzado éramos, por lo que no nos había traído zapatos. Él nos prometió comprarnos zapatos nuevos al día siguiente.

Jugamos con nuestras muñecas nuevas. Mago, que ya iba para los catorce años y decía ser demasiado vieja para muñecas, estaba más que feliz de jugar con Betty y conmigo, sólo para fastidiar a Élida. Papi no le dio nada a Élida, y una parte de mí se alegró. Ahora sabía lo que habíamos sentido cuando su madre la había visitado desde *el otro lado* y no nos dio ni un regalo. Pero quería que Papi fuera diferente que tía María Félix, quería que fuera más amable con su sobrina.

Pronto llegó la noche y todavía no nos había dicho por qué estaba allí. Esperé a que nos dijera que nos había extrañado. Esperé a que él dijera que lo sentía por haber estado ausente durante tanto tiempo. Lo vi sentado en el patio con su nueva mujer, riéndose de algo que ella dijo. Sentía el aguijón de los celos quemándome como una picadura de alacrán, y pensé en Mami. Sólo brevemente, entendí cómo se había sentido. Por un momento, entendí su ira.

Pasamos la noche en la casa de la abuela Evila. Por la mañana, Papi le rasuró el pelo a Carlos para deshacerse de los piojos. Incluso le dio un baño, como si mi hermano fuera un niño pequeño, dijo que Carlos necesitaba una buena restregada. Él nos llevó a nosotras las niñas a la peluquería y le dijo al estilista que nos cortara el pelo corto. Quise protestar, quería decirle que no. Pero cuando me miró, yo tenía miedo de que pudiera desaparecer si lo enfurecía. Tenía miedo de que pudiera irse de nuevo y no volver nunca. Así que me quedé quieta y cerré los ojos cuando escuché el silbido de las tijeras. Lloré lágrimas silenciosas por la pérdida de mi cabello, una vez más.

Reyna y su familia frente
a la casa de sus sueños

—Mira todos estos piojos —dijo el estilista a sus compañeras de trabajo. Papi cogió un ejemplar del periódico en el asiento de al lado y se escondió detrás de él. Mago se sentó con Betty en su regazo, esperando. Cuando el estilista terminó conmigo, fue el turno de Betty, gritó y movió la cabeza. Mago tuvo que sujetarla. Cuando el estilista terminó con Betty y le pidió a Mago que se sentara, Papi dijo: —Ella no. —Miré a Mago, y yo estaba tan enojada que podría escupirle. En nuestro camino a casa nos detuvimos en la farmacia y Papi compró un champú especial y nos hizo lavarnos el pelo con él tan pronto como llegamos a casa.

—Usted no tenía por qué cortarme el pelo —le dije.

—Te va a volver a crecer, Chata. No te preocupes —Mi ira desapareció de inmediato al escuchar a Papi llamarme por el apodo especial que él me había dado cuando era pequeña.

Más tarde, inspeccionó la casa que había construido para nosotros. Debido a que rara vez íbamos a la casa de la abuela Evila mientras vivimos con mi otra abuela, mis hermanos y yo no habíamos seguido los avances de la casa. Así que nos sorprendimos al ver que estaba casi terminada, y que sólo necesitaba los cristales de las ventanas. Mientras caminábamos desde una habitación a otra, le dijimos a Papi cómo nosotros habíamos ayudado a construir esta casa, llevando la grava y las cubetas de mortero y ladrillos. —¿Cuál va a ser su habitación? —Mago le preguntó. Papi no dijo nada.

Por la noche, cuando Papi metió la mano en su maleta para coger su pijama, se encontró con una gran sorpresa. Una docena de alacranes pequeños cayeron al suelo cuando Papi sacó los pantalones de su pijama. Grité y salté en el sofá. Él pisó los alacranes y los mató.

—Te pudieron haber picado —dijo Mila, mirando a su alrededor el suelo como si quisiera asegurarse de que había matado todos los escorpiones. Añadió—: ¿En cuánto tiempo más crees que nos podemos ir a casa?

¿Ir a casa? Me pregunté. *Pero esta es su casa.*

Como si hubiera leído mis pensamientos, Mago dijo: —La casa ya está terminada. Él no tiene que irse de nuevo —ella se volvió hacia él y le dijo— ¿Verdad que es cierto, Papi? Se va a quedar, ¿no?

Papi miró a Mila y luego a nosotros. —Vamos a hablar de ello más tarde. ¿Está bien?

—¿Por qué no se los dices ahora, Natalio? Diles que no te vas a quedar —dijo Mila.

—Muy bien —Nos sentamos en el sofá y dijo—: Bueno, pues verán niños, he decidido que no puedo volver aquí. A pesar de que la casa está terminada, no hay trabajo aquí. Si vuelvo, todavía vamos a vivir en esta pobreza miserable, ¿entienden?

—Pero la casa está terminada, Papi. Vamos a estar a salvo aquí. Nos podrá proteger —le dije.

—No comemos mucho —dijo Carlos—. Usted no tendría que ganar un montón de dinero para alimentarnos. Mago ya tiene un trabajo en la estación de tren. Yo podría conseguir un trabajo, también. Ya estoy lo suficientemente grande.

—¡No! —dijo Papi—. Tienen que ir a la escuela. Ustedes lo que necesitan es permanecer en la escuela, ¿me oyen? Negra, ¿qué es eso de que ya trabajas?

Mago se quedó callada. Él la miró, esperando que ella dijera algo. Por último, Mago se levantó y dijo: —Abuela Evila tenía razón. Las excusas, eso es todo lo que tiene para darnos. ¡Las excusas de por qué no puede regresar! Salió corriendo de la sala llorando.

Al día siguiente, Papi nos dijo que se iría en unos días. Mila volaría de regreso porque era una ciudadana naturalizada de los Estados Unidos. Como él no tenía papeles, iba a contratar a un coyote que lo cruzara por la frontera.

—Yo no voy a volver aquí —nos dijo—. Tengo una nueva vida en *el otro lado*. No quiero renunciar a esa vida, pero sé que no es justo para ustedes no tener un padre. Pensé que su madre estaba cuidando de ustedes, pero ahora veo que no. Yo no tengo dinero suficiente para llevármelos a todos ustedes conmigo. Puedo llevarme sólo a uno de ustedes.

Mantuve mis ojos en el suelo, con miedo de mirar hacia arriba. Las lágrimas se reunieron en mis ojos porque yo no quería oír lo que iba a decir a continuación. Yo sabía a quién él había elegido.

—Me voy a llevar a Mago conmigo. Ella es la más grande, y no tendrá tanto problema corriendo el cerro conmigo.

—Usted no puede llevársela —le dije—. ¡No se la puede llevar!

—¿Por qué no? —preguntó.

—Porque ella es todo lo que tengo.

Mago puso un brazo alrededor de mí. Me agarré fuerte de ella. Yo sobreviví a que me dejara mi padre, había sobrevivido las idas y venidas constantes de mi madre. Pero si Mago me dejaba, yo no creo que pudiera sobrevivir eso. Lo miré, y me hubiera gustado que él no hubiera vuelto. Deseaba que él se hubiera quedado donde estaba, deseaba que él fuera sólo una foto colgada en la pared. Yo hubiera preferido eso a la pérdida de mi hermana. ¿Por qué tenía que volver, sólo para irse de nuevo, y no sólo eso, sino quitarme la única persona que realmente me amaba?

—¿Y yo qué, Papi? —dijo Carlos—. Puedo correr muy rápido. Sólo pregúntele a mis amigos. Nunca me pueden alcanzar cuando jugamos al fútbol. ¡La migra me va ha hacer los mandados! Lléveme con usted, Papi.

Papi puso su mano sobre el hombro de Carlos. —Tienes razón, Carnal. Probablemente podrías aguantar el cruce, así como Mago. Te llevaré conmigo. Pero, Chata, a ti no puedo.

—¿Por qué nos quiere separar? —Le pregunté a Papi—. ¿Por qué quiere quitármelos?

—Yo no quiero separarlos —dijo, inclinándose hacia mí—. Volveré por ti, Chata. Te prometo que tan pronto como tenga dinero volveré por ti.

Sacudí la cabeza, incapaz de creer en él. —La última vez que se fue, se fue por ocho años, Papi —le dije.

Papi bajó la mirada y no dijo nada.

Volvimos a la casa de abuelita Chinta esa noche, porque Papi no quería que faltáramos a la escuela.

—Todavía estará aquí mañana, ¿no? —preguntó Mago. Teníamos miedo de que al irnos empacara sus cosas y se fuera para no volver jamás.

—Por supuesto que estaré aquí —dijo.

En la escuela mis compañeros querían saber todo sobre él. Me hicieron preguntas dolorosas que no quería contestar. —¿Se va a venir a vivir aquí? —preguntaron—. ¿O te va a llevar para allá con él?

Yo no quería decirles la verdad. Yo no quería admitir que Papi no me quería. Él sólo quería a mi hermana y a mi hermano. Así que empecé a mentir. —Sí, mi papi me va a llevar al *otro lado* con él. Adiós mis amigos. Los echaré de menos. Yo podía ver la mirada de envidia en sus ojos.

—Qué suerte tienes, Reyna —me dijeron. Estaba empezando a creer en mis propias mentiras. Pero entonces de repente me dio miedo. Cuando mis compañeros descubrieran que no iba a ninguna parte, se iban a burlar tanto de mí y supe que me iba a morir de la vergüenza, porque nunca me iban a dejar olvidar que mi padre no me había querido. Al igual que mi madre, tenía miedo de que la gente supiera que yo había fracasado.

❧

Cuando llegamos a la casa de la abuela Evila, Papi y Mila estaban sentados en el patio con mi abuela. Él nos llamó, y yo fui la primera en correr a su lado.

—Papi, tiene que llevarme al *otro lado* con usted —le dije.

—¿Por qué?

—Porque le dije a mis amigos que lo haría, ¡y les he dicho adiós a todos ellos! Me voy a morir de la vergüenza si supieran que mentí, Papi, por favor, lléveme con usted.

Papi se rió. Mila no se rió. Ella me miró y dijo: —Es bien terca, ¿no?

—Déjala aquí conmigo, Natalio, y yo le enseñaré a comportarse —dijo la abuela Evila—. Esta chamaca tiene que aprender que las cosas malas vienen a las mujeres que no conocen su lugar.

Mila miró con furia a mi abuela. Abuela Evila no le había gustado el hecho de que en los días que Mila y Papi habían estado allí, ni una vez ella se había ofrecido para ayudar en la cocina o para lavar los platos. Después de las comidas, por lo general, ella se ponía de pie, junto con Papi, y salía de la cocina para ir a sentarse en el patio o ver la televisión.

—Es diferente para las mujeres en los Estados Unidos —dijo Mila—. Allí, a las mujeres no se les trata como sirvientas.

—No voy a irme con usted si usted no se la lleva—dijo Mago—. Lo digo en serio.

Miré la cara de mi hermana, y en ella vi el conflicto dentro de ella. Yo sabía que se moría por irse. Más que nadie, había sido ella la que había deseado más por él todos estos años. Pero el destino la había hecho también convertirse en mi madrecita, y a diferencia de mi madre, los instintos maternales de Mago vencieron su necesidad de salvarse a sí misma.

—Lo digo en serio, Papi —dijo otra vez.

—Yo también —dijo Carlos, con poco entusiasmo.

Papi extendió su mano hacia mí, y yo la tomé. —¿Realmente te quieres ir a vivir conmigo?

—Sí, Papi, por favor, lléveme con usted.

—Muy bien, entonces en ese caso, voy a llevarme a todos mis hijos conmigo.

—Pero, pero, ¿de dónde vas a sacar el dinero? —dijo Mila. Me di cuenta de que no estaba del todo contenta con esta decisión.

—Vamos a pedir prestado —dijo—. Rogarles a todos los que conocemos.

Papi dijo que necesitaba dinero para pagar a un coyote por los cuatro, Carlos, Mago él y yo. Betty podría volar con Mila ya que ella era una ciudadana de los Estados Unidos. Por un breve instante, sentí los celos familiares que había sentido cuando había escuchado por primera vez de mi hermana americana. Haber nacido en los Estados Unidos era un privilegio que me gustaría haber tenido. De esa manera, yo no tendría que cruzar la frontera como una ladrona. Pensé en el día que Mago, Carlos y yo habíamos intentado robar los mangos de la huerta del Cuervo, y el miedo que yo había tenido por su arma. Sentí un escalofrío a través de mí.

—¿Van a dispararnos? —le pregunté a Papi al escucharlo hablar sobre el cruce, y la gente que se llamaba la migra. Podía oír el miedo en su voz.

—No, Chata, no. Nadie nos va a disparar —dijo, mientras me sentaba en su regazo—. No tengas miedo. Pero vi la forma en que miró a Mila antes de ocultar su rostro detrás de su cerveza.

Al día siguiente, Mago y yo fuimos a darle la noticia a Mami. Papi no quería hablar con ella, afirmando que Mago podría tener una mejor oportunidad de convencerla de que nos dejara ir. Él sabía que Mami no lo había perdonado por lo que había hecho. Al verlo, quién sabe qué podría haber sucedido. De todas maneras, a Mago y a mí nos costó mucho convencerla de que nos dejara ir con él. Afortunadamente, el tío Gary había llegado a la casa de abuelita Chinta justo a tiempo para hacer entrar en razón a mi madre. Él dijo: —Tú no te ocupas de ellos, Juana, ¿por qué negarles la oportunidad de ir al *otro lado*? Además, nuestra madre está demasiado viejita para cuidar de tus hijos. Que se vayan, Juana. Es lo mejor. No les niegues la oportunidad de tener una vida mejor.

—Bien —dijo Mami—. Si quieren irse con él, que así sea. Ella se volvió hacia nosotros y dijo—: Díganle a su padre que no se puede llevar a Betty.

Todavía me acuerdo de lo enojado que se puso mi padre. —Es por eso que yo no podía estar más con ella —dijo, cuando Mago le había dado el recado de Mami—. Ella nunca ha tenido una buena visión del futuro. Se dio la vuelta y nos miró. —Sé que prometí no separarlos, pero si su madre no me entrega el acta de nacimiento de Betty, no voy a poder llevármela. Ella está muy chiquita para correr a través de la frontera.

Papi extendió sus brazos y puso a Betty en su regazo. —¿Has oído eso, mija? Tu madre te está alejando de mí.

Betty acababa de cumplir cuatro años en marzo. Como yo, ella no tenía ningún recuerdo de él, por eso, mientras él la sostenía en sus brazos, ella se retorcía y quería regresar a nuestro lado. —Quiero a mi mami —dijo.

—¿Ustedes ven lo que su madre me ha hecho? —dijo Papi—. Ella me ha robado a mi hija menor. Existen leyes en los Estados Unidos. Podría haber ido a la corte, pelear por la custodia, hubiera tenido derechos. En cambio, su madre huyó como una ladrona y regresó aquí, robándose a mi hija. Ahora mira, mi hija ni siquiera me conoce.

—Usted trató de dispararle a ella, Papi —dijo Carlos—. Mami estaba asustada.

Papi se echó a reír. —Se disparó el arma. Yo no iba a disparar. Y lo que pasó con ese hombre fue un accidente. Un accidente.

—Si le hubieras hecho caso a tu madre, esto no hubiera sucedido —intervino la abuela Evila—. Te dije que ella era muy poca cosa para ti, Natalio. Te dije que sería un problema. Pero no me hiciste caso.

—Voy a hablar con ella una vez más —dijo Mago, poniéndose de pie—. Si vamos a irnos con usted, no podemos dejar a nuestra hermanita.

Mago y yo fuimos al trabajo de Mami. Entramos en la tienda de discos y vi a Mami limpiando el mostrador mientras bailaba una cumbia. Nos quedamos ahí mirándola. Sabía que aquí había un lado diferente de Mami que ella no nos permitía ver. Allí estaba sonriendo, bailando, cantando, cosas que yo no la había visto hacer desde que *el otro lado* me la había quitado. Creía que esa parte de Mami se había desaparecido. Pero entonces supe que todavía existía, pero no cuando estaba con nosotros.

Mami se volvió y nos vio allí a la entrada de la tienda.

—¡Me asustaron! —dijo ella, apretando su pecho. Corrió y bajó el volumen de la música.

—Mami, queremos que deje a Betty irse con nosotros —dijo Mago, al jalarme con ella dentro de la tienda—. No podemos dejarla.

—Bueno, como siempre has dicho, Betty es mi hija, no la tuya, así que me toca decidir su destino —dijo Mami.

—¿Por qué nos quiere separar así?

Mami respiró profundamente. —Mago, yo no quiero pelear contigo. Como mi hermano ha señalado, parece que no he sido una buena madre para ti. Si tu padre te quiere llevar con él, entonces debes irte. Ir a *el otro lado* es una buena oportunidad para ti, para tu hermano, para Reyna. No creas que no es difícil para mí que se vayan. Lo es. Pero entiendo que es lo mejor.

—Entonces, ¿por qué no nos deja llevarnos a Betty también? —le pregunté.

Mami apartó la mirada y no contestó. Más tarde me daría cuenta de que su decisión había venido de la terquedad, el orgullo. Si hubiera permitido que mi padre se llevara a Betty, habría significado que él había ganado.

—Vámonos, Nena —dijo Mago. Salimos a la calle llena de gente, y me volví para mirar detrás de mí. Mami se quedó en la puerta de la tienda de discos y se despidió. Muy pronto, yo no podía ver nada a través de la multitud de gente caminando por la acera. En mi cabeza todavía podía escuchar la canción que Mami estaba escuchando. Aún podía verla bailar en la tienda de discos, con los labios curvados en una sonrisa. Le solté la mano a Mago y dejé de caminar. *¿Qué pasaría si me quedara? ¿Podría ser Mami esa mujer en la tienda de discos cuando ella estuviese conmigo? ¿Podría por fin empezar a ser la madre que era antes de irse? Tal vez podría, tal vez lo haría, pero si me iba, nunca lo sabría.*

—Nena, ¿vienes o qué? —dijo Mago, mientras estaba allí tendiéndome la mano. Me volví a mirar a Mago, y al verla a ella, yo supe que no podía sobrevivir al ser separada de ella. En aquel entonces, ella había sido *mi* Mago. Era el primer rostro que veía al despertar y el último cuando me quedaba dormida. ¿Cómo iba a pensar en quedarme? Si lo hiciera, perdería la única persona que siempre había estado a mi lado.

Corrí a tomar la mano de mi hermana, y escogí no seguir las migajas de nuevo a mi madre.

Pensé en Mami bailando en la tienda de discos, y me prometí a mí misma que era como yo siempre la recordaría, y que trataría de olvidar a la otra madre, la que se fue, se fue y se fue.

20

Helicóptero sobre la frontera entre los
Estados Unidos y México

NUESTROS DOS PRIMEROS intentos a través de la frontera fueron un fracaso. Incluso ahora todavía me siento culpable. Yo no estaba acostumbrada a caminar y correr tanto y tan rápido. Para empeorar las cosas, me había despertado con un dolor de muelas en la mañana de nuestro primer intento y mi padre no tenía nada para calmarme el dolor. Alrededor del medio día empecé a tener fiebre y el dolor se hizo insoportable. Mi padre terminó cargándome sobre su espalda, pero aún así, no pasó mucho tiempo antes de que una nube de polvo se levantara en la distancia, y antes de que nos diéramos cuenta un camión se dirigía a nosotros. Corrimos hacia los arbustos, pero el camión se detuvo y los agentes de la migra se bajaron y nos dijeron que saliéramos de nuestros escondites. Nos enviaron de regreso a Tijuana.

La segunda vez que tratamos de cruzar, tuvimos la misma mala suerte. Una vez más, no podía mantener el paso con ellos, y el calor de los rayos del sol me produjo dolor de cabeza. Cuando nos sentamos a descansar, me fui a hacer mis necesidades en los arbustos y encontré a un hombre que yacía no muy lejos de mí. Pensé que estaba dormido, pero cuando me acerqué a él, vi las moscas zumbando por encima de él y el gran bache que tenía en la frente.

Grité por ayuda. Papi llegó primero, seguido por el coyote y luego Carlos y Mago. Papi le dijo a Mago que me callara antes de que la migra me escuchara.

—¿Está muerto? —le pregunté mientras Mago me alejaba de ahí—. ¿Está muerto?

—Está durmiendo, Nena. Sólo está durmiendo —dijo.

Fuimos descubiertos poco después, y me había alegrado, porque no pude conseguir que el hombre muerto se fuera de mis pensamientos.

Estoy muy agradecida que en ese entonces haya sido demasiado joven para comprender plenamente la magnitud del peligro en que estábamos, me alegro no haber sabido nada de los miles de inmigrantes que habían muerto antes de mi travesía y que han muerto desde entonces.

Después de ser descubiertos dos veces, Papi dijo: —Esta es la última vez, mijos. Él nos envió a la cama a pesar de que sólo eran las dos de la tarde. Pero esa noche intentaríamos el cruce por nuestra tercera y última vez, y Papi dijo que necesitábamos descansar tanto como fuera posible. Íbamos a caminar toda la noche.

Papi se acostó en el suelo junto a la cama y dijo: —Si fallamos esta vez, voy a tener que mandarlos de vuelta a Iguala, los enviaré con mi madre, ya que su propia madre no está cuidándolos.

—No, Papi. ¡Por favor! —dije. La idea de volver a la casa de la abuela Evila me llenaba de pavor. Sabía que era mi culpa. Si no me hubiera enfermado la primera vez probablemente hubiéramos cruzado. Si hubiera caminado más rápido, corrido más rápido, no me hubiera quejado del calor o de hambre, o hubiera dejado de pedir agua, tal vez hubiéramos cruzado. Si mi muela no me hubiera estado doliendo mucho, y no me hubiera quejado por el dolor, tal vez, entonces, podríamos haber cruzado.

—Lo siento, mijos. Voy a perder mi trabajo si falto más días. Dijo que no tenía el dinero para seguir pagando por la comida y el motel. Él apenas había sido capaz de conseguir prestado suficiente dinero para pagar al coyote para que nos cruzara por la frontera, y el dinero se estaba desapareciendo rápidamente. Parte de ese dinero se había gastado en nuestro viaje, un viaje muy incómodo de dos días en autobús en el que habíamos sufrido un sinfín de mareos. No recuerdo cuántas veces mis hermanos y yo vomitamos.

—No nos mande de regreso allí —dijo Mago con una voz tan suave que no creí que él la había escuchado. Pero después de un minuto o dos, Papi, finalmente nos miró. Me agarré de las manos de Mago y Carlos y se las apreté. Pensé en regresar a la casa de la abuela Evila. Volver a ser una hija no deseada, sin padres, de nuevo esperar, siempre esperar, a escuchar de Papi tan lejos en *el otro lado*.

Él suspiró y dijo: —Esta noche será nuestra última vez. Si no lo logramos esta vez, van a volver. Ahora, váyanse a dormir. Van a necesitar todas sus fuerzas esta noche.

Pero yo no podía dormir. Me quedé pensando en los últimos siete días y la rapidez con que habían pasado. Me quedé pensando en Mami, en la pequeña Betty, en mi abuela, y no podía evitar sentirme mal por nuestra situación. Estaba tan feliz de que mi padre no me hubiera dejado atrás, pero también estaba triste por dejar a mi hermanita. Me sentí como si la hubiera abandonado. El día que nos fuimos a la estación de autobuses ella había llorado mientras nos alejábamos. Abuelita Chinta había llorado también. Me detuve en el canal para despedirme de ellas y parte de mí quería decirle a Papi que había cambiado de opinión, que quería quedarme. Pero luego pensé en Mago, y sabía que no podía estar sin ella. También quería tener un padre. *¿Por qué tiene que ser tan difícil?* me pregunté. Tuve que dejar a mi madre, a mi hermanita, a mi abuela, para poder tener un padre. Incluso eso estaba en peligro. Si nosotros no cruzábamos esa tercera vez, lo perdería.

Por favor, Diosito, deme alas.

Papi nos despertó al atardecer, y tomamos un bus hasta el punto de encuentro donde el coyote nos estaba esperando. Cruzamos el camino de tierra, nos metimos por el agujero en la valla y nos sumergimos en la oscuridad que había caído rápidamente a nuestro alrededor. —Recuerden —dijo Papi— Esta es la última vez.

Él siguió al coyote. Nosotros seguimos a nuestro padre en una sola fila: Mago, yo y Carlos al final. Caminamos por un pequeño camino, la luna delgada curvada en una sonrisa, y pensé que si la luna nos sonreía, debía ser una buena señal. A lo lejos, vi dos luces rojas, como unos ojos malvados. Me estremecí.

—No son más que antenas —dijo el coyote cuando Carlos le preguntó acerca de las luces.

Pensé en las peregrinaciones que habíamos tomado con la abuelita Chinta un par de veces. *Si una vez pude caminar por nueve días, seguramente podía hacerlo ahora, ¿qué no?* Pero por mucho que lo intentara, no podía mentirme a mí misma. Esto era similar a las peregrinaciones, porque estábamos caminando a través de arbustos y colinas, pero en ese entonces no había tenido miedo. Sin embargo en ese momento, cada músculo de mi cuerpo estaba tenso. Cada ruido, como el canto de los grillos, el viento agitando las ramas de los arbustos, el sonido de nuestra respiración jadeante, me daba miedo. Pensé que esos sonidos provenían de la migra. Pensé que en algún lugar en la oscuridad sin fin, la migra estaba allí, lista para capturarnos y enviarnos de regreso a Tijuana y, en última instancia, a la casa de la abuela Evila.

Traté de mantener mis ojos en la espalda de Mago mientras yo cantaba las canciones de la peregrinación en mi cabeza. Pensé en abuelita Chinta, en su sonrisa desdentada, y sentí una punzada de tristeza pensando en el hecho de que con cada paso que daba, me estaba alejando cada vez más de ella, de Mami y de Betty.

—¡Reyna, apúrate! —susurró mi padre. Corrí para alcanzar al grupo. No me había dado cuenta de que Carlos había caminado junto a mí y me había pasado.

Al principio, se escuchó como un ronroneo de un gatito. Luego el sonido se hizo más fuerte, y el coyote gritó: —¡Córranle! En la oscuridad, lo vi echarse a correr sin nosotros. Mi padre me agarró la mano y salió corriendo también. Yo no podía mantener el paso con sus largas zancadas, y caí de bruces. Él me recogió y corrió conmigo en sus brazos. Mago y Carlos nos siguieron de cerca.

Una luz brilló en la distancia, y el ronroneo se hizo más fuerte.

—¿Qué pasa, Papi? —preguntó Mago.

—Helicóptero.

Carlos tropezó con una roca, pero mi padre siguió corriendo y no esperó a que se levantara. —¡Espere, Papi! —grité, pero mi padre era como un animal espantado. Corrió a través de los arbustos tratando de encontrar un lugar para esconderse.

—¡Al suelo! —el coyote gritó desde algún lugar de la oscuridad. Papi inmediatamente cayó al suelo, y nos convertimos en lagartos, arrastrando nuestras barrigas contra el suelo frío y húmedo, tratando de encontrar un lugar para escondernos. Piedras se excavaron en mis rodillas. Yo no podía ver a Carlos en la oscuridad, y lloré y le dije a Papi que esperara, pero él me empujó en una pequeña cueva que había encontrado creada por arbustos crecidos. Mago y yo nos sentamos al lado de mi padre, y él se aferró a nosotras con fuerza mientras se escuchaba el rugido del helicóptero encima de nosotros.

Los haces de los reflectores cortaron a través de las ramas de los arbustos. Eché mi pie atrás cuando un rayo de luz cayó sobre mi zapato. Me preguntaba si las personas en el helicóptero habían visto mi pie. Traté de aguantar la respiración, pensando que hasta el más mínimo sonido nos podía delatar. *Por favor, Dios, no permita que nos vean. Por favor, Dios, déjenos llegar con seguridad al otro lado. Yo quiero vivir en ese lugar perfecto. Yo quiero tener un padre. Yo quiero tener una familia.*

Finalmente, después de lo que parecían horas, el helicóptero se fue. Podíamos oír el canto de los grillos, una vez más, el aullido de un coyote en la distancia, y luego nos pusimos tensos cuando oímos el sonido de las ramas quebrarse.

Papi asomó la cabeza fuera de la cueva, y suspiró de alivio. —Lo siento, carnal —dijo el coyote. Salimos, y Carlos y el coyote se encontraban justo fuera de nuestra cueva. Carlos sonrió, orgulloso de sí mismo por evitar que nos descubrieran.

—Deberían haberlo visto arrastrarse por debajo de los arbustos —dijo el coyote—. Es una iguana, este niño.

Cuando por fin cruzamos la frontera pasamos por un lugar llamado Chula Vista, y nos dirigimos a la casa del segundo coyote, el hombre encargado de llevarnos a Los Ángeles. Llegamos temprano en la madrugada.

Mi padre se sentó en el lado del pasajero del coche, y mis hermanos y yo nos sentamos atrás. El coyote, que se llamaba El Güero, nos dijo que nos acostáramos y permaneciéramos fuera de la vista. Papi dijo que a pesar de que habíamos tenido éxito en el cruce, el peligro no había terminado todavía. Podríamos ser detenidos fácilmente por la migra en el camino a Los Ángeles. Así que Mago y yo nos acostamos en el asiento trasero como cucharas y Carlos tuvo que acostarse en el suelo. Mi estómago gruñó. Habíamos pasado toda la noche sin comer.

Mientras nos dirigíamos de Chula Vista a Los Ángeles, me hubiera gustado levantarme y ver cómo era *el otro lado*. Quería ver con mis propios ojos la belleza del lugar donde viviría desde entonces. Empecé a marearme por el movimiento del carro y lo único que podía ver era el techo del coche, que no era muy interesante. Carlos se vomitó y para el resto del viaje, el coche olía a vómito. Por fin, el coyote dijo que podíamos levantarnos por un minuto, para estirarnos, y lo que más me sorprendió fueron las palmeras. Yo nunca había visto tantas palmeras, y allí estaban, a ambos lados de la autopista, pasaban zumbando. La autopista era increíble, tan enorme en comparación con las pequeñas calles en mi colonia. Y los coches eran tan limpios y brillantes, tan diferente de los viejos coches oxidados en Iguala. Quería que el coyote redujera la velocidad. Nunca había estado en un automóvil que viajara tan rápido, sabía que en unos segundos me tendría que acostar de nuevo. Quería verlo todo. Lo último que vi cuando El Güero dijo que nos acostáramos otra vez fue un par de arcos dorados, y me pregunté qué serían.

—¿No podemos parar para comprar unas hamburguesas para mis hijos? —Papi le preguntó al coyote.

Yo nunca había comido una hamburguesa antes, pero había oído que eso era lo que a la gente en *el otro lado* le gustaba comer. Mi estómago rugió con anticipación.

El Güero negó con la cabeza. —Es demasiado arriesgado.

Él tomó una bolsa de la guantera. Lo vi meter la mano en la bolsa y luego se metió algo en la boca. Abrió la ventana y escupió. Lo hizo varias veces, y mi curiosidad creció más y más, estaba demasiado avergonzada como para acercarme más a ver lo que él estaba comiendo. Debió haber recordado que teníamos hambre, porque dijo: —¿Ustedes niños quieren?

Mago preguntó: —¿Qué es?

—Son semillas de girasol. Él bajó la ventanilla y escupió de nuevo.

Mago, Carlos y yo nos miramos uno al otro. ¿Semillas de girasol? Aquí estábamos, llegando al país más rico del mundo, ¿y este hombre estaba comiendo comida para pájaros? En mi ciudad yo nunca, en mis nueve años, había visto a nadie comer comida para pájaros. Yo hubiera preferido una de esas hamburguesas.

—Son casi como las semillas de calabaza —dijo Papi, motivándonos a comer un poco.

Para mi sorpresa, Mago extendió la mano. Cogió la bolsa de El Güero y luego puso un montón de semillas en las manos de Carlos y las mías. Ella tomó un poco para sí misma y le devolvió la bolsa a El Güero.

—Mira, ahí está la salida a Disneylandia —dijo El Güero, señalando por la ventana. Entonces recordó que no podíamos ver nada porque todavía estábamos acostados—. Ustedes ya se pueden levantar —dijo—. Creo que ya estamos a salvo.

Mami había mencionado Disneylandia y lo triste es que ella nunca pudo ir mientras estuvo aquí. Yo tenía la esperanza de que algún día podría ir. Tenía la esperanza de que algún día podría llegar a hacer todo lo que la gente decía que se podía hacer en *el otro lado*, como hablar inglés. Nos sentamos y nos pusimos a comer nuestras semillas de girasol. Dejé que Mago fuera primero. Ella puso las semillas en la boca y las masticó. Luego empezó a ahogarse.

—Se supone que le tienes que quitar la cáscara —dijo El Güero—. Se me olvidó decirte.

Puse una semilla en mi boca e hice lo que El Güero dijo que hiciera, que abriera la cáscara con mis dientes y sólo me comiera la semilla en el interior. Me preguntaba si era el hambre, pero esas semillas de girasol estaban muy, muy sabrosas. Chupé la sal en las cáscaras antes de abrirlas y comerme la pepita. Para el resto del camino a Los Ángeles, comimos semillas de girasol. Mi primer desayuno en los Estados Unidos fue comida para pájaros.

No mucho tiempo después, Papi señaló los edificios más altos que jamás había visto y dijo que era el centro de Los Ángeles. Pensé en el mapa que Mago una vez me mostró. Me acordé del pequeño punto marcado "Los Ángeles". De repente me di cuenta de que Mami y yo habíamos cambiado de lugar, pero la distancia entre nosotras era tan grande como lo había sido tres años antes.

—¿Qué lejos estamos de casa? —le pregunté a Papi—. De Iguala.

—¿De casa? —dijo Papi—. Esta es tu casa ahora, Chata.

Podía escuchar el enojo en la voz de mi padre, y yo deseaba poder decirle que a pesar de que esta era mi casa ahora, mi cordón umbilical fue enterrado en Iguala. El coyote dijo: —Guerrero está alrededor de dos mil millas de aquí, más o menos. Dos mil millas era la distancia entre nosotros y Mami. Entre el lugar en el que había nacido, entre yo y mi infancia, por muy dolorosa que hubiera sido. Volví a mirar atrás de mí, mientras el coche aceleró hasta su destino final. Mami había dicho que no quería que me olvidara de donde vengo.

—Le prometo que nunca olvidaré —le dije en voz baja. Salimos de la autopista y llegamos a nuestro nuevo hogar.

Libro dos

EL HOMBRE DETRÁS DEL VIDRIO

Prólogo

E N 2010, VEINTICINCO años después de que mi nueva vida en los Estados Unidos comenzara, mi padre fue diagnosticado con cáncer del hígado. Para entonces, mis hermanos y yo teníamos poca comunicación con él. Ya él había logrado ahuyentarnos.

Como sucede a menudo con enfermedades terminales, las familias rotas se vuelven a unir, y empecé a encontrar el camino de regreso a mi padre, aunque la jornada —como la que hice a través de la frontera estadounidense— no fue nada fácil.

El martes, 6 de septiembre de 2011, el día antes de mi treinta y seisavo cumpleaños, Mago, Carlos y yo nos encontramos alrededor de la cama del hospital de mi padre, escuchando al doctor decirnos que había hecho todo lo posible por él.

El doctor nos dijo que debíamos dejarlo partir.

Él no sabía nada de todas las veces que había perdido a mi padre. En México, siempre había la esperanza de que iba a regresar. Pero esta vez no había ninguna esperanza a la cual aferrarme. Si lo dejábamos partir, él ya no iba a volver.

Me volví para mirar a mi padre. Estaba acostado en su cama, pesaba sólo 130 libras de carne y hueso. Su rostro estaba hundido. Su piel flácida por todo el peso que había perdido. Alguna vez, su piel fue del color de la tierra empapada por la lluvia. Ahora, era de un gris opaco, como el color de su foto en blanco y negro, la que yo tanto apreciaba. Sus ojos estaban ligeramente abiertos y me di cuenta que él ya no estaba aquí. Estaban vidriosos, mirando hacia el

179

espacio, mirando a la nada. Yo quería que él me *viera*, siempre había querido ser *vista* por él.

No pude seguir todos los cables y mangueras que entraban y salían de su cuerpo. Realmente no podía entender todos los números de los monitores junto a él. Sin embargo, las líneas onduladas que representaban el latido de su corazón me decían del conflicto en sus adentros. Su mente ya se había ido a otro lugar. Sin embargo, su corazón luchaba por seguir latiendo. Era una batalla perdida. Su presión arterial había bajado ya a 60.

El médico esperó nuestra decisión.

Miré a Mago y luego a Carlos. Betty vive en Watsonville, una ciudad a seis horas de Los Ángeles. Aún así, aunque viviera aquí, no habría venido. Mi madre sabía lo que estaba haciendo cuando ella no permitió que mi padre se quedara con Betty. Así que ahora éramos Mago, Carlos y yo quienes teníamos que decidir el destino de nuestro padre. ¿Estaban pensando lo mismo que yo? Me preguntaba. Qué triste era verlo de esa manera. Quería recordarlo como alguna vez lo fue. Robusto. Fuerte. Orgulloso. El cáncer le había quitado mucho. Lo había humillado de una manera que nunca imaginé sería humillado.

—Está bien —dijimos. Mago, Carlos y yo nos miramos y asentimos con la cabeza, para convencernos de nuestra decisión mutua—. Está bien —dijimos de nuevo.

—Lo siento —dijo el doctor—. Va a ser rápido. Él no va a sufrir.

Nos pusimos de pie alrededor de nuestro padre. Pronto, los aparatos fueron desconectados uno por uno de su cuerpo. Pensé en todos esos años atrás, cuando mi vida con él se inició en este país. Durante los interminables veinte minutos que tardó el corazón de mi padre en dejar de latir, esos años pasaron por mi mente, desde el primer momento en que puse los ojos en él después de nuestra separación de ocho años, al primer día que vine a vivir con él, al día en que salí de su casa por última vez, hasta ahora. Me acerqué a coger su mano, esa mano que era la forma exacta de la mía, y me agarré con fuerza.

1

Mago, Reyna y Carlos, recién
llegados al otro lado

Era septiembre de 1985. Habíamos estado en los Estados Unidos durante tres meses. Al día siguiente, yo empezaría el quinto grado, Carlos el séptimo y Mago el octavo. No hablábamos ni una palabra de inglés, y estábamos atemorizados. Pero Papi no estaba preocupado por nuestra falta de inglés. Estaba preocupado por otra cosa. —No le digan a nadie que están aquí ilegalmente —nos advirtió.

—No lo haremos, Papi —dijimos.

—Lo digo en serio —dijo—. Si ustedes le dicen algo a alguien acerca de cómo llegamos a este país, le pueden decir adiós. ¿Me entienden?

Papi dijo que habíamos violado la ley al venir a los Estados Unidos, pero en aquel entonces yo no entendía mucho de leyes. Todo en lo que podía pensar era por qué habría una ley que impidiera que los niños estuvieran con sus padres. Esa fue la única razón por la que yo había venido a este país, después de todo.

—Y tienen que sacar buenas calificaciones en sus clases, porque si no lo hacen, no voy a esperar a que la migra los deporte. ¡Yo mismo los voy a enviar de vuelta a México!

—No lo decepcionaremos, Papi —mi hermana, mi hermano y yo le prometimos, mientras asentíamos con la cabeza.

Papi se recostó en su silla y tomó un trago de su cerveza Budweiser. La puso sobre la mesa de la cocina y nos miró. Primero a Mago, luego a Carlos y luego a mí. Me incliné hacia mi hermana, acobardándome bajo la mirada de mi padre.

—Los he traído a este país para que obtengan una educación y para que aprovechen todas las oportunidades que este país tiene que ofrecerles. El momento en que entren por la puerta con nada menos que 'As', los voy a mandar directamente de vuelta a la casa de mi madre.

¡Oh, no, no con abuela Evila! Me agarré de mi hermana con más fuerza.

—No se preocupe por nosotros, Papi —dijo Mago—. No vamos a decirle a nadie que somos ilegales, y vamos a sacar buenas notas. Se lo prometemos.

Carlos y yo sólo asentimos con la cabeza, demasiado asustados para decir nada.

—Está bien —dijo Papi cuando se terminó su cerveza—. Bueno, a la cama. Tienen que levantarse temprano mañana. Y no estaba bromeando sobre qué tipo de calificaciones espero de ustedes.

Dejamos la cocina y fuimos a la sala, donde mi madrastra estaba viendo la televisión. Al vernos entrar, Mila se levantó y se dirigió hacia la habitación, la única en el apartamento. Mago, Carlos y yo habíamos estado durmiendo en la sala desde que llegamos de México.

Nuestro nuevo hogar en los Estados Unidos era Highland Park, un barrio mayormente latino en el noreste de Los Ángeles. Mila y mi padre eran propietarios de un edificio de apartamentos cuádriplex en la esquina de la calle Granada y la Avenida 50. Vivíamos en la unidad de una habitación porque Papi dijo que no tenía dinero para trasladarnos a las unidades más grandes porque necesitaba los alquileres de esas unidades. —Lo primero que tengo que hacer es pagar todo el dinero que pedí prestado para el coyote —dijo.

Mago y yo sacamos el sofá-cama y nos acostamos. Carlos dormía en el suelo. Esa noche, sin embargo, ya que él estaba también inquieto acerca del día siguiente, se metió en nuestra cama. Nos acurrucamos mientras escuchábamos un helicóptero que volaba muy cerca del apartamento. Por un momento, me olvidé que estábamos en el cuádriplex en Highland Park. Pensé que estaba de vuelta en la frontera, corriendo a través de la oscuridad, tratando de esconderme del helicóptero volando arriba de nosotros. Una vez más, sentí miedo al pensar que si no lográbamos cruzar esa tercera vez, íbamos a perder la oportunidad de tener a nuestro padre de nuevo en nuestras vidas.

—Está bien, Nena —dijo Mago, poniendo su brazo alrededor de mí. Me acurruqué contra mi hermana, y por suerte el rugido del helicóptero desapareció—. Estamos a salvo. Ahora vete a dormir. Mañana será un gran día.

Traté de hacer lo que me dijo, pero fue una noche llena de inquietudes para mí. Yo no estaba acostumbrada a vivir en un lugar tan ruidoso. Cuando vivía en la choza de abuelita Chinta, las noches habían sido por lo general tranquilas, excepto por los ladridos de los perros de vez en cuando y el paso del tren de la tarde. Pero aquí, parecía como si la gente nunca durmiera. Los coches pasaban rezumbando en la avenida 50 a cada hora del día y la noche. Las sirenas hacían eco contra los edificios. Helicópteros de la policía daban la vuelta al barrio. A veces, incluso, escuchábamos disparos más abajo en la calle por los pandilleros que vivían cerca. El único sonido familiar que oía por la noche era el silbido solitario del tren de la medianoche, lo que me hacía añorar mi país y a los que había dejado atrás.

Como llegamos al final de mayo, tres semanas antes de que la escuela terminara, Papi no nos inscribió. Dijo que esperáramos a que el nuevo año escolar comenzara, por lo que nos quedamos en casa todo el verano. No nos importó, porque la mayoría del tiempo mirábamos la televisión. Por fin, teníamos un acceso sin restricciones a la televisión, sin embargo, por extraño que parezca, a veces echaba de menos la radio y los cuentos de hadas que me gustaba escuchar. No me gustó que la televisión me quitara la capacidad de imaginar cómo parecían las cosas.

A Mago, a Carlos y a mí nos gustaba limpiar la casa para que Papi y Mila no pensaran que éramos perezosos. Barríamos la alfombra con la escoba, porque cuando Mago había tratado de usar la aspiradora se había tragado el dobladillo de las cortinas, y no supimos qué hacer. El motor de la aspiradora empezó a oler como si se estuviera quemando, y jalamos y jalamos, pero no soltaba la cortina. Por último, Carlos se apresuró a desconectar el cable, y pudimos sacar la cortina de la aspiradora. Después de eso decidimos que era más seguro barrer. Sabíamos cómo utilizar una escoba. La aspiradora iba a tomar algo de tiempo.

Lo que más me gustó de ese verano fue que fuimos al mar por primera vez. Un día de julio, mi hermano, mi hermana y yo corrimos al Mustang rojo de Papi y nos dirigimos a Santa Mónica. Cuando llegamos a la playa, Carlos, Mago y yo nos echamos a correr hacia la orilla y nos quedamos mirando el inmenso mar ante nosotros. Las pocas fotos que había visto en libros o revistas no habían captado su inmensidad. Millas y millas de agua reluciente bajo el sol del verano. Nunca me imaginé que el mar fuera así. Aspiré el aroma salado del mar y me quedé allí mientras el viento me soplaba el cabello alrededor de mi cara.

—Bueno, ¿qué les parece, chicos? —Papi dijo al pararse detrás de nosotros.

—Es hermoso —respondimos.

Mientras que Mila y Papi hicieron sándwiches, Mago, Carlos y yo nos acostamos en la manta para broncearnos. Papi dijo que ya estábamos lo suficientemente prietos, sobre todo su "Negra" Mago. Se sentía tan bien acostarnos bajo el sol, escuchando las olas y el parloteo de las familias que nos rodeaban. Por primera vez, me sentí como si fuéramos una familia normal, una familia con dos padres, como lo había soñado muchas veces. Si alguien nos hubiera mirado, hubiera dicho: —Mira a esa familia feliz.

Mago, Carlos y yo cavamos un hoyo en la arena y lo llenamos con el agua que cargábamos en una cubeta. El hoyo era lo suficientemente grande como para meter los pies. Buscamos conchas marinas a lo largo de la playa, nos paramos en la orilla y sentimos la arena remolerse bajo nuestros pies, pero no nos metimos más adentro. No sabíamos nadar. En México no habíamos tenido miedo de chapotear en el canal porque el agua nos llegaba a la cintura, pero ahí en la playa, con todas esas olas rompiendo cada segundo, y la corriente jalándonos hacia dentro, era difícil no sentirnos aterrados de ahogarnos en esa hermosa agua sin fin.

Papi dijo: —Es mejor que se metan, o los voy a llevar a casa.

Mago, Carlos y yo caminamos más adentro en el agua, pero yo me quedé al lado de Papi pensando en aquel día que casi me había ahogado en el canal y el día que a mi prima Catalina se la había llevado el río.

—Vamos, Chata, métete —dijo Papi.

—Tengo miedo, Papi.

Me agarró la mano izquierda y dijo: —Ven, voy a ir contigo. Juntos entramos en el agua espumosa.

—No me suelte —le dije a mi papá mientras me agarraba la mano, los dedos de los pies cavándose en la arena al sentir la erosión

Reyna, Carlos y Mago por primera vez en la playa

debajo de mí. Apreté su mano, una mano que era la forma exacta de la mía con sus dedos largos, largos. Manos de pianista, aunque en aquel entonces ninguno de nosotros había tocado un piano. Todavía no podía creer que fuera real, que ya no era tan sólo una fotografía colgada en la pared.

—No te voy a soltar, Chata —dijo. Me aferré a la mano callosa de mi padre y me metí más adentro en el agua con él. Cerré los ojos y pensé en los santos a los que les había rezado. Les di las gracias por ese día. Esa fue la manera perfecta de ver el mar por primera vez, sujetándome de la mano de mi padre.

Tal como lo había prometido, ni una sola vez me dejó ir.

Durante todo el verano, había estado esperando con ansias el día en que empezaría la escuela. No podía esperar para conocer a mi maestro, hacer amigos, tener mis propios libros. Mila dijo que los maestros aquí no golpeaban a sus estudiantes como lo hacían en México. Y lo mejor de todo, dijo que mi maestro no me gritaría por ser zurda. —Eso que tu abuela te contó sobre el diablo son puras tonterías —dijo Mila. Cuando dijo eso, me empezó a caer bien mi madrastra, y dejé de tener tanto miedo de ir a la escuela. Tenía la esperanza de que algún día podría ser como ella, ser completamente bilingüe y ciudadana de los Estados Unidos.

Pero temprano al día siguiente, cuando Mago, Carlos y yo nos detuvimos en la esquina para decirnos adiós, mi temor regresó. Aldama Elementary estaba hacia arriba de la calle. Mago y Carlos tenían que tomar un autobús para llegar a Burbank Junior High School.

—Encamínenme allá —les supliqué—. Yo no quiero ir sola.

—Son sólo cuatro cuadras de distancia, Nena —dijo Mago—. Y Carlos y yo ya estamos muy retrasados. Se nos va a ir el autobús.

—No tengas miedo —dijo Carlos.

—Todo va a estar bien. Nos veremos cuando regresemos a casa —dijo Mago, diciéndome adiós.

Vi a Mago y a Carlos darse prisa por la avenida 50 a coger el autobús en la calle Monte Vista. Ojalá yo no hubiera tenido tan sólo diez años. Me hubiera gustado tener la edad suficiente para ir a la secundaria con ellos.

Me dirigí a la escuela Aldama. Ya que Papi estaba aquí ilegalmente, había dicho que no podía arriesgarse a perder su trabajo pidiendo días de descanso o llegando tarde al trabajo sólo para acompañarme a la escuela. Me quedé afuera por un tiempo largo y observé a los niños caminar. Algunos de ellos llegaban con sus padres. Todos ellos eran desconocidos para mí, y pensé en Iguala. Allá hubiera conocido de vista, sí no por nombre, a casi todos los padres y los niños que asistían a mi escuelita.

Aldama era tres veces más grande que mi escuela en Iguala. No tenía idea dónde ir. Estaba acostumbrada a estar con mi hermana, que ella me mostrara qué hacer, y ahora estaba completamente desubicada. No podía pasar por esto por mí misma. ¡No podía caminar en esa gran escuela yo sola!

Me volví en la dirección opuesta, pero no me podía mover. ¿Qué pasaría si me iba a casa? ¿Sabría Papi que yo no había ido a la escuela? ¿Me pegaría?

Yo no sabía por qué Papi a veces podía ser agradable, y otras veces, como cuando estaba bebiendo, se convertía en una persona diferente, alguien que gritaba y pegaba. Ese padre me daba miedo. Ese padre me recordaba a la abuela Evila, a pesar de que ella no necesitaba alcohol para lograr esa mirada enloquecida en sus ojos.

Una campana sonó, y pronto todo el mundo estaba dentro. Eché un vistazo en el interior de las puertas principales, y yo me sentí abrumada por todas las puertas, el pasillo que parecía no tener fin. Me sentí como si estuviera mirando una imagen que se repetía en un espejo distorsionado. Mi escuela en México no tenía pasillos. No tenía muchas puertas. Las lágrimas me empezaron a brotar, y me enojé conmigo misma por ser tan cobarde e inútil. Una madre se acercó y me preguntó: —¿Estás perdida? —Al oír las palabras familiares en español, inmediatamente le confesé que no sabía a dónde ir. Me llevó a la oficina principal y allí, la recepcionista me preguntó mi nombre y llamó a mi salón de clases. Unos minutos más tarde, un chico de mi edad entró y la recepcionista le dijo algo y me indicó que lo siguiera.

El chico no me dijo nada mientras caminábamos por un largo pasillo. Entramos al salón de clase y la profesora, una mujer alta, regordeta con el pelo rubio y corto, me miró de arriba abajo y me preguntó algo en inglés. Yo quería patearme por llegar tarde. Ahora, tenía que estar en frente de toda la clase a que todos me miraran mientras que la profesora me hablaba en un idioma que no entendía. Miré mis pies. Moví los dedos de los pies en los tenis nuevos que Papi me compró en un lugar llamado Payless. No me gustaba usar tenis. Después de diez años de caminar descalza o en sandalias de plástico, mis pies se sentían atrapados en el material grueso.

—¿Sólo español? —dijo. Le miré a los ojos del color del mar. Pensé en el paseo a Santa Mónica, en Papi sujetándome de la mano. *Por favor, no me suelte, Papi.* —¿Español? —preguntó de nuevo. No me había dado cuenta de que me había hablado en español.

—Sí —dije, sintiéndome aliviada de que hablara español. El nudo en mi estómago empezó a aflojarse—. Me llamo Reyna Grande Rodríguez. Discúlpeme, maestra, por llegar tarde.

Ella se encogió de hombros y sonrió. —No entender mucho —dijo.

—¡Oh! —dije, decepcionada de que no hablara mucho español. Apuntó a una mesa en la esquina y suavemente me empujó hacia ella. Me dirigí a la mesa. Habían cuatro estudiantes allí y un hombre con el pelo negro con tanto spray que parecía como si llevara una escoba en la cabeza. Tenía un cuello muy delgado y la manzana le subía y bajaba como un yo-yo cuando tragaba saliva.

—Soy el maestro López —dijo en español—. Soy el asistente de la maestra Anderson. Nos pidió que nos presentáramos y me dijo que fuera primero.

—Me llamo Reyna Grande Rodríguez —le dije.

Echó un vistazo a su lista y luego me miró. —Aquí, en este país, sólo usamos un apellido. Ve aquí —dijo, mostrándome la lista—. Estás inscrita como Reyna Grande.

—Pero soy Rodríguez, también —dije—. Es el apellido de mi mami.

Me pidió que mantuviera mi voz baja para que no interrumpiera a la maestra Anderson, quien hablaba a una clase de veinte alumnos.

Yo quería decirle que yo ya había perdido a mi madre al venir a este país. No era fácil tener que borrarla también de mi nombre. *¿Quién soy yo ahora, entonces?*

—Lo siento —dijo el maestro López—. Esa es la manera de hacer las cosas en este país. A partir de ahora eres Reyna Grande.

Los estudiantes de mi mesa se rieron. Uno de ellos dijo en español —Pero ella es tan chiquita, ¿Cómo puede ser una reina, y grande de hecho?

El maestro López les dijo que no se burlaran. Les pidió que se presentaran a continuación. Eran Gil, María, Cecilia y Blanca. Ellos eran de México, como yo, con excepción de Gil, que era de un lugar llamado El Salvador. No sabía dónde estaba ese país, pero él hablaba español, también.

Durante el resto del día, me quedé en la mesa de la esquina. El señor López nos enseñó el alfabeto en inglés. Era difícil prestarle atención cuando la maestra Anderson estaba hablando en voz alta a sus alumnos. La mayoría de los niños parecían igual que yo. Tenían la piel morena, pelo negro y ojos marrones. Tenían apellidos como González y García, Hernández y Martínez, y sin embargo, podían hablar un idioma que yo no podía. La maestra Anderson no les dijo que mantuvieran la voz baja. A veces era difícil escuchar lo que el maestro López nos decía. Entonces, él no podía oír lo que le decíamos porque teníamos que susurrar.

Lo que fuera que la maestra Anderson les estuviera enseñando a los demás estudiantes, no era el alfabeto. Ella escribió palabras en la pizarra. A pesar de que podía reconocer cada letra de esas palabras, yo no podía entender lo que significaban. La vi abrir y cerrar su boca varias veces a medida que hablaba. Deseé poder entender lo que estaba diciendo. Ojalá no tuviera que sentarme aquí en un rincón y sentirme como una fuereña en mi propio salón de clases. Ojalá no nos estuviera enseñando algo que los niños aprendrían en kínder.

—Reyna, presta atención —dijo el maestro López—. Ahora, repite, *A-B-C-D-E-F-G…*

Al final del día, todavía no había memorizado completamente el alfabeto y los números en inglés. Volví a casa sintiendo miedo. Pensé en el paseo a la playa, Papi sujetándome la mano. Deseaba que las cosas siempre fueran así para mí. Pero no serían así si no me iba bien en la escuela. Papi lo había dicho.

Quería que mi padre estuviera orgulloso de mí. Todavía me molestaba —como lo haría durante muchos años— que mi padre no había querido traerme al principio, y debido a eso yo tenía un deseo desesperado para que un día él me dijera: —Chata, me has hecho un padre orgulloso. Estoy muy contento de que no te dejé en México y te traje aquí.

Me sentía como si le debiera algo, como si hubiera una deuda que tenía que ser pagada. La forma en que podría pagarla era que él se sintiera orgulloso de mis logros, porque serían sus logros, también. Incluso ahora, hay veces en que pienso en ese momento cuando le rogué a mi padre que me trajera a este país y el hecho que él *podría* haber dicho que no me atormentaba. ¿Cómo sería ahora mi vida, entonces? Sé la respuesta muy bien.

Ya que salía de la escuela antes de Carlos y Mago, Papi me dijo que me fuera a la casa de la vecina y permaneciera allí hasta que Mago llegara a recogerme. Le dije que me había quedado sola antes. Dijo que en este país él podría tener problemas si la policía descubría que estaba sola. La señora Giuliano vivía justo enfrente de nosotros. Ella era una anciana con el pelo como el algodón y los ojos del color de mi piedra de nacimiento, el zafiro. Su dulce sonrisa me recordó a abuelita Chinta, aunque ella tenía dientes perfectos, a diferencia de la sonrisa desdentada de mi abuela. Ella no hablaba mucho español, pero hablaba italiano e inglés, fue la primera italiana que conocí.

Cuando abrió la puerta, dijo: —Buon giorno, bambina! —sonrió y me metió a su casa. Olía a pan y ajo—. ¿Hai fame? —preguntó la señora Giuliano. Se refirió a la cocina donde ella estaba haciendo minestrone.

—Sí, tengo hambre —le dije.

Me senté en el taburete y me dio un plato de sopa. Ella me hizo una pregunta en italiano y en inglés, pero sólo entendí las palabras, scuola y school.

—No me fue bien —dije, sacudiendo la cabeza—. No pude aprender inglés.

—No capisci? —preguntó—. Dare il tempo, bambina.

¿Tiempo? Ella estaba en lo cierto, el tiempo es lo que necesitaba, pero en aquel entonces yo pensaba que nunca sería capaz de sentirme como si perteneciera en esa clase.

Me hubiera gustado decirle a la señora Giuliano que la escuela no era el único lugar difícil de acostumbrarse. Aunque habían muchas cosas buenas que ahora teníamos, también había cosas que tuvimos en México que ya no teníamos aquí. Mago, Carlos y yo extrañábamos nuestra libertad. Extrañábamos poder salir a caminar por el barrio y sentirnos seguros porque todo el mundo nos conocía. La única persona que conocíamos en Highland Park era la señora Giuliano. No conocíamos a nadie más, y debido a los pandilleros en el área, Papi no nos permitía ir demasiado lejos. A diferencia de Iguala, los niños aquí no salían a jugar por las tardes. Las mujeres no salían a bordar servilletas de tela y hablar con sus comadres. Los hombres no salían a tomar cerveza con sus amigos y jugar al póquer o al dominó. Las calles aquí estaban vacías con excepción de la interminable procesión de vehículos en la avenida 50. No había nadie con quién jugar con excepción de nosotros mismos.

Pero no tenía palabras para decirle esto a la señora Giuliano, y tuve miedo que su significado se perdiera en la traducción, sin importar cuán similares eran el italiano y el español. Ella parecía entender mis palabras no dichas, porque me apretó la mano.

Después de mi comida, la señora Giuliano me llevó a su patio trasero donde guardaba pollos en un gallinero. A medida que le ayudé a limpiarlo, el olor de caca de pollo y plumas me recordó las palomas de abuelita Chinta. El olor me hizo aún más nostálgica por Iguala. Toqué mi ombligo, y me acordé del lazo que me ataba a mi madre y a mi país.

¿*Sería tan terrible regresar a México?* me pregunté. A pesar de que me gustaba este hermoso lugar, todavía extrañaba mi hogar, me llamaba de diferentes maneras —una paloma que descansaba sobre el techo de la casa, sus arrullos viajando por el respiradero de la calefacción en la sala. Me detenía y escuchaba, dejando que mi mente viajara de vuelta a la choza de abuelita Chinta, y me recordaba los arrullos de sus palomas.

México también estaba en una taza de chocolate caliente, el vapor se encrespaba en el aire. Inhalaba a México a través de mis fosas nasales; mientras que en el supermercado con Mila, escogiendo verduras e hierbas, machucaba hojas de cilantro con mis dedos, ponía un montón de epazote hasta mi nariz, pensaba en las comidas de México, en una olla de frijoles hirviendo, y mi abuela añadiendo hojas de epazote para darle sabor.

México se encontraba en el silbido del tren de la medianoche viajando por las vías que corrían paralelas a la calle Figueroa. Me despertaba el sonido del silbato del tren, y mi cuerpo se llenaba de nostalgia. Cuando Mago y yo limpiábamos los frijoles antes de ponerlos a hervir, separábamos las bolas de tierra y las humedecíamos con la lengua para oler el aroma de tierra mojada. Pensaba en el piso de tierra de la choza de abuelita Chinta, de cómo rociábamos agua sobre el piso antes de barrer, con el fin de no levantar el polvo. Si volviese a México, entonces yo podría ver a mi hermanita, a mi madre y a mi dulce abuelita otra vez. También podría quedarme con mis dos apellidos. Estaría en un aula donde yo entendía lo que decía mi profesor.

Pero ¿qué va a pasar con mi sueño de un día hacer a Papi orgulloso?

Me quedé allí en el patio trasero de la señora Giuliano como si estuviera partiéndome a la mitad. *¿A dónde pertenezco?* me pregunté. *¿Pertenezco a este lugar? ¿Pertenezco allá? ¿Pertenezco a alguna parte?*

Yo no sabía la respuesta a mis preguntas, pero me senté en la banca del jardín de la señora Giuliano y saqué mi cuaderno de notas. Seguí las letras del alfabeto con los dedos mientras las empecé a decir en inglés en voz alta, mi lengua determinada tropezaba con la pronunciación correcta.

2

Mago en Halloween

EL DÍA ANTES de mi primer Halloween en este país, Mila llegó a casa con un disfraz que había comprado para mí. La máscara de plástico tenía atado un listón, y los ojos eran hoyos para que yo pudiera ver a través de los agujeros. El disfraz era de una niña con el pelo rojizo y una estrella de color morado en la parte superior de la mejilla izquierda. El vestido estaba hecho de plástico, y tenía las mangas con los colores del arco iris.

—¿Quién es? —le pregunté a mi madrastra.

—Es Rainbow Brite —dijo.

—¿Quién? —le pregunté.

Mila se encogió de hombros y me dio el disfraz.

—¿Y qué es exactamente el Halloween? —preguntó Mago.

—Es sólo un día en que los niños se disfrazan y van de casa en casa recibiendo los dulces que la gente les da —dijo Mila.

—¿Quiere decir que la gente regala dulces? —preguntó Carlos, quitándole la vista a los minicoches con los que jugaba en el suelo.

¡Increíble!

No me opuse más en cuanto a ponerme el disfraz de esa chica que se llamaba Rainbow Brite. Fuera quien fuese, lo único que me importaba era recibir mis dulces gratis.

Mila había comprado un disfraz sólo para mí porque dijo que Halloween era para niños pequeños. Pero al oír hablar de los dulces gratis, Mago y Carlos querían un disfraz también, no les importaba que ella acababa de cumplir catorce años una semana antes, y él estaba casi por cumplir los trece.

—No tenemos dinero para más disfraces —dijo Mila—. Pueden compartir los dulces de su hermana mañana.

Mago y Carlos se fueron a la cama decepcionados por no conseguir un disfraz. Yo puse el mío en la puerta, para que no lo olvidara al día siguiente.

Cuando empezó octubre, la maestra Anderson comenzó a darnos proyectos de arte para hacer, como las brujas y gatos negros, fantasmas y calabazas hechas de papel. En México, hubiéramos estado preparándonos para el Día de los Muertos, y hubiera estado esperando con ansias ese día para comer pan de muerto y visitar las tumbas de mi abuelo y de mi prima Catalina. Hubiéramos estado decorando nuestro altar con velas y las caléndulas y platos de comida para que nuestros familiares muertos los disfrutaran. Pero aquí, no había nada de eso por hacer. Cortamos los esqueletos, los huesos fueron conectados con los clips y los colgamos en la puerta para anunciar la llegada de un día de fiesta que se llamaba Halloween.

Por la mañana, me despertaron los gritos de Papi. En la luz de la mañana que entraba por la ventana de la sala vi a Papi parado al lado de Carlos. La sala olía a Old Spice, la colonia favorita de mi padre, y algo como el olor del vinagre y el óxido.

—¡Te dije que dejarás de hacer eso! —dijo Papi. Carlos estaba sentado en el suelo, donde dormía. Subió su colcha hasta el cuello, mirando a Papi con miedo.

—Lo siento, papá. No lo volveré hacer —dijo Carlos, encogido bajo su colcha. Ahora sabía lo que era el olor. Mago y yo habíamos estado tomando turnos de vigilia por la noche para que Carlos usara el baño. Papi nalgueaba a Carlos cuando tenía sus pequeños accidentes, y como no queríamos que le pegaran, Mago y yo tratábamos de ayudarlo. Pero la noche anterior, ninguna de nosotras se había despertado, y lo inevitable había sucedido.

Papi se fue al baño y abrió el grifo de la bañera. Volvió a Carlos.

—Te dije que ya no te orinaras otra vez, y ahora lo vas a pagar.

—¡No, Papi! —Mago gritó.

Carlos no dijo nada. Papi lo levantó y lo arrastró hasta el baño. Mago y yo corrimos detrás de ellos. Papi cogió a Carlos como si fuera un muñeco y lo arrojó en la bañera, con pijamas y todo. El agua salpicó en el suelo, las paredes y en el uniforme de trabajo de Papi.

—¡Báñate! —gritó Papi. Cogió las llaves del coche y se dirigió a la puerta. Mila nos miró. Su boca se abrió, como si quisiera decir algo, pero sacudió la cabeza y siguió a Papi hasta la puerta. Se dirigían a la casa de retiro donde ella y Papi trabajaban, él como trabajador de mantenimiento, y ella como asistente de enfermera. Tenía un nombre elegante, Kingsley Manor, que me hacía pensar en princesas y nobles, y no en ancianos. Supongo que ese era el punto.

Mago y yo nos apresuramos a sacar a nuestro hermano de la bañera, donde estaba llorando. Papi había abierto sólo el agua fría, y Carlos se estremeció mientras le secamos el pelo y le ayudamos a quitarse su pijama mojada. No dejaba de temblar, incluso después de que estuviese con ropa seca.

—Él no tenía que hacer eso —dijo Mago.

—Me dejó durante años. ¿Cómo puede tratarme así ahora? —dijo Carlos entre lágrimas. Mago y yo pusimos las colchas orinadas a remojar en la bañera. Nos sentamos en el sofá, sin saber qué hacer. Pensé que ser aventado en una bañera llena de agua fría era peor que recibir una paliza de Papi, a pesar de que sus azotes dolían más que los de la abuela Evila. No sólo porque era hombre y podía golpear más fuerte, sino porque era nuestro padre, nuestro héroe.

—Vámonos, Carlos. Si no, se nos va el autobús —dijo Mago, al ponerse de pie.

—No voy a ir a la escuela —dijo Carlos, su labio inferior tembló, las lágrimas amenazaban con salir de nuevo.

—Vamos —insistió Mago—. Sólo harás las cosas peor. Sabes lo que piensa Papi acerca de la escuela.

Ella y Carlos se fueron para coger el autobús, y yo me quedé allí con mi disfraz en las manos, la emoción de Halloween ya se me había ido. Puse a Rainbow Brite devuelta en el gancho de la puerta, y luego me fui a la escuela.

Cuando Mila y Papi llegaron a casa, él no dijo nada acerca de lo que había sucedido esa mañana. Quería que dijera que lo sentía, pero había vivido allí el tiempo suficiente como para saber que Papi nunca se disculpaba de nada. Aún no nos había dicho que estaba arrepentido por habernos dejado en México por ocho años. En cambio, pasó junto a nosotros y se dirigió a su habitación para cambiarse de su uniforme de trabajo, que eran pantalones de color azul marino y una camisa de un color azul claro, de manga corta que tenía la palabra "Grande" bordada sobre el bolsillo izquierdo. Su pelo tenía rayas blancas, y me pregunté qué había pintado en Kingsley Manor ese día. Él nunca nos decía mucho acerca de su trabajo, pero sabía algunos detalles, tales como que la pintura que utilizaba se llamaba Navajo White. Lo supe debido a que Papi pintó las paredes interiores de las unidades de ese color, pintura que el trajo del trabajo en cubetas. A veces, lo escuchaba platicar con Mila acerca de sus compañeros de trabajo, o los pacientes ancianos, y me hubiera gustado conocer a esa gente también, para que pudiera sentirme incluida en sus conversaciones.

—¿Por qué no estás lista todavía? —Mila me preguntó. Había estado sentada en el sofá con Mago y Carlos por la mayor parte de la tarde. Ninguno de nosotros podíamos disfrutar las caricaturas en la televisión, por lo que las habíamos apagado.

"Trick-or-treat" va a empezar pronto —dijo Mila—. Y esto sólo pasa una vez al año.

—No vamos a ir —le dije.

Mila se quedó allí y negó con la cabeza. —Yo sé que lo que hizo su padre estuvo mal, pero traten de comprenderlo. Ha pasado mucho tiempo desde que él ha tenido que ser padre. Denle tiempo para adaptarse.

Mila le dio una bolsa de plástico a Carlos donde sacó una sábana blanca que ella trajo de Kingsley Manor. —Ya lavamos las sábanas, Mila —dijo Mago—. Se están secando afuera en el tendedero.

—Oh, no es por eso que trajé la sábana —dijo Mila, agarrando un par de tijeras. Le dijo a Carlos que se levantara y puso la sábana sobre él.

—¿Qué está haciendo? —preguntó Carlos. Mila cortó los agujeros en el área donde los ojos de Carlos irían.

—Te voy a hacer un disfraz de Halloween —dijo. ¿Un disfraz? ¿Con una sábana? Ella lo acercó al espejo de la puerta del armario para que Carlos pudiera verse. Se dio la vuelta para mirarnos. Mago y yo nos reímos. Mi hermano era ahora un fantasma. Era increíble. Desde ese año, Mila siempre nos traía sábanas blancas para Halloween, y nunca me compró un disfraz otra vez. Si yo hubiera sabido que iba a hacer eso, no hubiera alabado el disfraz de fantasma de Carlos tanto como lo hice.

—Vamos a ver lo que puedo encontrar para ti, Mago —dijo Mila. Miramos por la ventana y vimos que los niños estaban empezando a salir de sus casas con sus disfraces.

Mila salió de su habitación con el vestido de novia que se puso cuando se casó con su primer marido. El satín había amarilleado para entonces y la mayoría de las lentejuelas se habían caído. El hijo mayor de Mila tenía unos diecisiete años de edad, por lo que el vestido tenía que tener más que eso.

—No puedo usar eso —dijo Mago—. Lo voy a arruinar.

—Ya está arruinado —dijo Mila. Pero la forma en que lo dijo me hizo pensar que ella no sólo estaba hablando de su vestido.

Nos tomaría años para reconstruir la historia de Mila y mi padre. Se conocieron en Kingsley Manor. Mila ya estaba casada y tenía tres hijos, dos niños y una niña. Ella dejó a su marido y a sus hijos por mi padre. No estaba planeando en dejar a sus hijos para siempre, sólo hasta que ella y Papi se acomodaran en un lugar más grande. Toda la familia de Mila la rechazó por arruinar su matrimonio y dejar a sus hijos. Su marido no fue capaz de cuidar de ellos, por lo que los fue a dejar en la casa de la madre de Mila. Su madre llevó a Mila a la corte y peleó la custodia de sus nietos, alegando el abandono. El juez le preguntó al hijo mayor, que estaba en su adolescencia, con quién quería vivir. Escogió a su abuela. Así que el juez le dio la custodia a la madre de Mila de los tres niños, y Mila sólo obtuvo derechos de visita. También tuvo que pagar la manutención.

En aquel entonces no había conocido todos los detalles, pero la manera que Mila le estaba entregando su vestido de novia a Mago, sabiendo que tendría que tirarlo a la basura una vez que regresáramos, me dejó ver su oscuro secreto.

—Pruébate el vestido, Mago —le dije—. Si no salimos pronto, todos los dulces se van a acabar.

Mago se fue al baño y salió vestida como una novia, y sonrojándose como novia, también. Después de una buena risa, y de tomar fotos con la cámara Polaroid de Papi para enviarlas a México, nos dispusimos a salir. Mila nos hizo practicar las palabras "Trick or treat. Trick or treat". Las palabras eran difíciles de pronunciar, y nos topamos con los sonidos fuertes.

—Bueno, que salga como les salga —dijo Mila. Ella nos dio una bolsa de plástico a cada uno y nos dijo que tuviéramos cuidado—. No se coman los dulces hasta que lleguen a casa. Su papá y yo tenemos que asegurarnos que estén buenos para comerlos.

El día festivo me recordó las posadas en México, excepto que allá sólo se recibía un aguinaldo pequeño y sólo una casa lo regalaba, ¡pero aquí las ofrendas eran infinitas! Mi hermano, mi hermana y yo caminamos de calle en calle, aventurándonos por los barrios en donde nunca habíamos estado. —¡*Treecotree*! ¡*Treecotree*!—gritamos, al tocar a las puertas de las casas victorianas y Craftsman esparcidas por Highland Park, también las puertas de los edificios de apartamentos donde vivían las familias de inmigrantes. Cuando regresamos a casa, ya eran las nueve y nuestras bolsas estaban llenas de dulces. Tuvimos que llevarlas en los brazos debido a que las agarraderas se habían roto por todo el peso de esa abundancia que se encuentra sólo en *el otro lado*.

Papi y Mila estaban sentados en la cocina cuando llegamos a casa. Pusimos nuestras bolsas en la mesa y ella y Papi revisaron nuestros dulces, para tirar los que parecían como si hubieran sido abiertos antes. Papi encontró un dulce de tamarindo cubierto con chile en polvo en la bolsa de Carlos. —A mí me gustaban éstos cuando yo tenía tu edad —dijo Papi.

—Aquí hay otro, Papi. Usted se puede quedar con ese —dijo Carlos.

—Gracias, Carnal —Papi le dio a Carlos una suave palmada en la espalda mientras se comían sus dulces de tamarindo.

3

Mila y Papi

Reyna, tu mamá está aquí para recogerte —dijo el maestro López, y me entregó un mensaje de la oficina principal. Recogí mis cosas y me fui. Corrí por el pasillo. *¿Está Mami realmente esperándome a mí? ¿Ha venido todo el camino desde México a encontrarme? ¿Me extraña?*

Cuando entré en la oficina principal, Mila se levantó.

—¿Lista? —dijo ella, agarrando su bolsa. Seguí a mi madrastra por la puerta, sintiéndome como una tonta. Me había olvidado que me iba a recoger para llevarme a mi cita con el dentista.

Durante los últimos meses, había estado sufriendo de dolores de muelas. Se habían convertido tan dolorosos que Papi finalmente no tuvo más remedio que lidiar con el problema. No teníamos seguro dental, y Papi dijo que él y Mila no tenían dinero para pagarle al dentista, por lo que Mila descubrió una forma de evitar eso: utilizar el seguro dental de su hija.

Mientras manejábamos, me asomé por la ventana y deseé que fuera Papi el que me estuviera llevando a mi cita, pero comprendí que no quería arriesgarse a perder su trabajo por pedir días de descanso, a pesar de que esa no era la única razón. Él no hablaba mucho inglés, y se sentía incómodo yendo a lugares. Como personal de mantenimiento, se sentía cómodo con un taladro, una brocha o una llave, y podía trabajar en silencio, mientras que sus manos expertas hacían el trabajo. Fuera de casa y el trabajo, era Mila la que tenía que ocuparse de todo lo que se tenía que hacer.

Cuando nos acercábamos a la oficina del dentista, Mila me recordó qué decir. —Responde al nombre de Cindy —dijo—. Y recuerda que tienes nueve años, no diez.

Cindy era diez meses más joven que yo. Ella era mucho más bonita también, con el pelo largo, negro, brillante y hermosos ojos enmarcados por pestañas gruesas. Había venido sólo a la casa un par de veces en aquel entonces, y cuando llegaba, se quedaba al lado de Mila y no quería hablar o jugar con nosotros. Ella no quería hablar con Papi tampoco y fingía no escucharle cuando él la saludaba. Al principio me enojaba con Cindy por tratar con frialdad a mi padre, pero luego pensaba en Rey, y la forma en que lo había odiado por el simple hecho de que mi madre lo había preferido en vez de a mí, y pude entender el comportamiento de Cindy. Después de todo, ¿acaso no había sido lo mismo para ella?

La única diferencia es que Mila, a diferencia de mi madre, nunca renunció a sus hijos. Me imagino ahora el dolor que sintió Mila al estar de pie allí en la corte, luchando por obtener la custodia de sus hijos, y que su hijo mayor hubiera tenido el poder de elegir, pero no a ella. Sólo porque los había perdido ese día no quiso decir que había renunciado a la lucha. Y nunca lo hizo.

La relación conflictiva de Mila con sus hijos afectó la forma en que nos trataba. Ella había estado viviendo con mi padre hacía ya tres años cuando un día mis hermanos y yo habíamos llegado a parar a su puerta, tres niños que no había estado esperando. A pesar de que ella y mi padre no se habían casado legalmente, sin embargo, se había convertido en nuestra nueva madre. Ella era lo suficientemente buena con nosotros, aunque a veces, especialmente cuando sus propios hijos estaban ahí, hacía todo lo posible para tratar a sus hijos mucho mejor. Ahora que soy madre, puedo entender la difícil situación en la que se encontraba en ese entonces —haber dejado a sus propios hijos, ¿sólo para tener que criar a los hijos de otra mujer? Y, sin embargo, el aguijón de su indiferencia todavía me duele. No era una madrastra malvada, no como en los cuentos de hadas que me gustaba escuchar. Pero tampoco era la madre que tan desesperadamente quería tener. ¿Cómo podía serlo? Yo lo entiendo ahora, pero en aquel entonces, yo no podía ver más allá de mi necesidad.

Nunca había ido al dentista en mi vida, y por suerte no había tenido problemas de dientes. En México nunca tuvimos dinero para dulces, pero tampoco habíamos tenido dinero para cosas tales como cepillos de dientes. Cuando no teníamos dinero para comprar otros nuevos, teníamos que limpiarnos los dientes con los dedos cubiertos con bicarbonato de soda.

No pude evitar sentir un poco de miedo de ir al dentista. En México, la abuelita Chinta me había dado hojas de yerba buena para masticar cuando mi muela empezó a molestarme. No pensé que me fueran a dar hojas de yerba buena en esta ocasión.

Mila y yo nos sentamos en el área de recepción para esperar. Eché un vistazo a las imágenes de un pavo, calabaza y sombrero de peregrino pegadas en la puerta. Había decoraciones similares en mi salón de clases. Mila se removió en su asiento. De vez en cuando se acariciaba su pelo negro y ondulado. Me encontré admirando su piel, como lo había hecho muchas veces. Era dos tonos más blanca que la mía, y se veía bien en tonos rosas suaves y melocotones. Su maquillaje, como siempre, estaba perfecto. Había rosas en flor en sus mejillas y sus labios brillaban. Ella tenía una pequeña cicatriz en la nariz de su labio superior porque nació con labio leporino, pero eso no opacó su belleza. Mila no era hermosa, pero era bonita y tenía mucha clase.

El asistente del dentista salió y llamó un nombre. Cuando yo no respondí, Mila me dio un codazo y se levantó. Entré al cuarto del dentista, y me pidió que me acostara en un gran sillón de cuero. Salté tan pronto como comenzó a reclinarse. El dentista se rió y dijo algo en inglés, mientras que apuntaba a la silla. Lo único que entendí fue la palabra "Cindy".

Me quedé pensando cómo se sentiría Mila cuando el dentista me llamaba por el nombre de su hija. Las pocas veces que Cindy había venido a la casa, me había dado cuenta de lo incómodo que era para ella. No venía muy a menudo, y cuando lo hacía, era porque Mila prácticamente la había obligado. El hijo mayor de Mila no la visitaba a menudo tampoco. Su segundo hijo nunca había venido, ni siquiera una vez. Mila dijo que mi muela tenía una enorme carie y que tendrían que sacarla para dejar que el nuevo diente creciera. El resto de la hora, Mila tuvo que traducirme lo que el dentista me decía.

—Abre la boca, Cindy.

—Eres una buena chica, Cindy.

—Ya casi terminamos, Cindy.

Mila no me miraba cuando traducía, miraba la pared. Mientras el dentista trabajaba en mi boca, me puse a fantasear acerca de lo que sería ser la verdadera Cindy. ¿Cómo habría actuado Mila hacia mí? ¿Se habría removido en su asiento, de la forma en que lo estaba haciendo ahora, mientras me esperaba? ¿Me habría permitido—al igual que ella permitía a la verdadera Cindy cuando la visitaba, entrar en su dormitorio sin pedir permiso, y acostarme en su cama y ver la televisión? ¿Me habría cepillado el pelo y hecho trenzas en las mañanas? ¿Me habría dejado sentarme en la cocina para ayudarle a preparar la cena? ¿Habría permitido a mi padre que me golpeara con su cinturón?

—Ya casi terminamos, Cindy —dijo el dentista otra vez, y tal vez fue la somnolencia de la anestesia, pero me gustó mucho el sonido de ese nombre. Muy pronto me hubiera gustado quedarme ahí para siempre en la oficina del dentista, porque tan pronto como saliéramos por esa puerta, volvería a ser Reyna.

—Su hija se portó muy bien —dijo la recepcionista cuando Mila y yo salíamos por la puerta. Mila me sujetó por los hombros, porque me sentía un poco mareada. Tenía la boca entumecida y mis labios se sentían tres veces su tamaño. Mis labios palpitaban como si hubieran sido picados por un escorpión.

—Gracias —dijo Mila. Le dije adiós a la recepcionista y le di una sonrisa aturdida.

De camino a casa, Mila estaba muy callada. Me preguntaba si ella estaba pensando en su hija.

—¿Tienes mucho dolor? —me preguntó cuando nos detuvimos frente a la casa.

—No, mamá Mila —le dije. Tal vez fue la anestesia la que me había hecho decir eso.

Mila respiró profundamente y luego me miró. —Sólo llámame Mila. Yo no soy tu madre así que no me puedes llamar mamá. Sólo Mila, ¿de acuerdo? —lo dijo con suavidad, y sin embargo me sentía como si me hubiera gritado. La dureza de su voz era muy sutil, pero pude oírla claramente.

Con lágrimas en los ojos, le dije: —Lo siento, Mila. No lo volveré a hacer —me bajé del coche y entré en la casa donde vi que mi hermano y mi hermana estaban de regreso de la escuela.

—Eso es lo que te pasa por ser una traidora —dijo Mago cuando le conté lo que había hecho—. Ella tiene razón. No es nuestra madre. ¿Por qué siempre estás tratando de encontrar a una madre donde quiera que vamos?

—No sé —dije.

—Además, ella rompió el matrimonio de nuestros padres —añadió Mago—. ¿Y ahora quieres llamarla mamá?

Bajé la cabeza avergonzada.

Cuando llegamos por primera vez a los Estados Unidos, Mago y yo entramos al dormitorio de Mila y de Papi para ver sus bonitos vestidos en el armario y oler sus perfumes.

Sabía que Mila notó que lo hicimos, porque pocos días después, Papi instaló una cerradura con candado en su puerta, y desde ese momento, le echaban llave a su habitación cada vez que salían de la casa. Mago y yo estábamos intrigadas por Mila, la mujer que, en parte, fue responsable que terminara el matrimonio de doce años de mis padres. Queríamos saber qué había hecho para que mi padre la prefiriera a Mami. Pensamos que al mirar su ropa, o tocar los artículos en su tocador, encontraríamos la respuesta.

Tal vez era la ropa bonita que llevaba. Durante el día, llevaba su uniforme blanco de enfermera, ya que se requería en el trabajo, pero los fines de semana vestía pantalones capri y blusas bonitas, sandalias de cuero con tirantes delicados. Para salir tenía bonitos conjuntos de trajes de falda y blusas de seda. Su joyero tenía collares de perlas de imitación y aretes de perlas, cadenas de oro, relojes de lujo. Ella tenía zapatos de tacón alto de diferentes colores que hacían juego con su ropa. Sus perfumes eran de buena calidad, no como los perfumes corrientes que Mami usaba.

Pero aparte de sus cosas bonitas y su buen gusto para vestirse, Mila tenía otras ventajas que Mami no tenía. Ella hablaba inglés, lo que significaba que Papi dependía de ella para todo, porque él sólo hablaba español. Era una ciudadana de los Estados Unidos, no era invisible en este país, como Papi fue en aquel entonces, y como Mami era cuando había vivido aquí. Además, a pesar de que Mila nació en México, había estado en este país desde que tenía trece años de edad; tenía cuarenta años cuando vinimos a vivir con ella y Papi. Por haber vivido en los Estados Unidos durante la mayor parte de su vida, Mila no era la mujer típica mexicana. Ella no le tenía miedo a Papi, no atendía todos sus caprichos, como las mujeres en México se les enseña a hacer, como Mami había hecho cuando vivía con él. Ella también tenía una educación y sabía cómo manejarse en esta sociedad americana de una manera en que Papi no lo sabía hacer.

Mientras que en México, Mami estaba tan preocupada que Papi la dejara por una gringa. En su lugar, él encontró a Mila.

Le dije a mi hermana que estaba en lo cierto. Estaba siendo una traidora con mi propia madre. Pero, ¿cómo podría yo dejar de anhelar una madre, cuando, desde que tenía cuatro años, era lo que había hecho? Y aún hoy en día, a veces me encuentro anhelándola todavía.

—Tenemos un padre —dijo Carlos—. Eso es suficiente para mí.

—Tienes razón —le dije, mirando la cocina, donde Mila estaba cortando las verduras. No le gustaba que estuviéramos en la cocina con ella. De hecho, a ella no le gustaba que estuviéramos en ninguna parte con ella. No era algo que nos dijera, pero era la forma en que se ponía tensa cuando entrábamos en donde ella estuviera. Era la forma en que nos miraba, como si quisiera que no fuéramos nosotros, sino sus propios hijos.

Papi llegó a casa y preguntó por mi diente. Tomé el algodón manchado de sangre de mi boca para que pudiera ver el hoyo donde mi muela había estado.

—Me alegro que todo salió bien —dijo Papi. Luego se dirigió a la cocina y se sentó en la mesa para acompañar a Mila, mientras ella cocinaba.

—No voy hacer eso otra vez, ¿entiendes? —oí a Mila decirle. Papi abrió una lata de Budweiser y no respondió.

4

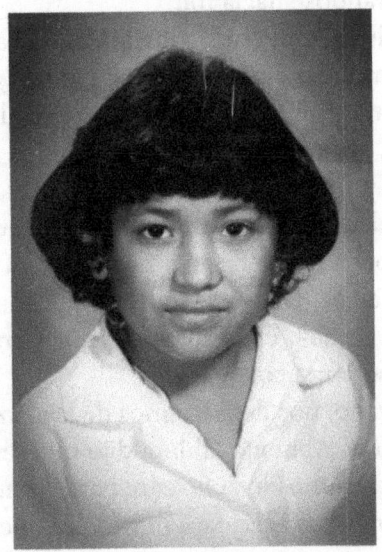

Reyna en quinto grado

Una noche, Mila hizo espagueti para la cena. Las pocas veces que la señora Giuliano lo había hecho en su casa, yo decía que no tenía hambre, para no tener que comer mientras esperaba que Mago me recogiera. Me encantaba la comida de la señora Giuliano, excepto el espagueti.

Ahora Mila estaba poniendo un plato de espagueti en frente de mí, y quise salir corriendo al baño a vomitar. Me agarré fuerte de mi silla y le quité la vista al plato tratando de pensar en algo más que Pablo y sus lombrices.

En México, la mayoría de los niños que había conocido tenían la misma forma del cuerpo —una barriga grande y redonda llena de lombrices, piernitas como palos y bracitos flacos. Carlos, Mago, Betty y yo no éramos la excepción. Pero había un niño llamado

Pablo, cuyo estómago se hinchó más allá de lo que podíamos imaginar. Parecía tan grande como una mujer embarazada. Abuelita Chinta dijo que Pablo tenía un caso grave de lombrices. Solía tener pesadillas de su vientre explotando y cientos de blancos gusanos ondulados arrastrándose hacia mí.

A veces, abuelita Chinta nos daba a Mago, Carlos, Betty y a mí guayabas verdes molidas en la licuadora. No nos gustaba beber esta mezcla y lo hacíamos de mala gana, porque en algún momento los dolores vendrían. Dolores horribles como si los intestinos se estuvieran torciendo y retorciendo como la ropa mojada antes de ser colgada en el tendedero. Corríamos al baño y vaciábamos nuestras entrañas. Tan pronto como llegábamos a la casa teníamos que correr de vuelta otra vez. Una vez, Carlos empezó a gritar, y cuando fuimos a ver qué pasaba, él estaba en cuclillas en el suelo con una lombriz saliéndole por la cola.

Tarde o temprano, nos deshacíamos de las lombrices que vivían en nuestros vientres. Abuelita Chinta dijo que sentía vernos sufrir, pero que apenas teníamos lo suficiente para comer, y las lombrices nos estaban quitando los preciosos nutrientes que ingeríamos.

Cuando le preguntamos por qué no podía darle esta bebida a Pablo, abuelita Chinta dijo que ninguna cantidad de la bebida de guayaba podía ayudar al pobre niño. Ella le dijo a la madre de Pablo que si no veía al médico pronto, tendría serios problemas de salud. Cuando Pablo no era más que un esqueleto con una gran barriga, su familia vendió las pocas posesiones que tenían y se lo llevaron a la Ciudad de México. La próxima vez que lo vimos, ¡su gran estómago había desaparecido! Tenía una cicatriz en el vientre, y nos dijo que tuvo que someterse a una operación para que le sacaran las lombrices. Era una cicatriz horrible, grande e hinchada, los puntos de sutura como las patas de un ciempiés al caminar. Después de eso, no nos resistimos a los remedios que abuelita Chinta nos daba. A pesar de que Pablo estaba mejor, las pesadillas tomaron un largo tiempo en desaparecer.

Mila fue a la sala a ver una telenovela, mientras que Mago, Carlos y yo nos quedamos en la cocina para comer el espagueti. Me esforcé por escuchar el tema musical que sonaba en la sala. *Mi vida eres tú y solamente tú…*

Me encantaba esa telenovela. Se llamaba *Cristal*, y era de Venezuela, por lo que los personajes hablaban con un acento extraño. La historia era sobre una chica que fue abandonada por su madre cuando era bebé, y se había criado en un orfanato. Ahora ya era una joven y estaba en camino de convertirse en súper modelo, y lo mejor de todo, ¡ella y un hombre rico y apuesto se habían enamorado! Era un cuento de Cenicienta, uno de mis cuentos favoritos, excepto que yo no podía ver la novela con Mila, porque no le gustaba que comiéramos en la sala.

Siempre, Mila y Papi comían primero y cuando terminaban nos llamaban a la cocina para que pudiéramos comer. Yo no sabía por qué el arreglo era de esa manera, pero me hacía sentir mal que no pudiéramos cenar juntos, como una familia. Pensé en eso, y en la chapa con llave que Papi puso en la puerta de su habitación, y me pregunté si él estaba tratando de decirnos algo.

—Vas a tener que comer, Nena —dijo Mago al sorber los espaguetis—. Papi se va a enojar si no lo haces.

—Está muy rico —dijo Carlos al subir el tenedor a la boca y luego chupó una tira de espagueti muy rápido, haciendo que la tira se retorciera como lombriz al entrar en su boca.

Volví a mirar los espaguetis y la salsa de tomate roja. Pensé en Pablo de nuevo y la cirugía que tuvo que tener para sacarle las lombrices. Pensé en la cicatriz como un ciempiés caminando y no me atreví a coger el tenedor y comer.

Papi salió de la habitación para agarrar otra cerveza, y al darse cuenta de que mi plato aún estaba lleno preguntó por qué no estaba comiendo.

—No tengo mucha hambre, Papi.

—Bueno, Mila hizo esta comida para ti y ahora vas a tener que comer. No voy a tener una hija malagradecida.

—No puedo comer, Papi.

Papi empezó a gritarme, y muy pronto sentí las lágrimas deslizándose por mis mejillas porque no sabía cómo hablarle de Pablo y sus lombrices. Mantuve mis ojos en el suelo mientras que Papi me llamó una ingrata, y ¿cómo podía estar tan dispuesta a tirar la comida por la que él había trabajado tan duro para comprar?

Mago dijo: —El espagueti le recuerda a las lombrices, Papi.

—Eso es ridículo —dijo—. Ahora bien, ¡come!

Me obligué a tomar el tenedor, pero yo sabía, mientras lo hacía dar vueltas entre los espaguetis, que no sería capaz de llevármelo a la boca, no importara qué. Puse el tenedor en la mesa y dije: —No puedo, Papi. Por favor, no me haga comerlo.

Papi cogió mi plato y pensé que iba a quitarlo de ahí, pero lo siguiente que hizo fue dejar caer los espaguetis en mi cabeza. Empecé a gritar mientras los espaguetis se deslizaban por mi cara y sobre mis ojos. Todo lo que vi dentro de mi mente fue que el vientre de Pablo había explotado, y las lombrices corrían a buscarme.

Mago y Carlos no se movieron. Se sentaron ahí mirándome con lástima. Me hubiera gustado que miraran hacia otro lado. Me hubiera gustado levantarme y correr todo el camino de regreso a Iguala, de vuelta a los brazos de mi abuela. Deseaba, por primera vez, estar de vuelta en México y volver a ser una pobrecita huerfanita. Yo quería ser como Cristal, bella y amada por un hombre guapo y rico que me llevara lejos de aquí.

Papi volvió a entrar a su habitación con su cerveza, y mientras Mago me ayudó a limpiarme en el baño, Mila me hizo huevos revueltos, aunque yo le dije que no tenía hambre. Pero ahora tendría que comer los huevos porque seguro que Papi me pegaría si no comía por segunda vez esa noche. Mientras me bañaba, lloré y pensé en mi dulce abuelita. Ella nunca me hubiera arrojado un plato de comida sobre mi cabeza. Y yo no hubiera tenido que decirle por qué no podía comer los espaguetis. Ella hubiera sabido por qué de inmediato. Pensé en "el hombre detrás del vidrio". Él tampoco me hubiera arrojado los espaguetis en la cabeza, porque él estuvo conmigo todos estos años, y me había escuchado hablarle de mis miedos y de mis sueños. Pero el padre en esta casa no me conocía. Él no me conocía en absoluto.

Y yo no lo conocía a él.

5

Papi en Navidad

DESPUÉS DE TENER un acceso limitado a la televisión durante toda la vida, Mago, Carlos y yo no podíamos dejar de verla ahora. A pesar de que no podíamos entender muy bien el inglés, nos encantaba ver a *He-Man, ThunderCats, Transformers, Beverly Hills Teens* y *Jem.* Por un ratito, también tuvimos un Atari. Uno de los inquilinos de Papi nos lo había regalado después de que le compró a su hijo un Nintendo, pero luego Mila nos lo quitó y se lo dio a sus propios hijos, sin siquiera decirnos. Yo echaba de menos jugar Frogger.

Un día, mientras que veíamos *ThunderCats*, Santa Claus apareció en la pantalla durante una de las pausas comerciales. La Navidad sería en tres semanas, y nos preocupaba porque no teníamos dinero para comprarle un regalo a Papi. Él lo único que nos daba era un dólar de vez en cuando. Tan pronto como lo recibíamos, corríamos hasta Barney's Liquors and Market en la calle Monte Vista y comprábamos dulces *Now and Laters*. A veces, cuando estaba de buen humor, Papi nos daba un dólar a cada uno, y juntábamos el dinero y comprábamos un sandwich de jamón y queso de Fidel's Pizza en la avenida 50.

Santa Claus dijo algo que yo no podía entender. Pero un número de teléfono apareció en la pantalla.

Mago corrió al teléfono rotatorio.

—¿Qué estás haciendo? —dijo Carlos.

—Voy a llamarle a Santa Claus.

—Pensé que Santa Claus no existía —dijo Carlos.

—¿Qué quieres decir que no existe? —pregunté—. ¿No lo ves ahí en la televisión?

Mago golpeó a Carlos en el brazo. —Estos son los Estados Unidos, pendejo. Aquí todo existe.

Mago marcó el número y llamó a Santa Claus. Ella frunció el ceño.

—¿Qué pasa? —preguntó Carlos.

—Está en inglés —dijo Mago.

—¿No habla español Santa Claus? —pregunté.

—Shh —dijo Mago. Ella escuchó atentamente, con las cejas fruncidas mientras se concentraba. Luego sonrió.

—¿Es realmente Santa Claus? —pregunté.

—Debe serlo —dijo Mago, cubriendo el receptor—. Él está hablando demasiado rápido. Lo único que entendí fue "Ho, ho, ho". Por lo tanto, debe ser él, ¿verdad?

Entonces ella me hizo señas para que nos calláramos y volvió a la línea y habló en un inglés muy mocho. —¿Aló? Santa Claus? *I want Barbie. I want bike. Please. Me good girl. Tank you.* Le dio el teléfono a Carlos.

—¿Aló? ¿Aló? —dijo Carlos, sonriendo con su sonrisa de dientes chuecos—. *A Nintendo. A Nintendo to me. Please.*

—¡Me toca a mí! ¡Me toca a mí! —dije, saltando con entusiasmo. *Espera, ¡pero no sé cómo decir patines en inglés!* Me volví a Mago y le pregunté. Carlos me dio el teléfono y lo agarré con fuerza en mis manos. —¡Vamos, que va a colgar!

Mago se quedó pensando. Por último, se encogió de hombros.

—No lo sé, Nena.

Frustrada, me puse el teléfono en la oreja. —¿Aló? ¿Santa Claus? Yo quiero patines, por favor. Mándeme unos patines para Navidad. Tank you. —Mago tomó el teléfono y colgó—. ¿Creen que él entendió lo que dije? —les pregunté.

—Él es Santa Claus. No veo por qué no —dijo Mago—. No te preocupes, Nena.

Dimos la vuelta a la TV, pero yo ya no estaba interesada en los *ThunderCats*. Pensé en mis patines. En Iguala, nadie que yo conocía tenía patines. No se puede patinar en caminos de tierra. Pero aquí, oh, ¡este era el lugar perfecto para tener patines! Pero ahora había arruinado mi oportunidad de tenerlos porque yo estaba segura de que Santa Claus no había entendido ni una palabra de lo que había dicho.

—No puedo creer que le pediste una Barbie —bromeó Carlos con Mago. Ella le dio un puñetazo en el brazo, pero no dijo nada. En su lugar, buganvillas florecieron en sus mejillas. Yo sabía por qué lo había hecho. Cuando mi papá me compró mi Barbie, Mago quería una también, pero mi papá dijo que ella estaba demasiado grande. Lo que mi padre no había entendido era que nunca habíamos tenido una Barbie. Entonces, ¿qué haces cuando toda tu vida has anhelado una cosa así?

—¿Qué vamos a hacer para conseguir el regalo para Papi? —preguntó Carlos. La Navidad era al día siguiente y todavía no teníamos nada para Papi. Eché un vistazo al árbol de navidad que Mila compró en Pic 'n' Save. No era de verdad, pero era el árbol más hermoso que jamás habíamos tenido. Pensé en la rama que tío Crece pintó en México. A pesar de que hicimos un buen trabajo para decorarlo, no se podía comparar con esta belleza verde de seis pies de altura, brillando con luces de colores y adornada con guirnaldas de plata.

Mila nos envió a la licorería a comprar una botella de aceite Mazola, ya que se le había terminado. Cuando nos acercábamos a la tienda, Mago se detuvo y dijo: —Vamos a hacer algo que nunca hemos hecho antes, pero a estas alturas, no tenemos otra opción.

—¿Qué? —Carlos y yo le preguntamos. Entonces Mago nos compartió su plan, que incluía el robo. En México, habíamos robado la fruta de la propiedades en la colonia, pero nunca habíamos robado algo de una tienda. La tienda de licores tenía espejos en las paredes, y los dueños, unos coreanos, nunca le quitaban la vista a los clientes. Yo había estado allí las suficientes veces para saber eso.

—¿Qué pasa si nos descubren? —le pregunté, ya estaba pensando en la paliza que nos iba a dar Papi. Para entonces, mi papá ya nos había dejado claro su forma favorita de disciplinar.

—No lo harán —dijo Mago al detenernos frente a la tienda. Nos separamos. Mago dijo que iba a distraer a los dueños, mientras que Carlos y yo agarrábamos lo que pensáramos que sería bueno para un regalo. La cosa es que me hubiera gustado que decidiéramos de antemano exactamente lo que un *buen* regalo era. La tienda de licores no tenía mucho. Mientras caminaba alrededor, mi estómago se revolvió por temor a ser descubierta. La Coreana se quedó mirándonos. Nuestra imagen se reflejaba en los espejos de arriba. Por suerte, su marido no estaba allí, y ella no podía mantener los ojos en los tres, ¿o sí? ¿Podría ella notar que estábamos tramando algo?

Nada parecía lo suficientemente bueno para Papi. Había alimentos enlatados, artículos de ropa, pañales, toallas sanitarias, papel higiénico, botellas de refrescos, papas fritas. *¿Qué agarro? ¿Qué agarro?* Miré a Carlos. Estaba por el frente mirando las botellas de tequila detrás del mostrador. *¿Qué piensa que está haciendo?* pensé. *Esas botellas están totalmente inaccesibles, e incluso si pudiera robarse una botella, ¿para qué querríamos que Papi se pusiera más borracho de lo que ya se pone?*

Mago tomó la botella de aceite Mazola y la llevó a la caja. Allí, tumbó el estante de periódicos y la señora Coreana le gritó a Mago y se apresuró a recoger los periódicos. No perdí tiempo. Agarré un artículo y me apresuré a salir de la tienda. Carlos salió después y Mago salió de última. Corrimos por la avenida 50 tan rápido como pudimos, nuestros corazones latían más rápido que cuando nos metimos a la huerta de mangos del Cuervo. Si fuéramos descubiertos, no nos dispararían. Seríamos deportados por Papi.

—Entonces, ¿qué agarraron? —preguntó Mago ya que nos acercábamos a la casa.

Carlos tomó una lata de spray para el cabello Aquanet debajo de su camisa.

—No había mucho para escoger —le dijo a Mago cuando ella se echó a reír.

—¿Y tú? —me preguntó.

Le mostré lo que agarré, una botella de brillantina Tres Flores.

—¿Cuándo has visto a Papi usar brillantina en el pelo? —preguntó ella.

—Nunca —le dije—. Pero tío Crece la usa. Y también el marido de la tía Güera. —Mago se quejó—. ¡Era la única cosa para hombre que podía ver! —le dije, defendiéndome.

—No puedo creerlo —dijo Mago al doblar la esquina—. ¿Pasamos por todo ese problema para esos regalos miserables?

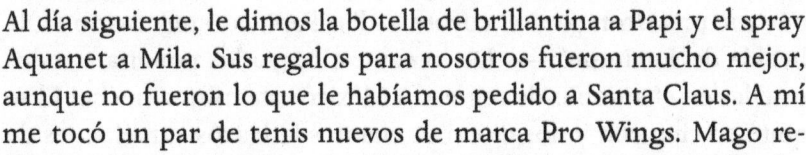

Al día siguiente, le dimos la botella de brillantina a Papi y el spray Aquanet a Mila. Sus regalos para nosotros fueron mucho mejor, aunque no fueron lo que le habíamos pedido a Santa Claus. A mí me tocó un par de tenis nuevos de marca Pro Wings. Mago recibió un bonito vestido color durazno y Carlos un camión Tonka amarillo.

Santa Claus nunca llegó. Me despertaba por la noche y miraba la chimenea cerca de nuestro sofá-cama. Me preguntaba si se le había hecho tarde. Me decía que tenía muchas entregas que hacer, y por eso se estaba tardando tanto. Pero ¿y si él sabía que habíamos robado cosas de la tienda? ¿Y si había decidido que no éramos buenos chicos y no merecíamos sus regalos?

Dos semanas más tarde, todavía no había señal de Santa Claus. Papi nos llamó a la cocina donde él y Mila estaban viendo su correo.

—¿Qué es ésto? —preguntó Papi, con un papel en la mano—. ¿A quién diablos llamaron? ¿Por qué está tan alta la cuenta del teléfono?

Mago, Carlos y yo nos miramos el uno al otro. Nunca usábamos el teléfono. No conocíamos a nadie aquí, así que ¿a quién íbamos a llamar?

—No hemos llamado a nadie —dijo Mago.

—¿Estás segura? —dijo Mila.

—Bueno, hace unas semanas le hicimos una llamada a Santa Claus —confesó Mago.

—¿Hicieron qué? —dijo Mila, tomando la factura de la mano de Papi para ver el número.

—Estaba en la televisión, y dijo que lo llamáramos —dijo Carlos.

—Y le pedimos unos regalos, pero él no los trajo —le dije.

—¡No lo puedo creer, chamacos! —gritó Papi, poniéndose de pie. Tomamos un paso atrás.

—Nosotros no sabíamos que iban a cobrar por la llamada —dijo Mago—. Lo sentimos, Papi.

—Y él no los trajo —le dije otra vez.

—Todavía no he terminado de pagarle a mis amigos el dinero que me prestaron para el coyote —dijo Papi, con una mano en la hebilla de su cinturón—. De lo contrario, ¡yo los pondría a todos ustedes en el autobús de regreso a México esta misma noche! El se quitó su cinturón y nos dio unos cuantos latigazos con él antes de agarrar las llaves y salir de la casa a toda prisa.

—No vuelvan a hacer eso otra vez —dijo Mila. Escribió un cheque y lo puso dentro del sobre de retorno—. Esos son sólo actores que tratan de hacer dinero.

—Lo sentimos, Mila —le dijimos, secándonos los ojos llorosos y masajeándonos los latigazos en los brazos. A medida que nos dirigimos de nuevo a la sala, me pregunté qué había querido decir Mila. *¿Por qué había querido Santa Claus hacer dinero con nosotros, cuando tenía tanto dinero que regalaba juguetes a cientos y miles de niños?* me pregunté.

Papi volvió media hora más tarde y se dirigió directamente al teléfono. Trabajó en él durante unos minutos, y no sabíamos lo que estaba haciendo hasta que terminó y dijo: —Ya está. Ahora no podrán llamar nunca más. Caminamos hasta el teléfono y vimos el candado que colocó en la rueda pequeña, así que ahora no se podía girar la rueda para marcar a menos que le metiéramos una llavecita.

—¿Qué pasa si hay una emergencia? —preguntó Mago—. ¿Cómo vamos a llamar?

Pero Papi no se conmovió.

6

Reyna y Mago

En Aldama, las niñas de quinto y sexto fueron llevadas al auditorio para ver un video acerca de la pubertad. Las chicas a mi alrededor se reían mientras veían el video, pero yo no lo hice. Yo no podía entender bien las palabras, pero pude entender el significado de las imágenes en la pantalla muy bien. Además, ya sabía acerca de la menstruación porque Mago me había dicho todo al respecto en México.

Mago aún no se había convertido en una señorita. Mila dijo que era porque estuvimos desnutridos en México, lo que impidió que el cuerpo de Mago tener el desarrollo normal. Ahora que habíamos estado en los Estados Unidos durante ocho meses, y teníamos mejores alimentos para comer, Mago rezaba que su menstruación viniera pronto. Tenía la esperanza de que la mía llegaría pronto también. A pesar de que tenía diez años y medio, no podía esperar para convertirme en señorita.

Después de la asamblea, me dieron un folleto con una foto de una niña en la portada. También me dieron una toalla sanitaria envuelta en celofán. ¡Mi primera toalla sanitaria! Se la mostré a Mago tan pronto como ella regresó de la escuela.

—¡Mira, mira! —dije—. ¡Voy a ser una señorita muy pronto! —Guardé mi toalla sanitaria en mi cajón de la cómoda donde guardaba mi ropa interior.

Cada día después de que Mago me recogía donde la señora Giuliano, me iba corriendo a casa y tomaba mi toalla sanitaria para mirarla. También había tratado de leer el librito que me dieron. Había muchas palabras que no entendía todavía, y yo tenía que seguir buscándolas en el diccionario. Mi pasaje favorito era el *"rite of passage"*. Parecía importante.

Lo que me confundía era esta frase: *Changes take place in a girl pretty fast.* Por más que trataba, no podía entender por qué la palabra "pretty," o sea bonita, estaba allí, *después* de la palabra niña. El maestro López me había enseñado que en inglés un adjetivo va antes del sustantivo, por lo que debería haber dicho "pretty girl". Pero si eso era cierto, me preguntaba si sólo las chicas bonitas tenían su menstruación y no las feas. Me paré frente al espejo y me miré, preguntándome en qué categoría estaba. Yo no era bonita como Mago. Incluso Betty, tan chiquita, era más bonita que yo. Cindy era la más bonita que cualquiera de nosotras.

—¿Estoy fea? —le pregunté a Mago.

—¡Por supuesto que no! —dijo, pero ella es mi hermana, así que sabía que tenía que decir eso.

La semana siguiente, Carlos me vino a buscar donde la señora Giuliano en lugar de Mago. Dijo que Mago no se sentía bien, y ella había terminado por no ir a la escuela. Ella había bajado del autobús en frente de Burbank, se dio la vuelta y regresó a casa. Cuando lle-

gamos a casa, hice lo que siempre había hecho, abrí mi cajón para
ver mi toalla sanitaria, pero ya no estaba. Saqué el cajón y miré por
atrás de la cómoda preguntándome si se había caído, pero no estaba
allí. Mago salió del baño muy pálida.

—¿Qué pasa? —le pregunté.

Ella fue a acostarse en el sofá, agarrándose el estómago.

—Tengo fiebre y cólicos muy fuertes —dijo.

Me sentí mal por ella, pero quería saber dónde estaba mi toalla
sanitaria. Le pregunté si la había visto. —Lo siento, Nena— dijo—.
Yo la tomé.

—¿Por qué? —le grité—. Esa era mi toalla sanitaria. ¡Era mía!

—Es que me llegó la menstruación esta mañana, Nena. No encontré toallas aquí, así que no sabía qué más hacer y agarré la tuya.

—¡Te odio! —grité, y luego salí corriendo al patio a llorar.

Cuando Papi llegó a casa, él ya sabía que Mago había faltado a la escuela porque recibió una llamada de la Burbank en el trabajo. Nunca
había visto a mi padre tan furioso. Llegó gruñendo a la casa, y sin
pedir una explicación, se quitó el cinturón y le dio a mi hermana el
mayor azote que ninguno de nosotros había recibido hasta el momento, allí mismo en el sofá donde había estado retorciéndose de
dolor durante todo el día.

—Papi, ¡deténgase! —dijo Carlos, pero mi padre no le hizo caso
y el cinturón siguió silbando por el aire. Lo peor era que Mago no
quiso decirle lo que le pasaba. Ella sólo dijo: —Yo no me siento bien,
Papi. En esos últimos meses nos habíamos enterado que de acuerdo
a Papi, el estar enfermo no era excusa para faltar a la escuela. *Sin embargo, ¡este no es un resfriado común!* pensé. Mago subió los brazos para
cubrirse su cara. De repente, no pude soportarlo más. Me olvidé
que tenía que estar enojada con mi hermana, y me lancé sobre él y
lo empujé.

—¡No le pegue! —grité—. Ella está menstruando. Se ha convertido en una señorita. Basta ya. ¡Basta!

Entonces Papi estabilizó su cinturón y lo dejó caer. Nos miró,
y por un momento fue como si acabara de despertar, como si esa

persona que acababa de golpear a mi hermana no era la que estaba en la habitación con nosotros. Él parpadeó una vez, dos veces, luego se fue a su habitación y no salió.

Mila llegó media hora más tarde. Había ido a casa de su madre después del trabajo para visitar a sus hijos. Cuando le dijimos lo que Papi había hecho, dijo: —Su padre no lo hizo con mala intención. Él no sabe lo que hace, es la forma en que fue criado. —Ella fue a la tienda a comprar un paquete de toallas sanitarias para Mago.

Apreté la mano de mi hermana y miré los latigazos en sus brazos. —¿Por qué no le dijiste? —le pregunté a Mago mientras me senté junto a ella en el sofá.

—Me dio vergüenza, Nena. Uno simplemente no le anda diciendo a los hombres que está menstruando. ¡Sobre todo a un padre que no has visto en ocho años!

—Pero, pero, no te hubiera pegado.

Mago miró por la ventana. —No importa —dijo.

—Por supuesto que importa —dijo Carlos—. Y yo no puedo creer que te pegó a ti. Quiero decir, tú eres su favorita.

Al oír eso, Mago comenzó a llorar. Le pegué en el brazo a Carlos, a pesar de que yo estaba pensando lo mismo que él. Mago era la "Negra" de Papi, después de todo.

Cuando Mila volvió con las toallas sanitarias, Mago tomó una de la bolsa y me la dio.

—Ten, Nena. Sé que no es tu toalla especial, lo siento.

—Está bien. Era sólo una toalla —le dije—. Ésta va a ser muy especial para mí. La puse en mi cajón y la guardé para el día en que me convirtiera en una mujercita. Eché un vistazo a la puerta del dormitorio de mi padre y quise tener la esperanza de que mi rito de paso no fuera tan doloroso como el de mi hermana.

7

Reyna y Papi

La maestra Anderson anunció que la enfermera de la escuela iba a venir en breve para revisar que los estudiantes no tuvieran problemas de higiene. Me sorprendió eso. Todos a mi alrededor se veían limpios y saludables. Todos los estudiantes tenían buena ropa, los zapatos eran prácticamente nuevos. Nadie estaba descalzo. Nadie parecía como si no se hubiera bañado en varios días. *¿Por qué tenemos que ser inspeccionados?* me pregunté.

Cuando la enfermera llegó, se nos pidió que formáramos una sola fila. Cuando llegó mi turno, me dijo que mantuviera la cabeza baja, mientras que la enfermera me separó el pelo con un palito de madera. Cuando terminó la inspección, ella escribió algo en un papel y me dijo que no podía regresar a la escuela hasta que ya no tuviera piojos.

—¿Piojos? ¿Qué piojos? No, está equivocada. ¡No puedo tener piojos! —le dije, negando con la cabeza.

Cuando mis ojos empezaron a lagrimear, yo quería decirle a la enfermera que había estado en los Estados Unidos el tiempo suficiente para saber que mis problemas de higiene eran una cosa del pasado. En México, yo le quería decir, mi cabeza había sido un lugar de crianza para los piojos. Mi estómago había sido el hogar de las lombrices. Tres veces por semana, abuelita Chinta nos mandaba al canal para bañarnos en sus aguas turbias, y a menudo andaba descalza. Pero aquí, en *el otro lado*, tenía tenis. Me bañaba casi todos los días, y el agua que rociaba de la regadera estaba tan limpia que podía levantar la cabeza y sacar la lengua y atrapar las gotas de agua con sabor a lluvia. Ya no tenía que lavar la ropa en el agua sucia del canal, ni rasparme los nudillos de la mano lavando nuestros vestidos en los lavaderos de piedra, tampoco teníamos que echar la ropa mojada encima de las rocas hasta que quedaran duras y rígidas por el sol, que las dejaba oliendo y sintiéndose como cartón.

No, aquí en los Estados Unidos íbamos a la lavandería cercana, donde no teníamos que hacer otra cosa más que meter la ropa en la lavadora y luego sentarnos en una banca y escuchar el zumbido de la lavadora al vibrar mientras que hacía el trabajo por nosotros. Luego, la ropa se metía en la secadora, donde después me paraba y la miraba dar vueltas y vueltas en círculos de colores. Cuando sonaba la secadora, abría la puerta, y la ropa se caía en mis brazos, tan suave y cálida, con el olor de las flores, el cielo y el sol. Qué increíble, yo quería decirle a la enfermera, que así es como la ropa olía, ¡a pesar de que no había sido tocada por un solo rayo de sol!

Yo nunca había estado tan limpia en mi vida, y sin embargo allí estaba, oyéndola decirme que tenía piojos.

¿Cómo puede haber piojos en los Estados Unidos? le quería preguntar. *¿Habían cruzado la frontera ilegalmente, como yo?*

Caminé a casa con la nota de la enfermera, sin saber qué hacer. *¿Qué va a hacer Papi cuando se entere de que no puedo regresar a clases hasta que*

se encargue del problema de los piojos? ¿Y si finalmente decide mandarme
de vuelta a México —sin importarle que aún no haya terminado de pagar
su deuda— al saber que sigo siendo la niña sucia que una vez dejó atrás?

Pasé la tarde llorando. Me imaginé a Papi poniéndome en un
autobús de regreso a México, diciéndole adiós a Mago y a Carlos
desde la ventana. ¿Y cómo podría tener la esperanza de hacer sentir
a Papi orgulloso de mí cuando llegaba a casa con noticias como ésta?

Cuando mi papá llegó a casa, me obligué a caminar hacia él y
darle la nota. Me quedé mirando su mano en la que tenía la nota.
Una de sus uñas tenía una mancha de sangre seca, y me pregunté si
se había golpeado con un martillo. Quería tocar su mano, preguntarle si le dolía. En lugar de ello, envolví mis brazos alrededor de mí
misma, preparándome para la paliza que estaba segura que vendría,
pero estaba dispuesta a recibir todas las palizas que me quisiera dar,
siempre y cuando no me mandara lejos. —Lo siento, Papi. No sé
como me empiojé.

—De seguro de otros niños en la escuela —dijo, colgando las
llaves—. No es tu culpa, Chata.

—¿Quiere decir que no me va a pegar?

—Ten cuidado con quién te juntas, Chata. Tal vez uno de ellos
te pegó los piojos. Para mi sorpresa, mi papá no estaba enojado
conmigo. En su lugar, él pasó el resto de la tarde peinándome el
pelo y buscando los piojos, sacándome las liendres blancas con
mucho cuidado para no sacar las hebras de cabello. Mi padre, él
que infligía el dolor con su cinturón o sus palabras, él que había
mostrado poca ternura hacia nosotros, él que tenía las manos
endurecidas y callosas por tantos años de duro trabajo manual,
fue muy tierno al despiojarme el pelo. Por primera vez desde que
había estado en este país, Papi dedicó un total de dos horas para
mí. Sólo para mí.

—Es probable que no recuerdes esto —dijo Papi, mientras separaba mi pelo con los dedos—. Pero cuando eras pequeña, antes de
que me viniera aquí, te gustaba que yo te bañara. Tú no dejabas que
nadie te bañara, excepto yo. Cuando volvía a casa para el almuerzo,
te encontraba junto a la puerta, y tan pronto como me veías, salías
corriendo hacia mí diciendo: "Agua. Agua". Después, te llevaba

al patio y te sentaba en el lavadero junto al tanque de agua para bañarte. A veces ni siquiera tenía tiempo para almorzar. Pero tú te tenías que salir con la tuya.

Cerré los ojos y escuché su cuento, acerca de un evento en mi vida del cual no me acordaba, pero que siempre apreciaría a partir de ese momento.

8

Carlos, Mago y Reyna

Antes de convertirse en señorita, Mago había ido cambiando en muchos aspectos. A lo largo de los últimos meses, yo había visto la forma en que miraba a los chicos cada vez que acompañábamos a Mila a sus mandados al mercado, la lavandería o a otros lugares. Sin embargo, Papi fue muy claro al respecto. Los novios no eran permitidos. El mes anterior, Mago le había pedido que le comprara un juego de maquillaje, pero mi padre fue muy claro en eso también: sólo podía pintarse los labios. Él pensaba que ella era demasiado vieja para Barbies, pero demasiado joven para el maquillaje. Mago decía que su manera de pensar anticuada era muy frustrante. —Estos son los Estados Unidos —decía—. No México.

Ese día era el Día de San Valentín. Volví a la escuela libre de piojos y justo a tiempo para el intercambio de tarjetas con mis compañeros de clase. Regresé con un montón de dulces. Mago y Carlos casi no obtuvieron nada, porque los estudiantes de secundaria no intercambian tarjetas de San Valentín como lo hacen en la escuela primaria. Mago dijo: —Estamos por encima de esas tonterías —mientras que se echaba uno de mis corazones de chocolate en la boca. Le dije qué lástima, y le quité mis golosinas. Luego me fui a jugar con mis muñecas.

No era muy divertido jugar sola. Le rogué a Mago que viniera a jugar conmigo. Ella no estaba tan interesada en mi Barbie como lo había estado tan sólo dos meses antes, lo que me puso triste porque esa era la única cosa que Mago me había envidiado. Usualmente era yo la que le envidiaba todo. Después de que la molesté sin cesar, ella finalmente dejó su cuaderno y se acercó a mí.

—Está bien, voy a jugar contigo —dijo. Cogió a Barbie y a Ken y les quitó la ropa. Aunque yo no sabía mucho sobre el sexo, allá en México había visto suficientes perros, y en ocasiones burros o cerdos, haciendo lo que Mago estaba haciendo con Barbie y Ken.

—¿Qué clase de juego es ese? —dije, quitándole mis muñecos—. Eres una marrana.

Volvió a su cuaderno donde ella estaba escribiendo una carta para Mami, Betty y abuelita Chinta.

Mago le había estado escribiendo cartas a Mami una vez al mes, y se las enviaba a la choza de abuelita Chinta. En la carta, ella siempre incluía fotografías que nos tomábamos con la cámara Polaroid de Papi. Había fotos de nosotros usando nuestra nueva ropa de Sears, de Carlos montando la bicicleta que Papi le compró a un amigo, de nosotros, jugando al béisbol en el patio. Había fotos nuestras posando en el Mustang rojo de Papi, celebrando días feriados como Halloween y la Navidad. Siempre en las fotos, estábamos sonriendo, como si la vida fuera más de lo que podríamos haber esperado en este lugar perfecto.

A través de las fotos, queríamos que Mami viera que estábamos muy bien y no se preocupara. Nunca le decíamos sobre el lado oscuro de Papi. En parte, para que ella no se preocupara por nosotros, y también porque no queríamos admitir que ahora entendíamos su miedo cuando él había ido tras ella con una pistola. Había algo en Papi que nos podía asustar, con pistola o sin ella. En el área en blanco de las fotos, Mago siempre escribía: *Para nuestra querida madre, a quien amamos y adoramos a pesar de todo. Sus hijos, Mago, Carlos y Reyna.*

Mami nunca nos había escrito. Pero de vez en cuando recibíamos una carta de la tía Emperatriz. Así fue como nos enteramos que nuestra prima Élida se había fugado con un hombre de la colonia. Mago en realidad se puso bastante celosa de que Élida había encontrado alguien a quien amar y que la amaba también. Sin embargo, medio año después, la carta de tía Emperatriz dijo que el fulano había llevado a Élida de vuelta a la casa de la abuela Evila diciendo que Élida no podía tener hijos y por lo tanto era inútil como mujer y como esposa. Fue la comidilla de la colonia, dijo la tía Emperatriz. En su carta más reciente, nos habíamos enterado de que tía María Félix había cumplido su promesa y había traído finalmente a Élida a los Estados Unidos para que los vecinos de la abuela Evila dejaran de hablar de su hija.

En aquel entonces no había sabido en qué parte de Los Ángeles vivía tía María Félix, e incluso si hubiéramos sabido, probablemente no la hubiéramos visitado. Simplemente no teníamos ese tipo de relación con nuestra prima. Mi padre no era muy cercano a su hermana tampoco. Nunca habló de visitar a la tía María Félix, y durante años no supimos nada de ella. No fue sino hasta que él estuvo en la cuarta etapa de su cáncer que él y tía María Félix finalmente se reunieron. Mi tía lo visitaba a diario, y se pasaban las horas recordando los tiempos pasados y lamentando sus relaciones rotas con sus hijos. Porque mientras mis hermanos y yo habíamos estado luchando para superar la brecha que se creó entre nosotros y nuestro padre, cuando él nos dejó atrás, Élida había estado haciendo lo mismo con su madre. Y al igual que nosotros, ellas tampoco habían podido reparar su relación.

La inmigración nos afectó a todos nosotros.

Mago terminó su carta y se la entregó a Mila para que ella pudiera enviarla la próxima vez que fuera a la oficina de correo. Por la noche, cuando estábamos en el sofá-cama, Mago dijo que quería jugar un juego.

—¿Qué clase de juego? —pregunté.

—Mamá y Papá —dijo.

—¿Cómo se juega eso?

—Así, deja y te enseño. Mago se inclinó hacia mí y comenzó a tocarme de una manera extraña. Sus dedos se deslizaron por mi cuerpo. En la oscuridad, sentí sus labios en mi cuello. Entonces sentí algo húmedo en el lóbulo de mi oreja.

—¿Qué estás haciendo? ¡Es asqueroso! —dije, empujándola lejos de mí. Me volví de espaldas, limpiándome la saliva de mi oreja—. ¿Qué te pasa?

—Olvídalo —dijo. Se dio la vuelta también, y me dio la espalda. Luego, en la oscuridad, la oí decir— Ya voy para los quince años y nadie me ha besado nunca.

—Eso no importa.

—Tú ni tienes los once. ¿Qué sabes tú? Quiero gustarle a alguien. Quiero un novio.

—No puedes. Papi no te dejará.

—¿Y si nadie me quiere? ¿Qué pasa si mis cicatrices les dan asco?

—Ni siquiera se pueden ver.

—Eso es lo que tú piensas.

—Espero que Papi te haga una quinceañera —dije mientras envolví mis brazos alrededor de ella—. Te verías como una princesa con tu vestido de color rosa.

Mago no dijo nada durante un tiempo. Pensé que se había quedado dormida, pero luego dijo: —Hay un chico.

Me volví hacia ella de nuevo. —¿No me digas que tienes novio? —le pregunté, un poco demasiado fuerte. Mago me golpeó con el codo para que me callara. Carlos no se despertó, a pesar de que estaba durmiendo en el suelo cerca de nuestra cama. Deseaba que Papi no me haya escuchado tampoco.

—No. Él ni siquiera sabe que existo —dijo. Ella empezó a hablarme acerca de un chico llamado Pepe que la tenía flechada. Pero ni siquiera se fijaba en ella, sobre todo porque ella era una estudiante de ESL, Inglés Como Segundo Idioma, mientras que él era un pocho. A pesar de que sus padres eran mexicanos, había nacido en este país y no hablaba ni una palabra de español. Pasaba mucho tiempo con los chicos populares, a diferencia de Mago, quién por ser una estudiante de ESL, no lo podía hacer.

—¿Has intentado hablar con él? —pregunté.

—¿Eres tonta? Él no habla español, ¿no me oyes?

—Habla con él en inglés entonces.

—Mi inglés no es lo suficientemente bueno. Nunca será lo suficientemente bueno —dijo.

En la mañana del sábado, Papi nos despertó a las ocho, como siempre lo hacía, a pesar de que era el fin de semana y le rogamos que nos dejara dormir más tiempo. Puso Los Tigres del Norte en el estéreo y le subió el volumen. No importó cuántas almohadas nos pusimos en nuestros oídos, no pudimos disminuir el ruido de la música.

—¡Ya levántense, huevones! —llamó Papi a través de la música. Carlos se levantó y estuvo listo para ir a ayudar a Papi con los deberes antes de que yo pudiera frotar el sueño de mis ojos.

Mientras estábamos limpiando el baño, Mago dejó de fregar el inodoro y me dijo: —¡Yo sé lo que tengo que hacer! — salió y fue al patio, donde Papi y Carlos estaban cortando el césped—. Papi, ¿nos puede llevar a la iglesia mañana?

Papi la miró como si estuviera loca. Cuando llegamos por primera vez a los Estados Unidos extrañábamos tanto a abuelita Chinta que le pedimos a nuestro papá que nos llevara a la iglesia porque eso era lo que habíamos hecho con ella. Papi dijo que no creía en la religión. —Éste es mi Dios —dijo mientras levantó su Budweiser, y luego tomó un trago. No le habíamos vuelto a pedir eso.

Papi miró a Mago y se limpió el sudor de la frente. —Si ustedes niños quieren ir a la iglesia, pueden ir, pero yo no los voy a llevar. Entonces él encendió la cortadora de césped y continuó su trabajo.

Al día siguiente, Mago y yo nos dispusimos a ir a la iglesia. Ella no dijo por qué iba, pero yo tenía una idea bastante buena. Abuelita Chinta nos enseñó a rezar, sobre todo cuando se desea algo con fuerza. No había ni un solo santo, estatua de la Virgen de Guadalupe o imagen de Jesucristo en toda la casa de Papi para rezarle. Así que supe que esa era la razón por la cual Mago ahora quería ir a la iglesia. Yo quería ir a la iglesia para recordar a mi abuela y pedirle a Dios que me diera la oportunidad de hacer orgulloso a mi padre.

La iglesia católica más cercana era San Ignacio, que estaba en la calle Monte Vista, hasta la Avenida 61. Papi no se molestó en llevarnos porque quería disfrutar de su domingo tomando y viendo el juego de baloncesto, y Mila se había ido a visitar a sus hijos. Papi nunca iba con ella. La familia de Mila odiaba a mi padre y nunca lo recibirían en su casa. Carlos quería quedarse con Papi. Como lo habíamos hecho en México, Mago y yo fuimos a la iglesia caminando. Nos tomó casi cuarenta minutos para llegar allí, y nos quedamos sin aliento, pero encontramos lo que estábamos buscando.

Tan pronto como abrimos la puerta, me embriagué con el olor del incienso, cera derretida y flores. De repente, estaba de vuelta en Iguala. Estaba de vuelta con mi dulce abuelita.

Tomamos asiento en el último banco y escuchamos la misa rodeadas de los santos y de Cristo, preguntándonos si abuelita Chinta estaba en la iglesia de Iguala en ese mismo instante, mirando el rostro de Jesús, como nosotras estábamos haciendo ahora.

Oh, por favor, dile que la extraño, le dije a Jesús. *Dile lo mucho que la amamos.*

Al día siguiente me preguntaba si a Mago se le había cumplido su oración. Cuando finalmente me recogió en casa de la señora Giuliano, le exigí que me dijera.

Mago dijo: —Cuando Carlos y yo estábamos caminando hacia la parada de autobús hoy después de la escuela, me di cuenta de que Pepe y su amigos estaban caminando justo en frente de nosotros.

Pepe se dio la vuelta y me vio. Disminuyó el paso hasta que lo había alcanzado, y me preguntó cómo me llamaba.

—¿Y? ¿Y? —dije, agarrándole el brazo. Cerré los ojos y escuché su relato, que era mejor que las telenovelas que Mila miraba.

—Lo único que atiné a decir fue "Maggie" —dijo. ¿Maggie? Me tomó un segundo para recordar que ella se había cambiado el nombre en la escuela porque ya para ese entonces no le gustaba ser llamada Mago por gente extraña. También afirmó que sus profesores tenían problemas para decir su verdadero nombre, Magloria, y su profesor de historia comenzó a llamarla Maggie. Así que ahora era conocida como Maggie por todas partes, excepto en casa. Pero había algo más que eso. Fue el comienzo de su asimilación. Mago continuó su relato: —Después que le dije mi nombre, Pepe empezó a hacerme más preguntas, y muy pronto descubrió que yo no hablo bien inglés. Él alcanzó a sus amigos y no me miró otra vez.

—Lo siento, Mago —le dije.

—Yo podía *entender* sus preguntas —me dijo Mago—. Pero no podía contestarle. Y estaba tan nerviosa —estaba a punto de llorar.

—No te preocupes, Mago. Estoy segura de que él te va a hablar de nuevo, ya lo verás. Vas a tener otra oportunidad para hacer una buena impresión.

Unos días más tarde, Mago me dijo que cuando ella y Carlos se dirigían a casa a lo largo de las vías del tren que corren paralelas a la calle Figueroa, se encontraron con Pepe y sus amigos. Para sorpresa de Mago, los muchachos empezaron a tirarles grava a ellos desde el otro lado de las vías, gritando —¡Mojados! ¡Mojados!

Mago me dijo que su corazón se rompió al ver a Pepe riéndose y señalándola a ella y a Carlos. Estaba tan enojada, me dijo, que le había gritado una de las pocas malas palabras que conocía en inglés: ¡Maderfockers!

—Ay, Nena. No sabes lo mucho que deseaba hoy saber cada mala palabra en inglés —dijo Mago entre lágrimas—. Y no hubiera servido de nada maldecirlos en español. Ellos no hubieran entendido las palabras de todos modos. Y peor aún, se habrían reído aún más fuerte.

∽

Mago no era la única que estaba enamorada de alguien en Burbank Junior High School. Ni siquiera pasó una semana después del episodio final de la historia de amor de Mago, cuando ella y Carlos llegaron a casa y me enteré de una chica llamada María por la cual Carlos estaba babeando en el autobús. Ahora Carlos estaba muy molesto, y tanto él como Mago seguían discutiendo sobre ello.

—No tenías por qué ser tan mala con ella —le dijo Carlos a Mago.

—¿Qué pasó? —pregunté.

Carlos dijo: —Hay una chica llamada María que me gusta mucho. Su apellido es González, por lo que me toca sentarme detrás de ella en las tres clases que compartimos.

—Pero ella ni siquiera sabe que existes —dijo Mago. Carlos desvió la mirada y sus mejillas se pusieron rojas. Sabía que Carlos no tenía mucha suerte con las chicas debido a sus dientes, lo cual era muy triste porque mi hermano no era feo. Sin embargo, su labio superior era demasiado

Carlos en séptimo grado

grueso y una vez que abría la boca, se podían ver los dos dientes delanteros grandes y el diente muy, muy pequeñito en el medio, y bueno, entonces eso era *todo* lo que uno miraba.

—Lo hubieras visto hoy en el autobús —dijo Mago, mientras se dejó caer sobre el sofá—. Ahí estaba, mirando a María desde el otro lado del pasillo, babeando como una vaca. Fue vergonzoso. Y, por último, esta chica se le acerca, bastante encabronada, y dice: "¿Qué tanto me miras?".

—¡Y no tenías por qué ser tan grosera! —dijo Carlos de nuevo.

—¿Qué le dijiste? —le pregunté a Mago, mientras me senté junto a ella.

—Bueno, ¿qué más? Le dije: "Tú deberías estar agradecida que mi hermano te está mirando, pendeja. Ya que estás tan fea".

—¡Y ella no es fea! —dijo Carlos.

—Yo estaba tratando de defenderte, pendejo —dijo Mago. Todos nos levantamos del sofá cuando sonó el timbre.

Carlos fue y abrió la puerta. Luego se volvió para mirar a Mago, sus ojos se abrieron por la sorpresa.

—Dile a tu hermana que salga —oí decir a una chica en español a través de la puerta de tela metálica.

—Es *ella* —dijo Carlos—. ¿Cómo supo dónde vivimos?

—¿Y yo qué sé? —dijo Mago. Se dirigió a la puerta y la abrió—. ¿Qué quieres, chamaca? ¿Quieres que mi hermano te siga mirando un poco más?

—Vine a darte una lección —dijo la chica.

—Está bien, dame un minuto. Mago se dirigió a nuestro armario y sacó un par de pantalones de chándal y una sudadera. Entró en el baño y se cambió de sus pantalones de mezclilla y blusa.

—Mago, no salgas afuera —dijo Carlos—. Yo no necesito que me defiendas, no soy un niño.

—Esto ya no se trata de ti —dijo Mago, mientras se agachó para atar sus tenis.

Me acerqué a la puerta, y allí vi a la chica que tenía a mi hermano babeando como una vaca. Detrás de ella había otras tres chicas. María era muy bonita. Su piel era blanca y tenía algunas pecas salpicadas en las mejillas. Llevaba unos pantalones blancos y una camisa negra con una imagen rosa de Hello Kitty, y sandalias blancas. Al instante la envidié por su camisa de Hello Kitty. Había pasado casi un año desde que Mila nos había llevado a Kmart a comprarnos ropa. Nos había estado trayendo bolsas de ropa de las ancianas en Kingsley Manor. Mago dijo que esa era ropa de gente muerta. Yo no sabía si las ancianas habían muerto o no, lo único que sabía era que jamás encontraría una camisa de Hello Kitty en las bolsas que Mila nos traía.

—Mira, lo siento, María. No voy a mirarte de nuevo, pero no es necesario que te pelees con mi hermana —dijo Carlos.

María le hizo a un lado y lo llamó maricón. Ella y sus amigas siguieron a Mago al estacionamiento de los apartamentos.

María no sabía que Carlos estaba tratando de proteger a Mago.

No sabía que a Mago le habían roto el corazón la semana anterior, y desde entonces había estado con ganas de golpearle a algo o a alguien. No sabía que el día anterior Mago me había golpeado porque había agarrado su liga sin permiso para ponerme el pelo en una colita. Ella no sabía que Mago había golpeado a Carlos en el estómago porque él derramó agua sobre su tarea de matemáticas. Pronto se dio cuenta.

Un segundo después de que llegamos al estacionamiento, la pelea empezó y Mago tenía los dedos envueltos en el largo cabello castaño de María y la estaba golpeando de esa manera que perfeccionó, después de tantos años de pegarme a mí y a Carlos. En esta ocasión, Mago no tuvo que guardarse las malas palabras. María hablaba español perfectamente y por eso Mago disparó sus groserías más rápido que una ametralladora. Pronto, ella tenía a María en el suelo y los pantalones blancos de María se volvieron grises. Pero la peor parte fue cuando Mago arrastró a la chica al espacio en el que Papi siempre estacionaba la vieja camioneta Ford que usaba para el trabajo. Mago rodó a María y le dio vueltas y vueltas en el charco de aceite de motor de la camioneta de Papi y pronto los pantalones blancos de María estaban completamente negros y sus amigas se apresuraban a quitarle a Mago de encima.

—¡Basta, basta! —dijeron las chicas al formar una barricada para proteger a María.

Mago se limpió el sudor de la frente y miró a la muchacha, que seguía tendida en el charco de aceite de motor. —Cuando mi hermano te mire de nuevo, es mejor que te guste, pendeja.

Mago volvió al apartamento, y Carlos y yo seguimos detrás de ella. Carlos se volvió a mirar una vez más a la chica que se sentaba detrás en la clase. Ella estaba de pie, tratando de suavizar su cabello desordenado. Sólo Hello Kitty se había escapado de esa paliza.

Carlos dijo: —Tú no eres fea, María. Yo soy el feo —Y luego, con la cabeza colgando hacia abajo, entró en la casa.

Me quedé en el estacionamiento sintiendo miedo. *¿Qué me va a pasar a mí cuando me enamore?* me pregunté. *¿Tendré la misma mala suerte que mi hermano y hermana?*

9

Reyna con su muñeca nueva

L A MAESTRA ANDERSON anunció que había algo importante que
tenía que decirnos. A través del maestro López, me enteré de
que iba a haber una competencia en toda la escuela. Esa semana,
todos los estudiantes estarían escribiendo sus propios libros, y los
profesores iban a seleccionar los mejores libros en sus clases. A partir
de ahí, los libros seleccionados serían juzgados y tres afortunados
ganadores serían elegidos.

¡Por fin voy a tener la oportunidad de hacer a Papi orgulloso de mí!

Por el resto de la semana pasamos mucho tiempo trabajando en
nuestros proyectos. El maestro López nos dijo que podíamos escribir nuestros cuentos en español, ya que era la lengua que mejor conocíamos. Al principio, yo no sabía qué escribir. Nunca había escrito
mi propio cuento antes. Siempre me había gustado leer en México,
pero aquí en este país, ya que los libros para niños de mi edad eran
muy difíciles para leer debido a mi inglés limitado, el maestro López

sólo me daba libros que eran para niños de kínder. Libros con letras grandes y un montón de dibujos. Me encantaba mirar los dibujos, pero los cuentos no eran muy interesantes. *See Spot Run!*

Echaba de menos los libros de literatura que dejé atrás en México, los que me dieron en la escuela. Me encantaban los cuentos en esos libros. Mi favorito era de un pinito que quería tener hojas que no fueran picudas y tiesas. Se le cumplió su deseo y sus hojas se volvieron de oro, pero un ladrón vino por la noche y se las robó. Entonces el pinito deseó que sus hojas fueran de vidrio, pero se rompieron cuando vino un viento fuerte. Entonces él deseó que sus hojas fueran grandes, carnosas y tiernas, pero al día siguiente vinieron las cabras y se las comieron. El pinito aprendió a quererse a sí mismo como él era.

Como yo no podía pensar en ningún cuento propio para escribir, empecé a escribir el cuento del pinito. Al día siguiente me sentí mal por copiar el cuento que otra persona había escrito, así que tiré las hojas y comencé de nuevo. Pensé, pensé y, finalmente, decidí lo que iba a escribir: La historia de mi nacimiento.

Al escribir, cerré los ojos y vi a Mami acostada en el piso de tierra sobre un petate. La partera entró a la choza junto a la casa de la abuela Evila y vio a Mami retorcerse de dolor. Podía imaginarme perfectamente a la partera encendiendo un fuego bajo el comal grande y redondo donde Mami hacía tortillas, y poniendo una olla de agua para hervir. Podía sentir el calor de las llamas.

—Aún no empujes —oí a la partera decir mientras le sacaba filo al cuchillo—. No estás lista todavía.

Mientras escribía, conté cómo tenía prisa para nacer, y la partera apenas tuvo tiempo suficiente para agarrarme antes de que cayera al piso de tierra. —Es una niña —dijo la partera al ponerme en los brazos de Mami.

Luego vino la mejor parte de mi cuento, mi parte favorita. Escribí que Mami se había vuelto hacia el fuego para que el calor de las llamas me pudieran calentar. Cuando la partera cortó el cordón umbilical, Mami señaló al piso de tierra y le dijo que lo enterrara allí. Escribí que a pesar de que ahora vivía lejos de Mami y mi país, no me había olvidado de dónde venía.

El maestro López me ayudó a corregir mi ortografía y me dio sugerencias para mejorar mi cuento. Cuando lo hice él me dio papel blanco para que yo lo pudiera escribir en limpio. Cuando terminé, empecé mi parte favorita, los dibujos.

La maestra Anderson le mostró a la clase cómo empastar los libros. Ella nos dio dos piezas rectangulares de cartón y papel de estraza para hacer la tapa. A finales de la semana todos terminamos nuestros libros, y la maestra Anderson los recogió y los puso sobre su escritorio. Debido a que ya era viernes, y habíamos trabajado duro toda la semana, ella nos puso una película como recompensa. Dijo que iba a leer nuestros libros mientras mirábamos la película.

La película era sobre un extraterrestre llamado ET, que quería volver a casa. Me sentí mal por él, porque la vida en los Estados Unidos era muy difícil para él. Podría entender su deseo de volver a casa. Estaba celosa porque parecía que él aprendió inglés mucho más rápido que yo en todos esos meses.

No me podía concentrar en la película porque no dejaba de mirar a la maestra Anderson. Había puesto todos los libros sobre el lado derecho de su escritorio. Mientras leía, empezó a hacer dos montones, uno para los libro que le gustaban, y el otro montón para los libros que no le gustaban. Un montón se hacía cada vez más grande, y el otro seguía siendo pequeño. Sabía que el montón grande era los libros que no le habían gustado.

Me quedé helada cuando cogió mi libro. *Aquí está. ¡Esta es mi gran oportunidad!* La maestra Anderson lo abrió, hojeó las páginas en un abrir y cerrar de ojos, luego cerró el libro de golpe y lo puso en el montón grande. Mis ojos empezaron a arder en lágrimas. Mi libro había sido rechazado. *Pero ella no podía haberlo leído. ¡Nadie lee un libro en un segundo! Ni siquiera sabe hablar bien el español, así que ¿cómo lo leyó tan rápido?* Quería ponerme de pie y decirle algo. Quería decirle que había cometido un error y que debía mirarlo de nuevo, pero no tenía las palabras en inglés para decir lo que pensaba, así que no dije nada en absoluto.

ET se iba a casa. Él estaba diciéndole adiós a su amigo y entrando en su nave. Cómo quisiera yo poder volver a casa también, ir de regreso a Iguala, donde podía hablar con mi profesor en mi propio idioma. Donde podía defender lo que creía, sin importarme si después recibía un golpe con la regla por mi rebeldía. Yo no quería estar en este país si así era como las cosas iban a ser siempre.

Al final de la clase, la maestra Anderson nos mostró los libros que había seleccionado para la competencia. De los ocho libros que eligió, ni siquiera uno fue escrito por uno de los chicos de mi mesa, los que no hablaban inglés.

—Ustedes niños hicieron un gran trabajo en sus libros —nos dijo el maestro López en español—. El hecho de que no fueron elegidos no quiere decir que no son buenos.

—Simplemente no lo suficiente —dije para mis adentros. Puse mi cabeza entre mis manos, las lágrimas amenazaban con salir al sentir la decepción viniéndose a mí como una ola enorme. *No me suelte, Papi.*

El maestro López me miró, y luego a los otros cuatro estudiantes de mi mesa. Él dijo: —No hay ninguna razón por la que ustedes no puedan salir adelante en la vida. Ustedes aprenderán el inglés un día. Van a encontrar su camino. Recuerden, no importa de donde vengan. Ahora están viviendo en la tierra de las oportunidades, donde todo es posible.

La maestra Anderson puso todos los libros rechazados alrededor del salón para mostrarlos. Yo sabía que ella estaba haciendo eso para que los estudiantes no se sintieran mal por no haber sido elegidos. Pero cuando nos despedimos, mientras caminaba por mi libro, lo tomé de la estantería donde la maestra Anderson lo había puesto.

Un día, me prometí a mí misma, pensando en las palabras del maestro López, *voy a escribir un libro que no será rechazado, un libro que hará que mi padre se sienta orgulloso.*

10

Mami en Exposition Park

En mayo de 1986, un año después de que habíamos llegado a los Estados Unidos, Papi se cayó de una escalera en el trabajo, se golpeó la cabeza y se lesionó la rodilla. Permaneció en el hospital durante la noche en observación y tuvo que tomar unos días de descanso de su trabajo hasta que mejorara.

Papi no era el tipo de persona que se quedaba en casa sin hacer nada. A la mañana siguiente, se fue a caminar por el centro. Tomó el autobús debido a que los médicos le dijeron que no manejara. Llegó a casa ya cuando Carlos, Mago y yo estábamos sentados en la mesa de la cocina haciendo nuestra tarea. Tomó un sorbo de la cerveza que acababa de sacar de la bolsa de papel y dijo: —Su madre no se encuentra en México.

Lo miramos, sin comprender sus palabras.

—¿No me oyen? Su madre no se encuentra en México. Yo había pensado que estaba bromeando. Entonces me di cuenta que no lo estaba.

—¿Dónde está, entonces? —preguntó Mago, haciendo su tarea a un lado. Carlos y yo también dejamos lo que estábamos haciendo, y nos sentamos en la mesa mirando a nuestro padre.

—Ella ha estado en este país desde hace meses, y ni siquiera ha tratado de ponerse en contacto con ustedes —dijo Papi.

—Pero ¿cómo puede estar aquí? —preguntó Carlos.

—¿Está seguro? —le pregunté.

—Por supuesto que estoy seguro —dijo Papi—. Me encontré con ella en el centro. Dijo que había esperado el autobús para regresar a casa. Cuando llegó, el último pasajero para bajarse era nuestra madre. Dijo que ella vivía en el centro de Los Ángeles en una calle llamada San Pedro.

—Su madre nunca deja de sorprenderme —dijo Papi. Se echó a reír, pero no era una risa feliz. Era una risa de una amarga decepción.

—¿Y Betty? —preguntó Mago.

—¿No les acabo de decir? Su madre nunca deja de sorprenderme. ¿Dónde creen que está su hermana?

Mago, Carlos y yo nos miramos el uno al otro. *¿Dónde más podría estar Betty? Con Mami, por supuesto.*

—Su madre —dijo Papi, apretando la lata de cerveza vacía con la mano—. Su madre dejó a su hermana en México y se vino para acá con su novio. Tiró la lata contra la pared y agarró otra de la bolsa de papel.

—¿Podemos ir a verla? —preguntó Carlos.

—¿Le dijo dónde exactamente vive? —pregunté.

—¿Quieren ir *a verla*? —dijo Papi—. ¿Acaso no tienen orgullo? A su madre no le importa. Si le importara, los habría llamado cuando llegó aquí. Ella ha estado aquí durante meses. Meses. ¿Por qué quieren ir a verla? ¡Tengan un poco de orgullo, pendejos!

—Pero es nuestra mami —le dije.

Papi me miró, y me di cuenta en sus ojos que yo lo había decepcionado con esas palabras. Él negó con la cabeza. Se tocó el chichón e hizo una mueca de dolor. Se levantó y dijo que iba a ir a acostarse. En la puerta, se volvió y dijo: —Para que lo sepan, su madre tiene un nuevo hijo. Un niño de tres meses de edad.

Él nos dejó en la cocina. Me sentí como si yo fuera la que se había golpeado la cabeza. Sentí una presión intensa dentro de mí, y no podía respirar, no podía pensar. Todo lo que oía en mi cabeza fueron las palabras de Papi: *A su madre no le importan... A su madre no le importan...*

Pero cuando el vértigo se detuvo y pude respirar de nuevo, me di cuenta de que no podía dejar de anhelar verla.

Durante las semanas posteriores al descubrimiento de mi padre, no pudimos convencerlo de que nos permitiera ir a ver a Mami. Cuanto más pedíamos, más se alejaba. Él simplemente decía: "Yo soy el que los trajo aquí" y luego se encerraba en su cuarto. Con esas palabras, nos estaba pidiendo que eligiéramos entre él o ella. No sabíamos cómo decirle que no debería ser una cuestión de elección, que los dos eran nuestros padres.

Me dolía pensar en Betty sola en México. Cuando Papi y Mami nos dejaron allí, al menos nos habíamos tenido los unos a los otros para apoyarnos. Pero Betty, ¿a quién tenía Betty allí? Era como Élida, sin nadie que la amara, excepto nuestra abuela. Pensé en todas esas fotos Polaroid que habíamos enviado, de la forma en que debería haberle hecho daño a nuestra hermanita de vernos aquí, juntos, mientras ella estaba allí sola.

—Su madre es tan egoísta, es por eso que no dejó que me trajera a Betty —nos dijo Papi—. Ella usó a su hermana para vengarse de mí.

Mila le dijo a Papi: —No podíamos tener otra boca que alimentar de todos modos. Ya es bastante difícil como estamos, con los tres hijos que ya tienes aquí. Con los tres que tengo yo. A pesar de que no están conmigo, todavía tengo que mantenerlos.

—Sí, ¿pero si volviera?

—No vamos a pasar por eso otra vez —dijo Mila—. ¡No voy a asumir la responsabilidad de criar otro hijo más!

—Papi tiene razón —nos dijo Mago—. ¿Por qué vamos a ir a verla después de lo que hizo? ¿Cuántas veces nos seguirá abandonando?

Carlos y yo no le contestamos.

Pero independientemente de lo que Mami había hecho, la verdad era que Betty estaba sola en México. Mago le escribió una carta a la abuelita Chinta para preguntarle acerca de Betty, y esperamos ansiosamente una respuesta. No fue sino hasta finales de junio que llegó una carta de la tía Güera. Ella nos dijo que nuestra hermanita estaba bien y que no nos preocupáramos, que en el verano dejaría Iguala para venir a los Estados Unidos. Había decidido dejar a su marido que era un bueno pa' nada, y probar suerte en este país. Mami estaba tomando esa oportunidad para traerse a Betty aquí. Así que la tía Güera y Betty harían el largo viaje hacia el norte juntas. La única cosa era, tía Güera dijo, que tendría que dejar a su propia hija con abuelita Chinta. Me puse triste al pensar en mi prima Lupita, de que ella era la que iba a ser abandonada ahora, y esperaba que algún día el ciclo de abandonar a los hijos terminara.

Finalmente, convencimos a Papi que nos dejara visitar a Mami cuando nos enteramos de que tía Güera y Betty habían llegado de México. Nos dijimos a nosotros mismos que en realidad no íbamos a ver a Mami, sino que íbamos a ver a nuestra hermanita. Pero por supuesto que sabíamos que era una mentira. Estábamos una vez más siguiendo el caminito de migajas de nuevo a Mami.

Tomamos el autobús 83 hasta el centro de Los Ángeles. A medida que caminábamos rumbo al este por la calle Séptima hacia la calle San Pedro, nos tomó por sorpresa lo que vimos. Aquí estaba la otra cara de este país que no habíamos visto antes. Por un momento, me sentí como si hubiéramos atravesado otro mundo.

Había borrachos por todas partes sentados en el suelo pidiendo limosna. Gente vagabunda cubiertos de mugre y vestidos con harapos empujaban carritos de compras que contenían colchas sucias, zapatos viejos y bolsas de plástico llenas de cosas. Mujeres de la calle estaban en las esquinas casi desnudas. La basura llenaba las aceras. Las bolsas de plástico giraban en el aire como paracaídas en miniatura. El aire se llenaba con el hedor de la orina y un olor a rancio que era casi insoportable. Casi me hacía vomitar.

No podía creer que este era el lugar donde Mami vivía.

—Siento como si estuviéramos de regreso en México —dijo Mago.

—No pensé que hubiera lugares como este en los Estados Unidos —dijo Carlos.

Sabía que las personas en México siempre pensaban en los Estados Unidos como el lugar más hermoso del mundo, lo más cerca al cielo que se podía llegar.

Siguiendo las instrucciones de la tía Güera, encontramos el apartamento y tocamos la puerta. Alguien bajó las escaleras y abrió la puerta de seguridad. No sabíamos quién era esa mujer, pero le dijimos que estábamos allí para ver a nuestra madre.

—¿Cuál es su nombre? —preguntó.

—Juana.

—Oh, sí, ella vive en el cuarto A —subió las escaleras y seguimos detrás de ella. La puerta del cuarto A estaba abierta. Vimos a Mami antes de que ella nos mirara. Estaba sentada en la cama con un bebé durmiendo en sus brazos. Tenía el cabello corto y en un permanente de rizos pequeños. Había engordado un poco más, y como siempre, la mayor parte del gordo se fue directamente a su estómago. Cuando nos vio, Mami se levantó y se acercó a la puerta.

—No puedo creer que estén aquí —dijo, sonriendo—. ¡Mira lo mucho que han crecido!

Entramos en la habitación y saludamos a Rey, quien estaba sentado en la mesa. Junto a él estaba la tía Güera. Le dimos un abrazo y le dijimos que nos daba mucho gusto verla. Entonces mis ojos se posaron en la pequeña Betty, que estaba sentada tranquilamente en la alfombra sucia jugando con una muñeca. Corrimos donde nuestra hermanita para abrazarla y cubrirla de besos, pero Betty nos empujó y corrió al lado de mi tía. —Un año es mucho tiempo para una niña pequeña —dijo la tía Güera.

—Denle tiempo —dijo Mami.

—Betty, soy yo, Reyna. ¿No te acuerdas de mí? —dije, arrodillándome para mirarla. Betty ocultó su rostro en el pecho de tía Güera.

Eché un vistazo a Mami, y pensé en mi papá, en lo que él había dicho. Estaba en lo cierto. Era a causa del egoísmo de Mami que ahora Betty no nos conocía. Era su estúpido orgullo.

Miré a mi hermanita de cinco años de edad, y me pregunté cuánto tiempo nos tomaría para que nos sintiéramos finalmente como una familia.

Mami vivía en un cuartito lo suficientemente grande para una cama, una mesa de comedor, un refrigerador, un soporte de TV y cajas de ropa apiladas contra la pared. Tenían que compartir la cocina y el baño con el resto de los inquilinos de su piso. Pensé en los apartamentos cuádriplex que Mila y Papi tenían. El ganaba seiscientos dólares cada dos semanas. Mila ganaba un poco más, aunque no mucho más. Entre los dos tenían seis hijos que mantener, y sus gastos no les permitía pagar la hipoteca de las unidades más grandes. Nos teníamos que quedar en la unidad de una habitación hasta que las cosas se pusieron mejor. Pero a pesar de que dormíamos en la sala, al menos teníamos el baño y la cocina para nosotros mismos, y no teníamos que compartirlos con desconocidos. También teníamos un patio para jugar. Nuestra alfombra no estaba sucia. No había cucarachas corriendo por las paredes como aquí en casa de mi madre.

Nos acomodamos en el pequeño cuarto lo mejor que pudimos.

—Entonces, ¿cómo llegó aquí? —le preguntamos a Mami.

Ella se sentó en la mesa con su hijo dormido en sus brazos. Traté de no mirarlo. Yo no quería sentir nada por ese bebé, el hermano mío que se llamaba Leonardo. A pesar de que tenía tres meses, me di cuenta, en ese entonces, que él iba a parecerse a su padre. Mago, Carlos, Betty y yo éramos una mezcla de los genes Grande-Rodríguez y todos los que nos miraban se daban cuenta de inmediato que eramos parientes. Sin embargo, Leonardo no se parecía en nada a nosotros, y eso hacía aún más difícil para nosotros quererlo.

Mami nos dijo que su viaje a los Estados Unidos con Rey había sucedido por casualidad. Una amiga suya tenía un hijo que quería venirse aquí, pero tenía miedo de hacer el viaje solo. Ya que Mami había estado aquí una vez, su amiga le pidió a Mami que acompañara a su hijo y le ayudara una vez que llegara aquí. La amiga incluso se ofreció a prestarle el dinero para que Mami le pagara al coyote. Mami no lo pensó dos veces. Ella y Rey y el joven emprendieron el viaje, pero ella no se pudo traer a Betty, por lo que se quedó con abuelita Chinta hasta que Mami se estableciera aquí. Ella empezó otra familia con Rey, un niño cuya existencia no hubiéramos descubierto si mi papá no se hubiera encontrado con ella ese día.

Rey y Mami trabajaban en una fábrica de ropa. Rey operaba la plancha de vapor, Mami cortaba hebras. —Nos pagan salarios miserables —dijo Mami. Ella debió haber visto la mirada en nuestras caras cuando entramos al cuarto por primera vez porque agregó—: Lo pueden ver por el lugar donde vivimos. Ella miró a su alrededor, tal como lo habíamos hecho. Una cucaracha se escurrió a través de la pared, y ella se apresuró a aplastarla con su sandalia. Se volvió hacia nosotros y dijo: —Pero no hay pobreza aquí que se pueda comparar con la pobreza que dejamos atrás. Y por lo menos ahora estoy más cerca de ustedes, mis hijos.

Mago le hizo la pregunta que nos habíamos estado muriendo por preguntar. —¿Por qué no nos dijo que estaba aquí?

Mami respiró hondo y dijo: —Yo quería darles a ustedes niños la oportunidad de conocer a su padre, y que él los conociera, sin yo entreponerme. ¿Entienden?

Por extraño que parezca, yo sí entendí, a pesar de que no creía que esa fuera la única razón. Mirando hacia atrás ahora, creo que fue en ese momento de nuestras vidas que la relación con nuestra madre finalmente cayó en su punto más bajo. Fue entonces cuando comprendí por fin la clase de persona en que mi madre se había convertido. Y lo único que podía hacer era aceptarla, aunque nunca —aún hoy— deje la esperanza de que algún día fuera a cambiar.

Empezamos a visitar a Mami cada otro domingo, y aunque mi papá no estaba contento con eso, él sabía que necesitábamos ver a nuestra hermanita, por lo que no nos detuvo. Una cosa que pronto nos llegó a gustar al visitar a Mami era que siempre tenía soda, papas fritas y dulces en su casa. Estábamos celosos de que Betty, y más tarde Leonardo, tendrían acceso ilimitado a esas cosas. Con Papi todo lo que bebíamos era agua, y nunca nos compraba golosinas a menos que él nos diera un dólar para comprarlas. Él nunca nos llevó a ningún lugar de comida rápida como McDonald's, que era uno de los lugares favoritos de Mami para comer. Fue hasta años más tarde, cuando ambos, Betty y Leonardo estaban extremadamente obesos, que me di cuenta de lo afortunados que Mago, Carlos y yo habíamos sido.

A pesar de los salarios miserables que Mami ganaba en la fábrica, ella siempre tenía suficiente dinero para sacarnos a pasear, como a Exposition Park para ver las rosas, al callejón para comprarnos ropa interior o calcetas, a la Placita Olvera para ver los bailes folklóricos y comer un churro.

Pero cada vez que íbamos a alguna parte con Mami, ella se traía una bolsa de plástico y recogía botes y botellas en la calle o buscaba en los basureros. A veces incluso nos hacía recoger los botes, hasta en lugares públicos. Era tan vergonzoso para Mago, Carlos y para mí que pronto empezamos a decir que no, ¡absolutamente no! Betty acababa siendo la que corría por los alrededores recogiendo los botes sin que Mami tuviera que pedirle que lo hiciera. Ella corría de regreso a Mami con un bote, riéndose mientras la cerveza se deslizaba por su brazo.

—¿Qué hace con esos botes? —le preguntó Carlos. Habíamos visto a la gente vagabunda por su edificio de apartamentos empujando carritos llenos de botes rumbo algún lugar, pero no teníamos ni idea a dónde los llevaban.

—Los vendo en el centro de reciclaje —dijo Mami—. Gano buen dinero haciendo esto.

Dinero bueno o no, yo no podía dejar de pensar que por nada en el mundo Mila recogería botes en la calle. *¿Por qué no podía mi madre ser un poco más como ella?* me pregunté. El cuarto de Mami siempre olía a cerveza y refrescos podridos porque sólo iba al centro de reciclaje una vez por semana, por lo que las bolsas de botes aplastados se pasaban en un rincón de su apartamento durante toda la semana. Entonces supe por qué había tantas cucarachas.

Con el tiempo, nos acostumbramos a nuestra doble vida. Sin embargo, como pasaban los meses, todavía quería que hubiera una manera en la que pudiéramos tener a nuestra familia en el mismo lugar. En especial lo deseé cuando me gradué de la escuela primaria Aldama un año más tarde. Aunque yo estaba feliz de ver a Papi ahí —¡pidió el día libre en el trabajo para venir a mi graduación!— hubiera querido que Mami estuviera allí también. Pero ahí fue donde Papi había puesto un límite. Él no quería ver a Mami. Dijo que nunca la perdonaría por lo que hizo con Betty. Ni él ni mi madre estuvieron dispuestos a aceptar que ambos habían utilizado a Betty para hacerse daño el uno al otro, y en el proceso, nos habían hecho daño a nosotros y a nuestra hermanita también.

Mami no nos preguntaba mucho sobre él tampoco. Se aferró a su nueva vida en este país con Rey, su nuevo bebé y Betty. La distancia entre nosotros ya no era de tres mil kilómetros. Sin embargo, todavía se sentía como si existiera un vacío. Tenía la esperanza de que algún día pudiéramos superarlo.

Carlos, Mago, Reyna y Betty
finalmente reunidos

11

Papi en los Estados Unidos

A VECES, Papi nos sentaba y hablaba y hablaba como si estuviera tratando de compensar los ocho años que desapareció de nuestras vidas. Sin embargo, sus conversaciones eran siempre sobre el futuro, y siempre iban así:

—Aquí, en este país, si no se educan, no irán muy lejos.

—La escuela es la clave para el futuro.

—Sin una educación, no son nada. Así que chicos, ustedes tienen que estudiar mucho. ¿Me oyen? ¿Me oyen?

Él nos decía lo importante que era obtener una educación para que algún día pudiéramos tener una buena carrera y no tener que pedirle nada a nadie. —Por ejemplo, miren a su madre —él nos decía—. ¿Qué no le da vergüenza estar recibiendo estampillas de comida del gobierno? ¿Y qué está haciendo en una fábrica? Ese es un trabajo sin futuro. Les pagan en efectivo, no reciben beneficios. Ella no está poniendo dinero en el seguro social para la jubilación. Esa no es la manera de vivir, no aquí en este país.

No mencionaba que él mismo tampoco estaba recibiendo mucho de su trabajo porque estaba usando una tarjeta de seguro social que había comprado en el parque MacArthur por cien dólares.

Papi nos decía que un día tendríamos buenos trabajos. Seríamos dueños de casa. Tendríamos dinero para la jubilación. Y nunca seríamos una carga para nadie.

A veces Betty también estaba allí en la mesa. Ella tenía seis años y no tenía interés en la jubilación. Para entonces, Mami nos había permitido, finalmente, que la trajéramos los fines de semana porque Betty lloraba cada vez que nos íbamos de vuelta a casa. Ella quería irse con nosotros. Cada vez que la dejábamos, sentía que estábamos repitiendo ese día en México. Le aseguramos a Mami que Papi no se la iba a "robar". No tanto porque no quisiera, sino porque realmente no podía tener otra boca más que alimentar, como Mila había dicho. Betty estaba demasiado pequeña para tener algún interés en las visiones de Papi para el futuro, y dado que rara vez nos visitaba, las palabras de Papi no tendrían ningún impacto sobre ella más tarde en la vida, como en mí.

—Pero yo sólo tengo once años, Papi —decía yo—. ¿Por qué tengo que preocuparme en jubilarme?

—Chata, un día te vas a envejecer —dijo Papi—. Si piensas que la vida es dura ahora, espera hasta que llegues a ser tan viejita que ni siquiera te puedes bañar tú sola, entonces realmente vas a ver lo duro que es la vida.

—¿Al igual que los ancianos en Kingsley Manor? —le pregunté.

—Sí, pero no podrías pagar Kingsley Manor si no tuviste un buen trabajo antes de hacerte demasiado vieja para trabajar —dijo Papi—. Pero, mira, si planeas con anticipación, entonces será mejor. Traté de imaginarme como una anciana, vestida como una princesa y caminando por los pasillos de una gran mansión, así me imaginaba que era Kingsley Manor. Decidí que realmente quería tener un buen trabajo, como Papi decía que debía hacerlo.

Reyna y su familia afuera del consulado de
los Estados Unidos en Tijuana, finalizando
las solicitudes de la residencia

—Pero no tenemos papeles, Papi —dijo Mago—. ¿Cómo vamos
a ser dueños de casa o tener una buena carrera sin papeles?

Papi dijo: —Sólo porque somos ilegales no significa que no
podemos soñar. Además —dijo— nuestras vidas van a mejorar. En
poco tiempo, eso ya no será un problema.

Papi había estado buscando la manera de legalizar nuestra
situación. Él y Mila se casaron oficialmente unos meses antes para
que ella pudiera usar sus privilegios como ciudadana americana
para solicitar nuestras tarjetas de residencia. Además, desde que el
presidente Reagan aprobó un programa de amnistía ocho meses
antes, en noviembre de 1986, Papi había estado pasando por el
proceso y tenía la esperanza de obtener su *Green Card* a través de
ese programa. Una vez que lo hiciera, entonces nos podría pedir y
legalizar nuestra situación si nuestras solicitudes a través de Mila
no salían bien.

—De una forma u otra —dijo Papi— vamos a dejar de vivir en
las sombras. En aquel entonces, no sabía qué era exactamente lo que
él había querido decir con eso, pero cuando pensé en la manera de
como la maestra Anderson no me hacía caso por el hecho de que no
podía comunicarme en su clase y mi falta de inglés me mantenía en
silencio, creí entender lo que Papi quiso decir.

En septiembre de 1987, Mago se convirtió en la primera persona de nuestra familia en ir a la preparatoria. Papi decidió llevarla a comprar ropa para su nueva escuela, diciendo que su "Negra" necesitaba lucir lo mejor posible en un día tan importante, porque después de eso su "Negra" se va a ir a la universidad y hacernos a todos orgullosos de ella.

—¿Y yo qué? — pregunté—. Necesito ropa, también. Estoy empezando la secundaria.

—Pero no fuiste la primera —dijo Mago—. Fui yo.

Papi nos dijo a Carlos y a mí que no tenía suficiente dinero para todos nosotros. En aquel entonces, yo no sabía que su sueldo reducido no rendía mucho para mantener a sus tres hijos. Yo no sabía que divorciarse de mi madre para casarse con Mila había requerido dinero para los abogados, y que las solicitudes para la residencia legal para nosotros cuatro habían costado dinero, lo mismo que el resto del proceso de solicitud. Así que cuando él y Mago se fueron a Fashion 21, me quedé bien enojada con mi padre, pensando que era un tacaño por no llevarnos a Carlos y a mí de compras.

También estaba enojada con mi hermana. No era mi culpa que ella fuera la primogénita. No era mi culpa que ella hiciera todo primero antes que yo lo hiciera. Papi dijo que quería dejar de vivir en las sombras. Si obteníamos las tarjetas de residencia o no, me prometí que iba a dejar de vivir en la sombra de mi hermana, por lo menos. Iba a encontrar una manera de ser la primera en algo. Algo que hiciera que mi padre se sintiera orgulloso de mí.

Si yo pensaba que Aldama Elementary era grande, me sentí abrumada cuando vi que Burbank Junior High School lo era aún más. Por suerte, no estaría sola en esa escuela. Carlos estaba empezando el noveno grado, y estaría aquí conmigo durante un año. Me llevó a mi primera clase, que era inglés como segundo idioma, o ESL intermedio. Por fin, ya no estaría en un rincón de mi salón de clases mientras aprendía el inglés. Yo estaría en un salón donde todos los estudiantes eran estudiantes que no dominaban el inglés.

Mi profesor era el maestro Salazar. Su nombre me sonaba, y yo no podía recordar dónde lo había oído hasta que pasó lista. Cuando me llamó por mi nombre, se detuvo y preguntó: —¿Grande? ¿Eres por casualidad pariente de Maggie Grande?

—Sí, ella es mi hermana —le dije, recordando que Mago me lo había mencionado antes.

El maestro Salazar tenía un espeso bigote enorme, pero incluso su gran bigote no pudo ocultar esa sonrisa tan grande. —Tu hermana fue una excelente estudiante. Ella fue una de las mejores y las más brillantes. Él me miró, como si estuviera viendo si yo daría la talla. Mi estómago se revolvió. Yo sólo sabía que no importaba lo que yo hiciera, él siempre me compararía con mi hermana. E incluso si lograra llegar a ser una de sus "mejores y más brillantes", Mago lo había hecho primero.

Por suerte, nadie conocía a mi hermana en mis clases de matemáticas y ciencias, por lo que existía la posibilidad de que podía demostrar mi valía sin ser comparada con Mago, aunque no fueran mis materias favoritas. En mi clase de educación física, mientras que la maestra pasaba lista, se detuvo en mi nombre y una vez más mi estómago se me revolvió. —¿Reyna Grande? —preguntó—. ¿Es realmente ese tu nombre, Reyna *Grande?*

Intenté no hacer caso de las risas de los estudiantes. *Sí, sí, soy una grande reina, pero sólo mido cuatro pies y ocho pulgadas de altura, ¿y qué?*

—Sí, lo es —le dije, pensando que iba a preguntarme si yo era la hermana de Mago. Pero me sorprendió cuando ella no lo hizo.

—Eres demasiado joven para llamarte así, ¿no crees? —preguntó. Su pelo era tan rubio que era casi blanco bajo la luz del sol—. ¿Te importa si te llamo Princesa? Estaba tan aliviada de que ella no conocía a mi hermana que casi grité un gran ¡sí! Pero me limité a asentir, y así de fácil me convertí en una princesa.

Mi última clase era algo que se llamaba banda. Carlos dijo que era una materia optativa, pero yo no la había elegido. Todas las materias optativas estaban llenas, con excepción del taller de metal y la banda, así que cuando el consejero estaba llenando mi agenda, dijo: —Te voy a poner en banda —sin preguntarme si eso era lo que yo quería. Yo sabía que tenía algo que ver con la música, pero realmente no sabía qué esperar.

Carlos pidió que lo pusieran en el taller de metal.

Cuando entré en mi clase, me golpeé el pie con la pata de una silla. Eché un grito de dolor. El maestro preguntó: —¿Estás bien? Tomé un respiro profundo y respondí en inglés de la mejor manera que pude —*Yes, teacher. I just hurt my big finger* —Llegué a una silla vacía y me senté, sintiéndome orgullosa de mí misma por responderle a él en su propio idioma.

—¿*Your big finger?* —preguntó. Todos los estudiantes me miraban raro—. ¡Ah, te refieres a tu dedo gordo del pie! —dijo y se echó a reír. Todos los demás se rieron con él.

—No tienes *fingers* en los pies —explicó con amabilidad—. Tienes *toes.*

Quería darme una bofetada porque debería haber sabido eso, había aprendido las partes del cuerpo en Aldama. Era sólo que a veces todavía me olvidaba de lo raro que era el inglés. En español sólo existe una palabra para los dedos de las manos y los pies, por lo que no tienes que preocuparte acerca de que si tu "dedo" está en los pies o las manos. Pero en inglés era *finger* o *toes.* ¿Por qué el inglés tenía que ser tan complicado?

Cuando el maestro, cuyo nombre era maestro Adams, me preguntó qué instrumento quería tocar, yo no sabía qué decir. Señaló los armarios, donde vi hileras de cajas negras.

Abrió varias cajas para mostrar hermosos instrumentos dorados y plateados cuyos nombres no conocía.

—Así que, ¿cuál quieres tocar? —me preguntó de nuevo.

—¿Cuánto cuestan? —le pregunté, pensando si Papi tendría el dinero para comprarme uno de estos instrumentos. Se veían caros.

El maestro Adams se echó a reír. —No te cuesta nada —dijo—. Les pertenecen a la escuela, pero puedes pedirlos prestado y llevarlos a casa contigo. Eso me pareció completamente increíble. En México, nada era gratis en la escuela. Ni siquiera un lápiz. Me preguntó de nuevo lo que yo quería tocar. Yo no sabía mucho acerca de los instrumentos. El maestro Adams me dijo sus nombres, mientras los señalaba: clarinete, trompeta, trombón, flautín, flauta, saxofón, corno francés. ¡Tantos instrumentos que podía llevar a casa!

—Toma, prueba este —dijo—. Necesitas un instrumento pequeño. Me dio un clarinete.

Justo en ese momento, mis ojos cayeron sobre la belleza de oro brillante en una de las cajas. Le dije: —Ese es el que yo quiero.

El maestro Adams volvió a mirar donde yo estaba señalando. Él dijo: —Es un saxo alto. ¿Estás segura de que es el que quieres?

—Sí, estoy segura.

—Pero eres tan pequeña —dijo. Extendí mi mano y me dio la caja.

Cuando todos los estudiantes tenían sus instrumentos, el maestro Adams nos mostró cómo tocarlos y nos enseñó algunas notas de música. El saxofón era pesado y la correa para el cuello se clavaba en mi piel. Me mareé al soplar a través de la boquilla, y al principio yo no podía emitir ningún sonido. Al final de la clase, había logrado crear algunos sonidos. Me encantaba tocar un instrumento, porque sabía que no importaba si yo hablaba inglés perfecto o no. No importaba si yo tenía un acento de "mojada". Leer la música no me exigía hablar con fluidez en ningún idioma. Y yo no necesitaba hablar, sólo tocar.

Me fui a casa con mi saxo alto, y tan pronto como Papi llegó a casa, se lo enseñé. Mago no había traído a casa un instrumento, ¡por lo que finalmente había encontrado algo que fuera yo la primera! Papi tomó el saxo alto en la mano y lo volteó de un lado a otro. —¿Segura que no tienes que pagar por esto? —preguntó.

—No, Papi, la escuela se los presta a los estudiantes sin cobrar por ello.

Papi se quedó asombrado. Él me pidió que tocara algo. Mago puso los ojos en blanco y nos dejó solos. Tomé el saxo y toqué la escala que el maestro Adams me había enseñado, excepto que yo no la recordaba tan bien. Pero Papi no me criticó por eso. En cambio, dijo: —Sabes, cuando yo estaba en tercer grado, mi maestro trajo unos tambores a la clase y comenzó a enseñarnos a tocarlos. No podíamos llevarlos a casa, pero aún así, era muy agradable venir a la escuela y tener la oportunidad de aprender a tocar un instrumento. Pero unas semanas más tarde, cuando cumplí los nueve años, tu abuelo dijo que ya era lo suficientemente mayor para irme con él a los campos, y él me sacó de la escuela. Nunca llegué a tocar el tambor otra vez. Y he estado trabajando desde entonces.

Papi se levantó y se dirigió a la nevera, donde sacó una Budweiser. Luego se fue a su habitación. Me senté en la sala para practicar mi saxo, pero Mago y Carlos se quejaron del ruido y me mandaron afuera. Fui al patio y seguí practicando, y toqué con todo mi corazón, para mí y para mi papi, que nunca tuvo otra oportunidad de tocar nada.

Reyna y su saxofón

12

Papi

AL IGUAL QUE la abuela Evila, Papi no nos permitía salir al barrio a jugar. Él decía: —Los quiero aquí, en casa, donde puedo ver lo que están haciendo. No voy a permitir que anden con chamacos de mala vida y convertirse en pandilleros.

No estábamos interesados en ser pandilleros, pero era difícil no encontrarse con ellos. Highland Park era el hogar de una de las mayores pandillas en Los Ángeles: los Avenues. Había una familia de los Avenues que vivían junto a nosotros. A pesar de que tratábamos de mantenernos alejados de ellos, ellos no se mantenían alejados de nosotros. Uno de los muchachos, Tino, se metía en nuestro patio por las noches para llenar sus cubetas con agua de la manguera del jardín. Sus servicios casi siempre eran desconectados cuando no pagaban sus facturas a tiempo. El padre estaba en la cárcel culpado por un crimen que su hijo mayor había cometido, y la madre se la pasaba tomando drogas en lugar de cuidar de sus hijos.

Papi nunca les decía nada. Él decía: —Yo no voy a poner en peligro nuestras vidas por una cubeta de agua. Pero una noche, cuando Papi iba rumbo a casa de la tienda de licores con un paquete de cerveza, un fulano salió de las sombras con un cuchillo y le dijo a Papi que le entregara su cartera. En la tenue luz de la farola, Papi alcanzó a ver la cara del pandillero y le dijo: —¿Te permito llevarte agua de mi casa y ahora me estás amenazando con un cuchillo?

Papi nos dijo que Tino se había disculpado con él y guardó su cuchillo. —Lo bueno es que yo nunca había dicho nada sobre el agua —dijo Papi—. Me habría apuñalado allí mismo, porque no estaba dispuesto entregarle mi cartera.

Los disparos eran un fenómeno frecuente en nuestro barrio. Casi todas las noches oíamos ruidos que estallaban en la distancia. Pero una noche, los ruidos fueron más fuertes que nunca. Mago y yo estábamos en la sala viendo nuestra telenovela favorita llamada *Quinceañera*, y estábamos tan concentradas en la televisión que no le prestamos mucha atención a los ruidos. Pero entonces, Carlos y Papi entraron corriendo a la casa mientras Papi estaba gritando —¡Abajo! ¡Abajo! De inmediato nos lanzamos al suelo.

—¿Qué está pasando, Natalio? —preguntó Mila al salir de su habitación. Ahora estaba tranquilo afuera con excepción de los ladridos de un perro y los chillidos de una alarma de auto.

Papi había salido a terminar algunas reparaciones en la plomería, y Carlos había estado practicando sus movidas de fútbol en el estacionamiento. Papi dijo que había pasado un coche por la calle y los hombres en su interior le dispararon a los tres cholos que se pasaban por allí. Las balas destrozaron el parabrisas del coche de uno de sus inquilinos. Carlos estaba jugando tan sólo a unos cuantos centímetros de distancia de ese auto.

—Uno de los pandilleros fue herido —dijo Papi—. Todavía está ahí, pero los demás salieron corriendo.

Cuando estuvimos seguros de que no iba a haber más disparos, salimos a la calle y vimos al hombre que se arrastraba por la acera hacia nosotros. —Ayúdame —dijo, gimiendo—. Ayúdame.

Papi se paró frente a nosotros y extendió sus brazos para que nos mantuviéramos atrás. La cabeza del joven estaba rasurada, tenía un signo típico de un cholo y llevaba una camisa de manta de manga larga. Se agarró del portón y trató de ponerse de pie. —Ayúdame —dijo otra vez.

Miré a Papi. ¿Por qué no lo estaba ayudando? —Haga algo —le dije, jalándolo de la manga.

—Vamos a meternos —dijo Papi. Me agarró por los hombros y me dio la vuelta.

—Él va a morir —dijo Mago.

—Métanse —dijo Papi de nuevo. Mila fue directamente al teléfono y llamó al 911.

—Tenemos que ayudarlo —le dije.

—Hemos hecho todo lo posible por él —dijo Papi—. Si salgo y lo ayudo, mañana voy a ser la persona que reciba un disparo. O ustedes niños. Esos pandilleros estúpidos vendrán en busca de venganza, créanme. ¡No quiero volver a casa y encontrarlos a ustedes agarrados del portón con un tiro en sus pechos! Reconocí el terror en el rostro de mi padre. Lo había visto una vez antes, en la frontera, durante nuestro tercer cruce cuando huíamos del helicóptero. Era la mirada de un animal que puede detectar el peligro y está dispuesto a proteger a sus crías.

Nos quedamos allí en la cocina mirándonos el uno al otro. Muy pronto, oímos el sonido de las sirenas acercarse a la casa. Papi salió y nos dijo que permaneciéramos adentro. A través de la ventana vimos llegar a la policía y la ambulancia. Estábamos tan curiosos que no pudimos hacer lo que se nos dijo, así que fuimos afuera y vimos a los paramédicos apalancando los dedos del pandillero de nuestro portón. Ellos lo pusieron en la acera y le cortaron la camisa. Él no se movía ni respiraba. A la derecha de su pecho había un pequeño agujero del balazo. Me quedé mirando el charco de sangre debajo de nuestro portón. Tomé a mi padre de la mano, y él me la apretó fuertemente.

Al día siguiente, Papi decidió ir a la escuela de adultos y mejorar su inglés de una vez por todas. Papi estaba pasando todavía por el proceso de legalización a través del program de amnistía del Presidente Reagan, IRCA. Esperaba que cuando obtuviera su residencia legal podría ser más que un simple trabajador de mantenimiento. Pero primero, tenía que aprender el idioma —Una vez que yo sea un residente legal, y hable el inglés, las cosas van a cambiar —dijo—. Voy a conseguir un trabajo mejor y nos iremos fuera de este barrio. Hasta ahora, Papi había dependido de Mila para todo. Ella tenía que escribir los cheques para pagar las cuentas. Ella tenía que llevarme a mí, a Mago y a Carlos a las citas del doctor porque Papi no se sentía cómodo haciéndolo. Mila iba de compras. Mila iba a nuestras conferencias de padres y maestros porque Papi la hacía ir en su lugar. Ella trataba con sus inquilinos asiáticos que no sabían hablar español. Papi se quedaba en su habitación y no quería salir, excepto para ir al trabajo o a la tienda de licores.

Papi se compró un cuaderno y un lápiz y me pidió prestado un sacapuntas. Incluso le di mi goma de borrar con olor a fresas, para la buena suerte. Vimos cuando salió de la casa y se dirigió a Franklin High School, donde tenían clases nocturnas para adultos. Me llenaba de orgullo ver a mi padre ir a la escuela. Todo su discurso sobre la educación, sobre la importancia de la escuela, parecía significar mucho más cuando lo vi lleno de determinación de aprender. El deseo de mi padre por una vida mejor era palpable. Era contagioso. Era una de las cosas que más respetaba de él. Y recé con todo mi corazón que pronto le dieran la amnistía y él pudiera salir de las sombras.

Sin embargo, unas semanas después de que él había empezado a ir a la escuela, Papi se enteró de algo terrible. Tía Emperatriz le había robado la casa de sus sueños. Mi tía había conseguido

finalmente casarse, pero ya para entonces había estado tan desesperada por hacerlo que ella se encontró a un hombre que era
mucho mayor, ya se había casado una vez, y no podía cuidar de
ella. La amargura de la decepción de su matrimonio la había cambiado. De alguna manera, se las arregló para conseguir que abuela
Evila le firmara a ella las escrituras de la propiedad, que incluía el
terreno en donde había sido construída la casa de mi padre. Él le
había permitido a mi tía vivir en la casa en su ausencia, ya que no
estaba allí de todos modos y necesitaba a alguien para cuidar de
la casa. Pero nunca se imaginó que su hermana se la robaría tan
descaradamente.

—¿Cómo pudo hacer eso? —preguntó Mila—. Tu propia hermana. Y tu madre, ¿cómo fue a entregarle tu casa a Emperatriz, así
nada más? Has sido un buen hijo. Mira todo el dinero que le has
enviado todos estos años. Sin ti, ya se habría muerto de hambre.

—¿Qué va a hacer? —le preguntó Mago a Papi. Sabíamos lo que
significaba esa casa para Papi. Sabíamos que era su plan de respaldo
en caso de que las cosas no funcionaran para él aquí en los Estados
Unidos. Fue una inversión que nos había costado la relación con
nuestros padres, que le costó su matrimonio a Mami con mi padre.
El precio de la casa fue demasiado alto, como Mami dijo una vez. Y
ahora, había sido robada.

—¡Yo voy a ir allá y hacer que me devuelva mi casa! —dijo Papi,
golpeando el puño sobre la mesa de la cocina.

—No puedes ir, Natalio. Si te descubren en tu camino de regreso,
tu solicitud de amnistía será rechazada. ¿Realmente quieres poner
en peligro tu oportunidad de llegar a ser legal? —dijo Mila.

Pero Papi no estaba escuchando. —No voy a perder la casa. No
puedo perder la casa. Es todo lo que tengo.

—Pero no tenemos dinero para pagar tu boleto de avión. No tenemos dinero para pagar a un coyote para traerte de vuelta —insistió
Mila—. Estamos apenas sobreviviendo tal como podemos.

Pero Papi no quiso escucharla, y al día siguiente se fue.

Mientras estaba en México, tuve que hacer un gran esfuerzo para
concentrarme en la escuela. Me preguntaba qué estaba haciendo

Papi. Me preguntaba si a estas alturas mi tía y mi abuela se habían dado cuenta de su error y le habían devuelto la casa a su legítimo propietario. Me dolía saber que la tía Emperatriz había actuado de manera deshonesta. Ella fue tan buena con nosotros, y yo siempre la recordaba con cariño. Ahora, no solamente había traicionado a Papi, sino a nosotros también.

Me pregunté si Papi estaba ya en camino de vuelta. Recé para que cruzara la frontera de manera segura. Recé para que no lo mataran, no lo hirieran o lo capturara la migra. Me dolía el estómago al saber que si lo descubrían, él perdería su oportunidad de convertirse en un residente legal, de finalmente tener la seguridad que deseaba desesperadamente. ¿Y qué sería de sus sueños, que para entonces se estaban convirtiendo en mis sueños también?

Dos semanas más tarde, volvimos a casa de la escuela para encontrar a Papi sentado en la mesa de la cocina, con la cabeza inclinada hacia abajo. Su rostro estaba pálido, a pesar de las quemaduras de sol que había recibido al cruzar la frontera. Sus ojos estaban rojos e hinchados por la falta de sueño. Parecía más delgado que cuando se había ido. Corrimos hacia él, feliz de que había cruzado la frontera. Se volvió hacia nosotros y nos dijo: —Nunca voy a volver allá.

Pensé en todas las veces que Mago, Carlos y yo habíamos ayudado a cargar ladrillos y cubetas de mortero a los albañiles. Pensé en esas noches cuando no podíamos dormir porque estábamos tan adoloridos. Pensé en los años que Papi se había ido, que Mami se había ido, para que pudieran construir la casa de sus sueños.

—¿Qué pasó, Papi? —preguntó Mago.

Él nos dijo que la abuela Evila estaba enferma y frágil, y de alguna manera mi tía había logrado coaccionarla, y hacerla sentir tan culpable que terminó por darle las escrituras de su propiedad. Mientras estuvo allí, mi tía le había dicho que lo hecho, hecho estaba. Ella dijo que Papi no tenía necesidad de una casa cuando él tenía mucho ya. ¿Qué no vivía aquí en este hermoso país? ¿Qué más podía pedir? Dijo que ni su padre ni su madre lo apoyaron, que ninguno de sus padres lucharon por él. Dijo: —Nunca me he sentido tan solo en mi vida.

Me hubiera gustado abrazarlo, decirle que entendía su pérdida, decirle que me dolía tanto como le dolía a él, que él no estaba solo, que nos tenía a nosostros, sus hijos. Pero yo no sabía cómo abrazarlo. Yo no sabía cómo decirle lo que sentía, y por eso no dije nada en absoluto.

Por las tardes a las cinco y media, miraba la puerta del cuarto de Papi y me preguntaba si ese día finalmente saldría con su cuaderno bajo el brazo, listo para volver a la escuela. Pero la puerta permanecía cerrada. Después de dos semanas de mirar su puerta cerrada, me di cuenta de que la casa de sus sueños no era la única cosa que había perdido.

13

Reyna y Papi en 1988

A FINALES DEL VERANO, antes de que comenzara el octavo grado, tuve dos cosas para celebrar: me había convertido en una señorita, y, a diferencia de mi hermana, mi cuerpo menstruaba en silencio. También había completado con éxito el programa de inglés como segundo idioma y me había librado de mi condición de estudiante de ESL.

Cuando el nuevo año escolar empezó, me matricularon en inglés regular de octavo grado. Desde el año anterior, me había convertido en una adicta a la lectura, en parte porque yo no era buena para hacer amigas. Huía de los niños porque siempre había algo por lo que se burlaban de mí: mi nombre ridículo, mi altura, mis tenis de Payless, mi acento, la ropa fuera de moda que usaba por cortesía de las ancianas de Kingsley Manor.

Cada viernes antes de regresar a casa, me detenía en la biblioteca de Arroyo Seco para sacar libros. Lo máximo que se me permitía sacar eran diez, y yo los leía durante toda la semana. Al principio, lo único que leía eran las colecciones de cuentos de hadas que tenía la biblioteca, de los hermanos Grimm hasta *Las mil y unas noches*. Los cuentos de hadas me recordaban a Iguala, y de la hora del cuento en la radio. Cuando terminé con esos libros, la bibliotecaria me llevó a la sección de jóvenes y me recomendó unos libros. Tenían títulos como *Sweet Valley High* y *The Babysitters Club*. Como mis habilidades para leer mejoraban, empecé a leer libros más gruesos. Mis favoritos eran por una autora llamada VC Andrews.

Me gustó la serie de *Sweet Valley*, pero esos libros no tenían nada que ver con mi vida. Los personajes eran dos hermanas gemelas que tenían el pelo rubio como si hubiera sido besado por el sol, un bronceado dorado, deslumbrantes ojos verdes-azulados, perfectas figuras de talla seis. Personajes cuyo mundo era tan diferente al mío. Y sin embargo, seguí leyendo esos libros porque estaba seducida por la vida de las gemelas. Esos libros me mostraron un mundo al que yo quería pertenecer, donde no había padres alcohólicos, no había madres que iban y venían una y otra vez, donde no había temor a la deportación. Me preguntaba lo que sería vivir en un lugar como ese. Ese mundo era el lugar perfecto que me había imaginado eran los Estados Unidos.

Pero con los libros de VC Andrews, encontré una conexión. A pesar de que no estaba escribiendo acerca de mi cultura mexicana, podía relacionarme con sus personajes y sus experiencias. Me quedé asombrada cuando leí *Flores en el ático*, una novela sobre cuatro niños quienes, cuando su padre se murió, fueron llevados por su madre a vivir con sus abuelos. Los niños fueron encerrados en el ático, y pronto la madre comenzó a visitarlos cada vez menos, comenzó a salir con otros hombres, dejándolos a merced de su abuela malvada.

Cuando leí *Heaven*, inmediatamente me identifiqué con la pobreza en la que esos niños vivían, aunque el escenario era West Virginia rural, no Guerrero, México. En *Mi dulce Audrina*, sabía de primera mano la añoranza que Audrina sentía por su padre, y su deseo desesperado de ser amada por él.

Otra cosa que me gustó de los libros de VC Andrews era que me hacían sentir mejor. Es cierto que mi vida era muy difícil, pero nada tan malo como la forma en que sus personajes sufrían. Abuela Evila no nos daba de comer mucho, pero por lo menos, hasta donde yo sé, ¡nunca nos trató de envenenar!

Leí tanto que a veces me escondía bajo las sábanas con una lámpara y no me iba a dormir hasta que terminaba mi libro. Cuando obtuve mi primer par de lentes más adelante en ese año, Mago dijo: —Ahora te ves como una bibliotecaria —tal vez para insultarme. Pero sólo me hizo amar los libros aún más.

A mitad del año escolar, me enteré de un concurso de cuentos cortos en la escuela. Mi profesora de inglés nos animó a todos los estudiantes para que participáramos. Pensé en el cuento que escribí en la escuela Aldama. Tenía miedo de que mi escritura una vez más fuera rechazada. Sin embargo, parte de mí tenía algo que mostrar. *Estoy en clases regulares de inglés ahora, ¿no? Con la excepción de mis habilidades de pronunciación, mi inglés es casi tan bueno como el de los hablantes nativos, ¿no? Yo podría tener una oportunidad de ganar en esta ocasión, ¿no?*

¿Y si por algún milagro lograba ganar? ¡Papi finalmente se sentiría orgulloso de mí! Yo no dejaba de pensar que él no lo estaría. Hasta el momento, hacer sentir a mi padre orgulloso de mí había resultado imposible. Ni una sola vez había ido a mis conciertos de banda. Y yo no era la única tratando de llamarle la atención. Carlos se había metido a un equipo de fútbol pero mi padre no iba a sus juegos. Mago se había interesado en la danza moderna y bailaba en los juegos de baloncesto durante el medio tiempo y en otros eventos, pero mi padre no iba a ver por sí mismo lo buena que era su hija para bailar. Entonces, ¿qué posibilidades tenía yo de hacer que mi padre finalmente me tomara en cuenta? Probablemente ninguna, pero yo quería intentarlo.

Debido a la influencia de las gemelas de Sweet Valley High, escribí un cuento corto de dos gemelas idénticas, Beverly y Kimberly. Pero en mi cuento, cuando las gemelas eran bebés, fueron separadas cuando sus padres se divorciaron. La madre se quedó con Beverly, y el padre se llevó a Kimberly. Un día, cuando eran adolescentes, las gemelas se reunieron por casualidad, y tuvieron que luchar para recuperar todo ese tiempo perdido y encontrar una manera de superar esa separación.

Mirando hacia atrás ahora, me doy cuenta de que mi primer cuento marcó la pauta para todos mis otros relatos, de historias de familias desintegradas, padres ausentes y hermanos que fueron separados. Pues ese era el mundo en que vivía, el mundo que conocía.

Entregué mi cuento y durante las siguientes dos semanas, estuve ansiosa por los resultados. Para entonces estaba empezando a enamorarme de la escritura. En mi forma de escribir, no podían escuchar mi acento, por eso el saxo, la escritura y el dibujo eran mis formas favoritas de expresarme.

Cuando llegó el momento de saber los resultados del concurso, los dieron a través de la bocina durante la sesión de asesoría. —Felicitaciones a todos los estudiantes que participaron en el concurso de cuentos cortos— dijo la directora a través del altavoz. Yo contuve la respiración y puse la cabeza entre mis manos—. Recuerden que aunque no hayan ganado, de todos modos siguen siendo ganadores.

Ella comenzó con las menciones honoríficas, pero mi nombre no era uno de ellos. Luego anunció el ganador del tercer lugar. No era yo. A continuación, el ganador del segundo lugar. No era yo, y ahora las lágrimas empezaban a formarse. —Y el ganador del primer lugar es… Reyna Grande.

Me fijé en el altavoz. ¿Había escuchado mi nombre? Mi maestra aplaudió y dijo: —Enhorabuena, Reyna. Estoy tan orgullosa de ti. Todos los estudiantes me miraron, y por primera vez, no me miraban para criticarme, sino para felicitarme.

Cuando fui a mi clase de inglés, mi maestra tenía el premio de la competencia para mí. Frente a toda la clase, me dio un listón azul que decía "Primer Lugar" y mi premio, que eran dos boletos de entrada grapados a un folleto. Una foto de un barco de crucero hermoso estaba en la portada del folleto.

¿Acababa de ganar dos boletos para ir en un crucero? Mi corazón empezó a latir fuertemente. *¡No estará Papi finalmente orgulloso de mí cuando se entere de que yo lo llevaré en un crucero!*

—Estos son boletos para ir al Queen Mary —mi maestra me dijo.

—¿El Queen Mary? —le pregunté. Eché un vistazo a la imagen del barco de crucero. ¡Qué bonito nombre para un barco! Pero yo nunca había oído hablar de él antes—. ¿Dónde está? —le pregunté a mi maestra.

—En Long Beach.

Yo no sabía dónde estaba Long Beach tampoco, pero yo estaba tan emocionada pensando en la aventura que yo iba a tener en ese crucero y lo divertido que sería compartirlo con mi papá. Tal vez podríamos tener un momento de padre e hija, finalmente podríamos establecer un fuerte vínculo, por fin podríamos superar la brecha que nuestra separación había creado. Pensé en nosotros dos de pie en la cubierta mientras el barco se alejaba del puerto. Me imaginé que nos tomábamos de las manos, y no dejarlas ir mientras éramos envueltos en azul celeste.

—Eh, tú sabes lo que es el Queen Mary, ¿verdad? —me preguntó mi profesora, interrumpiendo mi ensoñación. Cuando me negué con la cabeza, me contó una breve historia sobre el Queen Mary, sólo que dejé de escuchar cuando llegó a la parte en la que el Queen Mary no va a ninguna parte. Me pregunté por qué carajos la escuela me había dado boletos para un barco de crucero que no iba en cruceros. Volví a mi asiento, y para el resto del día no pude dejar de pensar en esa aventura que pensé que iba a compartir con mi padre.

∽

A pesar de la decepción por el crucero, me fui a casa ese día sintiéndome muy orgullosa, y no podía esperar a que Papi volviera a casa para darle la noticia.

Tan pronto como abrió la puerta, corrí a él y le conté que había ganado el primer lugar en una competencia. Le mostré el premio y mi cuento. Papi miró los boletos. —¿Qué diablos es el Queen Mary?

Yo le dije que era un barco de crucero, y odiaba admitir que no iba a ninguna parte.

—Entonces, ¿cuál es el punto de ir a verlo?

—¡Porque gané!

—Yo ni siquiera sé dónde está.

—Está en Long Beach.

—Long Beach es un lugar muy grande —dijo—. No quiero perderme.

—¿No podríamos preguntar por el camino? —pregunté. Pero ya sabía la respuesta. Papi no iba a ninguna parte a menos que él supiera a dónde iba. Sin otra mirada, Papi me devolvió mi premio y el cuento. Puse el listón de premio y el cuento adentro de una pequeña caja donde guardaba mis recuerdos. Me dije que el premio no era importante. Era el hecho de que mi escritura no había sido rechazada lo que importaba. Saqué mi libreta de mi mochila, encontré una página en blanco, y me puse a escribir otro cuento.

14

Reyna y "RoboCop"

MI PRIMER AMOR fue un amor prohibido. Mi primer amor tenía los ojos aterciopelados del color de las montañas en Iguala. Me recordaba a mi hogar.

Mi primer amor era un niño en una bicicleta. Por el rabillo del ojo vi que la montaba tranquilamente por la avenida 50 en el lado opuesto de la calle. No pedaleaba sino que dejaba que la gravedad lo jalara para abajo de la calle empinada. De esta manera, mantenía el ritmo conmigo mientras me dirigía a la tienda de licores para comprar un líquido para encendedor de carbón para Papi. Cuando entré en la tienda, me volví a mirarlo. Esperó allí en la esquina en su bicicleta. Yo sabía que todavía estaría allí cuando saliera.

El chico que me gustaba se llamaba Luis Gómez, y era de El Salvador. Dos semanas antes, mi amiga Phuong, a quien había conocido en la clase de ESL, me lo señaló durante el almuerzo. Ella había dicho: —¿Ves a ese chico ahí, él que tiene los ojos verdes? Lo vi entre los otros muchachos con quién estaba. Phuong me dijo en su inglés mocho: —Yo lo quiero. Ve a hablar con él por mí. Ella me empujó hacia él, pero no me moví. ¿Cómo iba a ir donde un completo extraño para hablar con él sobre mi amiga? Me dijo Phuong que Luis acababa de empezar clases de ESL y no hablaba mucho inglés. Phuong no hablaba mucho tampoco, y por eso no había pasado a la clase de inglés regular como yo.

Mago había pasado también. En Franklin High School, ella no se juntaba con los estudiantes de ESL. Se movía en "mejores" círculos ahora que había conseguido un buen conocimiento del inglés. Carlos estaba en clase de inglés regular también, pero a él le gustaban los chicos de ESL, y esos eran los amigos que tenía en Franklin. Yo estaba siguiendo su ejemplo. No me daba vergüenza, como a Mago, que la gente supiera de dónde venía.

Phuong quería que yo actuara como su mensajera, y me decía lo que tenía que decirle a Luis en español por ella. Ella dijo: —Reyna, tú y yo somos hermanas, tienes que ayudarme. Phuong dijo que éramos como hermanas porque yo parezco asiática, al igual que ella. A veces los maestros y estudiantes pensaban que era china, filipina, japonesa o tailandesa. Nunca había oído hablar de estas nacionalidades hasta que llegué a este país, y odiaba el hecho de que estaba siendo despojada de mi mexicanidad. Le decía a la gente: —Soy mexicana, de México —pero a veces no me creían. Más tarde descubriría que la historia de México incluye muchos inmigrantes de diferentes lugares del mundo, como Asia. Y esta fue la fuente de mis rasgos asiáticos.

Finalmente tuve el valor suficiente para ir a hablar con Luis durante la hora del almuerzo al día siguiente, y le dije que mi amiga Phuong estaba enamorada de él, tal como ella me había dicho que le dijera. Luis se rió y dijo que ella apenas lo conocía, así que ¿cómo podía amarlo? Yo no sabía qué decirle, pero él me miró con esos ojos verdes, y yo supe que al igual que Phuong estaba perdida.

Cada día iba a entregarle los mensajes de Phuong a él, pero sólo tardaba un minuto o dos y después él me hacía preguntas, pero no sobre Phuong, sino de mí. Phuong no era tonta. Ella no hablaba el español y no podía entender realmente lo que hablábamos desde donde ella esperaba, pero al final de la semana Phuong me dejó de hablar. Ella dijo: —Tú eres una mala hermana, Reyna Grande —y luego se dio la media vuelta y se alejó.

Supongo que yo no estaba destinada a ser el cupido de nadie.

Salí de Barney's Liquors and Market con el encendedor de carbón, y sabía que tenía que darme prisa a casa porque Papi estaba haciendo carne asada en la parrilla y me estaba esperando. Pero Luis me saludó desde el otro lado de la calle y me indicó que me acercara. La luz no estaba ni siquiera verde todavía, pero mis pies ya apuntaban en su dirección, y di un paso a la calle. El semáforo se había puesto verde ya para cuando estaba a medio camino de Luis y sus ojos como esmeraldas.

Él dijo: —Vamos a dar un paseo —y se bajó de su bicicleta y caminó junto a mí. Él no hablaba mucho, y yo tampoco. El nuestro era un amor en silencio. Le miré con el rabillo de mi ojo. Tenía el pelo rizado, más rizado que el mío, y era el color de piloncillo, como el que abuelita Chinta ponía en guayabas hervidas para hacer conserva. Luis dijo: —¿Alguna vez te han besado? —y yo negué con la cabeza, sintiendo la tierra bajo mis pies convertirse en lodo. Sentí un alboroto en mi cabeza, y miré sus ojos verdes. Pensé en el lote baldío por la casa de la abuela Evila, cuando Carlos, Mago y yo manejábamos el viejo coche hacia "la montaña que tiene un dolor de cabeza". Sólo que ahora era la montaña la que se movía hacia mí, y me perdí en su belleza aterciopelada.

Papi dijo: —¿Adónde diablos te habías metido?

Miré a lo lejos, y en mi nube de ensueño le entregué el encendedor de carbón y pasé junto a Papi. Me pregunté si Luis estaba pensando en mí y en el beso que acabábamos de compartir. Mis labios estaban todavía palpitando.

Papi me golpeó en la cabeza con la mano. —Respóndeme —dijo.

—No tenían líquido de encendedor en la tienda de licores, así que tuve que ir a la tienda en la avenida 52 —le dije.

Él dijo que no era tonto. Sabía que yo estaba mintiéndole. Dijo:

—Mientras vivas bajo mi techo, no vas a mentirme, escuincla. Ahora, ¿adónde estabas?

Yo no podía hablarle de mi primer beso. Él me pegaría de seguro, arruinaría mi hermoso recuerdo. ¿Y por qué no podía dejarme en paz para que yo pudiera volver a reproducir el momento más importante de mi vida una y otra vez sin interrupción?

—¡Respóndeme ahora! —dijo, poniendo una mano en su cinturón.

—Yo no tengo que vivir con usted si no quiero —le dije desafiantemente, pensando en el beso. En mi euforia, todo lo que podía pensar era que él ya no podía tratarme como una niña—. Cuando yo quiera, me puedo ir a vivir con mi mamá.

Me di la vuelta y me dirigí a la puerta. Caminé hacia la esquina de la avenida 50 como si estuviera rumbo a coger el autobús. Realmente no me pensaba ir, pero estaba cansada de que Papi siempre me hacía sentir como si él fuera nuestra única opción. Tal vez lo era. Mami nunca nos había dicho que nos fuéramos a vivir con ella. ¿Cómo podríamos caber en ese pequeño apartamento? Pero Papi no tenía por qué saber eso.

Luis y sus amigos estaban sentados en la barda que rodeaba la casa de la esquina. Vivía en el otro lado de la calle Granada. Estaba sentado allí, y él y sus amigos me silbaron. Luis me gritó algo, y no escuché lo que dijo, pues lo próximo que supe fue que mi pelo se sentía como si se hubiera atorado en algo y se estaba desgarrando de mi cuero cabelludo.

—Hija de la chingada, ¡no vas a ninguna parte! —dijo Papi detrás de mí. Él me llevó de vuelta a la casa jalándome del pelo, y le grité que me soltara. Luis y sus amigos silbaron más fuerte, y me pareció oírlos reírse. Yo no podía ver a Luis a través de mis lágrimas, pero yo sabía que él estaba allí, siendo testigo de mi vergüenza. Papi me llevó a la casa, y Carlos y Mago le rogaron que me dejara ir, pero él se quitó el cinturón y me pegó. Pensé en Luis y sus ojos verdes, y muy pronto, ni siquiera sentí el aguijón de los latigazos.

⚭

El lunes, durante el almuerzo, fui en busca de Luis. Me pregunté si él me pediría que fuera su novia, ahora que habíamos compartido un beso. Pero cuando me acerqué a él y a sus amigos, Luis me miró y se dio la vuelta, como si yo no estuviera allí. Sus amigos me señalaron, y Luis sacudió la cabeza y no volvió a mirarme. Más allá, vi a Phuong con sus amigas asiáticas. Ella sonrió y luego se volteó, y me dolió al saber que había perdido a mi amiga por un chico que ya no estaba interesado en mí. ¿Era mala para besar? ¿Era por eso que no quería hablar conmigo? ¿O era que Papi me había humillado delante de él? ¿Creía que yo era todavía una niña porque me daba mi padre palizas? Toqué el lado derecho de mi muslo, donde la hebilla del cinturón de Papi me había dejado un tatuaje plasmado. Tal vez Luis pensaba como mi padre y como mi madre. Tal vez, era demasiado fácil dejarme.

Volví a mi lugar favorito, los escalones que conducían al salón de la banda. El maestro Adams no estaba allí, así que me senté en los escalones y saqué mi libro de VC Andrews, porque ella, al menos, seguía siendo mi amiga.

15

*Mago, Mila, Reyna y Papi en
la graduación de Mago en 1990*

En junio de 1990, cinco años después de nuestra llegada a los Estados Unidos, Mago hizo historia. Ella se convirtió en la primera persona de nuestra familia en conseguir un diploma de la preparatoria. Me convertí en la tercera persona (después de Mago y Carlos) en graduarme de la secundaria. Mi logro pequeño no era gran cosa de que orgulleserse, pero me dije que esto era sólo el comienzo. A través de todas sus conversaciones del futuro, mi padre me había inculcado algo que no podía darle un nombre en inglés, pero en español se llamaba "ganas".

Cuando mi padre me pegaba, y en su borrachera me llamaba una pendeja y una hija de la chingada, me aferraba a la visión del futuro que me había dado durante sus momentos de sobriedad. Pensé en esa visión cuando los golpes venían, porque el padre que me golpeaba, el que prefería quedarse en casa y beber en lugar de asistir a mis conciertos de banda o conferencias de padres y maestros, no era el mismo padre que me decía que un día yo iba a ser alguien en este país. Eso lo sabía.

Una segunda cosa más para celebrar era que el mes anterior nuestras tarjetas de residencia por fin llegaron en el correo. ¡Nos habíamos convertido en residentes legales de los Estados Unidos! Finalmente podíamos dejar el miedo de ser deportados y podíamos mirar hacia el futuro con nueva esperanza. Papi dijo: —Yo he hecho mi parte, ahora todo depende de ustedes. Y los tres apretamos nuestras *green cards*, imaginando las posibilidades. La primera que aprovechó nuestro nuevo status legal fue Mago. Llegó justo a tiempo para que Mago no se preocupara por no poder asistir a la universidad. En México, el sueño más grande de Mago había sido el de ser una secretaria de un abogado. Ahora, Mago no quería ser una secretaria, quería ser la abogada que tenía una secretaria. Eso era lo que mi papá nos había enseñado que aquí en este país nosotros podríamos ser lo que quisiéramos ser. Papi sacó un préstamo de $5.000 bajo su nombre para ayudarla con los gastos de su colegio porque dijo que su "Negra" nos iba a hacer sentir orgullosos.

En el verano, asistí al campamento de la banda en la Franklin High School, ya que ahora era mi nueva escuela. Me alegré de que Franklin tenía una banda de marcha. Me gustaba mi pequeña banda de Burbank, pero todo lo que hicimos fue tener un par de conciertos cada año. Aquí, en Franklin, estaríamos marchando en desfiles, tocando en partidos de fútbol, encuentros de motivación y muchas otras cosas que no hicimos en Burbank. La mejor parte era que la escuela proporcionaba a cada estudiante en la banda el uniforme. Era de color azul marino y oro, y tenía la mascota de Franklin —una pantera— en la parte delantera. Lo único que no nos dieron fueron los zapatos de marchar, los que Mago me compró con el dinero que ganaba en una agencia de cobros, donde ahora trabajaba tiempo parcial.

Todos los días hacíamos ejercicios de marcha y practicábamos en el campo de fútbol. Durante los descansos, me gustaba encontrar un lugar tranquilo para almorzar, lejos del resto de los miembros de la banda. Vagamente conocía algunos. Había un chico, Axel, a quien había conocido en la banda en Burbank. Iba un año delante de mí, así que esta era la primera vez que lo veía desde que se había graduado en Burbank. Él tenía sus propios amigos, y yo era demasiado tímida para decirle algo, salvo un saludo por las mañanas.

Después de tantos años de que se rieran a causa de mi nombre y mi acento de "mojada", que aún tenía, sin importar lo buenas que eran mis habilidades para la escritura, yo era una persona introvertida. Miré a Axel y a sus amigos, y me hubiera gustado tener el coraje de ir a sentarme con ellos. En vez de ello, me escondí detrás de mis lentes y metí mi nariz en la novela de Stephen King que había traído conmigo.

El campamento de la banda hizo que el verano pasara rápidamente. Lo siguiente que supe fue que agosto llegó a su fin, y septiembre estaba sobre nosotros. El séptimo, cumpliría los quince años.

No iba a tener una quinceañera, como yo siempre había soñado. Papi dijo que ese tipo de fiestas eran demasiado caras. Unos meses antes nos habíamos mudado, finalmente, al apartamento de tres recámaras para que Mago, Carlos y yo pudiéramos tener privacidad. Él dijo que estábamos demasiado grandes para estar durmiendo en la sala. Ahora, con su parte de la hipoteca mucho más alta que antes, Papi dijo que no había dinero para nada, menos para una fiesta. En cambio, ese fin de semana del Día del Trabajo me iba a llevar a Raging Waters por primera vez. Le dije que no podía engañarme. No íbamos allí para celebrar mi cumpleaños. Íbamos allí porque Kingsley Manor iba a tener un picnic de verano para los empleados. Dijo que no iría si no fuera por mi cumpleaños. Le contesté en inglés con una palabra que había aprendido en la escuela de otros niños.

"Whatever."

Unos días antes de nuestro paseo a Raging Waters, llegué a casa agotada después de la práctica de banda. Mago llegó después que yo. Juntas, limpiamos la casa e hicimos nuestros deberes antes de que

Papi llegara a casa. A él no le gustaba llegar a una casa sucia. Carlos no había vuelto todavía. Todo el verano se había ido al parque a jugar fútbol con sus amigos. Le habíamos dicho que regresara antes de que Papi llegara del trabajo. A Papi no le gustaba que nosotros anduviéramos en las calles demasiado tarde.

Pero Papi y Mila llegaron a casa del trabajo, y no había señas de Carlos. —¿Dónde está su hermano? —preguntó. Le dijimos que no lo sabíamos. Tomó una cerveza de la nevera y se fue a su habitación.

Pronto dieron las siete y todavía no teníamos idea de donde andaba Carlos. Él nunca se había quedado tan tarde en el parque. Mago y yo le preguntamos a Papi si podíamos ir a buscarlo, pero él negó con la cabeza. —No pueden andar caminando en la oscuridad solas. Además, su hermano ya está metido en un gran problema, conmigo.

Mago y yo nos fuimos a nuestra habitación y, mientras practicaba mi saxo, Mago se blanqueaba los vellos de sus brazos. Ahora que tenía un trabajo, ella siempre se estaba haciendo cosas. Se compró toneladas de maquillaje y siempre estaba practicando frente al espejo, pero no importaba lo mucho que se pusiera, no podía ocultar las cicatrices en la cara con satisfacción. Después vino a casa un día con un par de calzones que tenían rellenas en las nalgas falsas, porque odiaba su trasero plano. En otra ocasión, compró paquetes de goma de mascar que quitaba el apetito, porque dijo que estaba demasiado gorda.

—Ven aquí, Nena. Voy a blanquear los vellos de tus brazos. Están más peludos que los míos —dijo—. Y mira, cuando te blanqueas los vellos, ¡hace que tu piel se vea más blanca! Extendió su brazo para que yo viera.

Lo que me salvó de tener los vellos de los brazos blanqueados fue escuchar que la puerta de la entrada se abrió; salimos corriendo a la sala para ver a Carlos llegar en los brazos de dos hombres.

—¿Qué pasó? —Mago dijo a medida que nos apresuramos a ayudar. La cara de Carlos estaba pálida y cubierta de sudor. Él gimió con cada paso que los hombres tomaron. Lo llevaron al sofá.

—Su pierna está herida —dijo uno de los hombres mientras se limpió el sudor de la cara con la camiseta de fútbol.

—Uno de los chicos del otro equipo trató de quitarle la pelota y le dio una patada en la espinilla en lugar de la pelota —dijo el otro—. Su hermano no tiene espinilleras. Lo llevamos a un huesero, pero creo que sólo empeoró las cosas. Creo que el hueso está quebrado.

Les dimos las gracias a los hombres, y se fueron. Carlos estaba tratando de no llorar.

—¡Te lo dije! —gritó Papi cuando salió de su habitación y vio que Carlos estaba de regreso—. Te dije que dejaras de ir al parque. Te dije que no te metieras en problemas, pero no me escuchaste. ¡Ahora te chingas! Papi empezó a alejarse, en dirección a su habitación. *¿Qué quiere decir que ahora Carlos se chingó?*

—¿Adónde va? —dijo Mago—. ¡Hay que llevarlo al hospital!

—Pues no lo voy hacer —dijo Papi al detenerse en la puerta de su recámara—. Eso va a enseñarle una lección. Entonces él cerró la puerta de un tirón.

Mago y yo nos miramos la una a la otra con horror. *¿Cómo no iba a llevarlo al hospital? ¿Qué pasa si su pierna está realmente quebrada?* Nos dirigimos a Mila. Estábamos esperando que dijera que ella iba a llevarlo al doctor. ¿Que no siempre había sido ella quien nos había llevado al médico, de todos modos? En cambio, dijo: —Voy a tratar de convencerlo —y se metió a la recámara.

Nos sentamos en el sofá con Carlos. Hacía una mueca de dolor con cualquier pequeño movimiento. Él dijo: —Me duele mucho, Mago. No puedo soportarlo más. Y luego se puso a llorar. No podía recordar la última vez que lo vi llorar. Incluso cuando Papi lo golpeaba, él se tragaba sus lágrimas y no lloraba, aunque hacía que Papi se enojara más y lo golpeara más duro.

Mago se levantó y fue a tocar la puerta de la recámara de Papi. Yo no sé por qué Mila no había vuelto a salir. —¡No puede dejarlo así! ¡Está sufriendo de mucho dolor! —dijo Mago a través de la puerta. Pero no hubo respuesta. Ella siguió tocando la puerta, y no importó lo mucho que gritó, Papi nunca salió.

Mago fue a la cocina para hervir agua. Ella regresó con una olla de agua caliente, un bote de sal y toallas limpias. Mezcló la sal en el agua caliente y dijo que tal vez eso ayudaría a reducir la inflamación.

Hubiera querido tener el coraje de hacer algo. Llamar al 911. Ir a buscar ayuda con los vecinos. Hacer algo. Mago y yo nos miramos la una a la otra y rápidamente desviamos la mirada, la vergüenza nos asfixiaba en el interior, porque ninguna de nosotras nos atrevimos a desafiar a nuestro padre.

Toda la noche nos turnamos para poner toallas calientes sobre la pierna de Carlos. Le dimos aspirina y tratamos de hacerlo que se durmiera. Fue una noche muy, muy larga para los tres. Pensé en esas noches en México, de cómo Mago nos había ayudado a pasar el tiempo contándonos cuentos de nuestro padre, excavando sus recuerdos que la hacían feliz, como el del Día de los Reyes Magos cuando él nos había traído regalos. Pero esa noche, cuando Carlos y yo la mirábamos para que nos reconfortara, ella no pudo decir nada. ¿Qué había que decir? Pensé en "el hombre detrás del vidrio", de como me hubiera gustado no haberlo dejado atrás en México. En su silencio eterno, él había sido un padre mucho mejor que ahora.

Llegó la mañana y Papi aún se negaba a llevar a Carlos al hospital, diciendo que él no iba a perder un día de trabajo por la estupidez de mi hermano. Nos fijamos en Mila, suplicándole, pero simplemente miró hacia otro lado, no queriendo contradecir los deseos de Papi. Ambos se fueron a trabajar. Mago se fue a trabajar también, prometiendo que volvería con ayuda. Ese era mi último día de campamento de la banda y Carlos me dijo que no debería perderlo. Él dijo: —Ve, voy a estar bien. Pero no quería ir, no podía ir y dejar a mi hermano así.

En el trabajo, Mago le dijo a sus compañeros sobre nuestro dilema y muchos de ellos se ofrecieron a ayudar para llevar a Carlos al hospital. Llegaron en la hora del almuerzo. Se necesitó cinco personas para sacar a Carlos de la casa. Dos de ellos lo apoyaban por los hombros, y los otros tres lo sujetaron de las piernas, teniendo cuidado con la pierna izquierda para evitar que se moviera. Cualquier movimiento pequeño hacía a Carlos gritar de dolor.

Justo cuando estaban a punto de ponerlo en el automóvil de uno de los compañeros de Mago, Papi llegó a casa. —Vine a llevarlo al hospital —dijo mientras salía de su camioneta.

—Bueno, pues es demasiado tarde —dijo Mago—. *Yo soy* la que lo voy a llevar.

—Es mi hijo. Yo lo llevaré.

Mago lo miró con enojo, y pensé que iba a discutir con él sobre ello. Pero ella fue lo suficientemente inteligente para darse cuenta de que Carlos tenía que ir al hospital, y no importaba quién lo llevara, con tal de que alguien lo hiciera. Les pidió a sus compañeros que pusieran a Carlos en la camioneta de Papi. Ellos terminaron poniéndolo en la cajuela de la camioneta para que Carlos pudiera mantener la pierna recta. Vimos cuando se alejaban, y el pobre Carlos hacía una mueca de dolor cada vez que la camioneta pasaba por un bache. Volvió a casa con la pierna enyesada. Se le había quebrado la tibia y el peroné.

—Eso es lo único que su padre sabe ser —nos dijo Mila esa noche—. Fue maltratado por sus padres y la violencia es todo lo que conoce.

No le dijimos a Mila que estábamos hartos de sus justificaciones del comportamiento de Papi. Entendimos lo que Papi tuvo que haber pasado porque ya sabíamos como eran la abuela Evila y el abuelo Augurio. Pero eso no nos hacía sentir mejor. Si Papi sabía lo que se siente al ser maltratado por sus padres, ¿entonces no podía entender cómo nos sentíamos nosotros? ¿No debería tratar de ser un mejor padre? Además, no fue nuestra culpa que su propia familia le hubiera dado la espalda, incluso yendo tan lejos como robarle la casa por la cual trabajó tan duro para construir. ¿Por qué desquitarse con nosotros? ¿Por qué tomar todas sus frustraciones y decepciones con nosotros?

—Yo regresé por ustedes, ¿no? —nos decía Papi a veces, cuando queríamos hablar de sus maltratos.

Luego nos callábamos y bajábamos la cabeza, y no teníamos más remedio que seguir soportando sus golpes. Incluso cuando él me dio un puñetazo en la nariz con tanta fuerza que me la quebró, cuando yo vi las gotas de sangre caer en mis tenis una por una, me dije que tal vez él estaba en lo cierto. No debíamos esperar nada mejor de él. No nos había olvidado, después de todo. Estábamos aquí por él. *Yo* estaba en este país a causa de él. Yo le *rogué* que me trajera. Yo obtuve lo que quería, después de todo. ¿Cómo podría quejarme ahora, simplemente porque las cosas no eran como lo habíamos esperado?

El Día del Trabajo fuimos a Raging Waters, según lo previsto. Mago llevó a su novio, Juan, un chico que conoció en la escuela y vivía en la calle de nosotros en el gran edificio de apartamentos por Fidel's Pizza. Era su primer novio oficial, ya que Papi le había dado su permiso. Me dijeron que podía andar con ellos, pero yo sabía que sólo iba a estorbar. Además, no me gustaba Juan. No es que hubiera algo malo con él. Sólo que ahora, en vez de pasar tiempo conmigo, Mago pasaba su tiempo libre con él. Hubiera querido que Papi no le hubiese permitido tener un novio. Pero Mago estaría cumpliendo los diecinueve años el mes siguiente, e incluso Papi no podía detener que ella creciera. Tenía miedo del día en que ella ya no fuera *mi* Mago, sino de alguien más.

Mila y Papi se pasaron el día juntos también, hablando con sus compañeros de trabajo. Debido a que Carlos tenía una pierna enyesada, no tuvo más remedio que permanecer en el mismo lugar y cuidar nuestras pertenencias. Pasé todo el día sola. Caminaba de un lado del parque al otro, preguntándome en qué juegos me podría subir. La mayoría de los niños tenían a alguien con quién andar. Me parecía ser la única persona en Raging Waters que estaba sola. Traté de subirme a los juegos, pero en el tercero, cuando me subí a un tobogán, aterricé en la piscina y no podía tocar el fondo, y me asusté. Yo no sabía nadar, y la muerte de mi prima Catalina todavía me obsesionaba.

Decidí abandonar todo y volví al lado de Carlos. —¿Por qué no te subes a los juegos? —preguntó Carlos, mirando con anhelo las piscinas azules brillando bajo el sol y los juegos de agua por todas partes. Tantos años soñando con nadar en las piscinas de La Quinta

Castrejón, y ahora que estábamos en un lugar cien veces más bello, no podíamos disfrutarlo.

—Es un asco subir yo sola —le dije.

—Bueno, también es gacho estar aquí así —dijo, levantando una de sus muletas. Así que nos sentamos allí, viendo a los niños correr, chorreando agua, yendo y viniendo de un juego a otro, riendo y gritando. Hasta que por fin, llegó la hora de regresar a casa.

Carlos en Raging Waters

16

Reyna en Franklin High School

Después de que Carlos se quebró la pierna, las cosas no volvieron a ser iguales entre Mago y Papi. No era algo que uno pudiera ver de inmediato, pero conocía a mi hermana mejor de lo que yo me conocía a mí misma, y podía sintonizarme con sus emociones de la misma manera en que podía girar y girar la boquilla de mi saxo hasta que el sonido que salía era perfecto.

Antes, ella se enorgullecía de volver a casa en los días de pago y entregarle la mitad de su sueldo a Papi para ayudarlo con los gastos del hogar. Ahora, sus dedos vacilaban por un momento antes de soltarle los billetes a Papi. Él no se daba cuenta. No la conocía como yo.

Ella ya no tenía el deseo febril de ser la mejor en la escuela, sólo porque eso hacía feliz a Papi. A pesar de que ella era ahora la primera persona en nuestra familia asistiendo a la universidad, ella ya no se preocupaba por ser la "mejor y la más brillante" en sus clases en Waterson College. En su lugar, hablaba de buscar un trabajo de tiempo completo para poder comprarse un coche y ropa bonita. Hablaba de su deseo de salir con sus compañeros de trabajo, que pasaban sus fines de semana bailando en los clubes.

—A Papi no le va a gustar verte andar en los clubes —le decía.

Ella se encogía de hombros y decía: —Me importa un bledo lo que le guste o no le guste. —Y así nada más, el padre que había deseado mientras estaba en México, el padre que había soñado sería su héroe, se desvaneció de sus ojos. Por desgracia, no fue lo mismo para mí, y no me era fácil despedir mi deseo de agradar a mi padre. La aceptación de mi padre hacia mí se había convertido en mi única razón de ser.

Un día de noviembre, mientras caminaba con Mago por la calle Figueroa, donde habíamos ido a hacer otro pago en el Fashion 21 para la ropa que Mago había puesto en reserva, pasamos por las tiendas y miramos con nostalgia los zapatos y la ropa bonita que los maniquíes en los escaparates traían puesta. Al pasar por un taller de vestidos, Mago se detuvo bruscamente y me llevó con ella a la ventanilla. Un maniquí llevaba el vestido de quinceañera más hermoso que jamás había visto.

Eché un vistazo a Mago y me pregunté si se sentía mal por no haber tenido una quinceañera. Cuando cumplió los dieciséis años, Papi le hizo una fiesta, tal vez porque se había sentido mal por no haberle hecho una quinceañera. La fiesta se llevó a cabo en el estacionamiento de los apartamentos. Mago se puso el vestido azul, largo y esponjado, que usó en su graduación de secundaria y se hizo una permanente en el pelo.

Ahora, mientras miraba fijamente el vestido que el maniquí llevaba, quería recordarle esa fiesta, decirle que una fiesta de sus dieciséis en un estacionamiento de coches era mejor que no tener fiesta, pero no lo hice. Pensé en esas noches en México, cuando íbamos a vender cigarrillos y golosinas con nuestra madre en La Quinta

Castrejón y veíamos todas esas chicas con sus hermosos vestidos de quinceañera. Me fijé en la mirada de añoranza en sus ojos, y sabía que si me veía en un espejo en ese momento, sería la misma mirada que tendría en mis propios ojos.

—Vamos —dijo ella, dándose la vuelta y jalándome lejos de la vitrina. Estaba sumida en sus pensamientos, y justo cuando estaba a punto de preguntarle lo que pensaba, se detuvo bruscamente y me dijo: —¿Sabes qué, Nena? Te voy a hacer una fiesta de quince años.

—¿De qué estás hablando? Estás loca —le dije—. Ya cumplí los quince años hace dos meses. Y además, ¿de dónde vas a sacar el dinero?

—No lo sé, pero voy a conseguirlo. Le pediré a mis amigos que sean los padrinos. Pero lo haré.

Pensé que mi hermana había perdido el juicio. Las quinceañeras eran caras, y no había manera de que Mago, con su trabajo de tiempo parcial, podría llevarla a cabo. Cuando llegamos a casa, Mago se pasó en el teléfono con sus amigas y les dijo lo que tenía en mente. No quería decirle a Papi al respecto. —Este es *mi* regalo para ti —dijo—. No quiero que él tenga nada que ver con esto. —Pero yo insistí en que ella le dijera. ¿Quién sabía? Tal vez él se podía entusiasmar con la idea. Esto podría ser una forma para que ellos repararan su relación. Por último, me las arreglé para convencerla, pero cuando le comentó su plan a Papi, él fue aún más escéptico que yo. —Estás loca —dijo, y él no se ofreció a ayudar.

Traté de no entusiasmarme con la quinceañera, a sabiendas de que muy pronto Mago reaccionaría y se daría cuenta de que no iba a suceder. Para mi sorpresa, el domingo cuando fuimos donde Mami, Mago le habló de sus planes, Mami decidió ayudar con la quinceañera y se ofreció a conseguir algunos padrinos. Mago dijo que no estaba muy sorprendida por la respuesta de Mami. Ella dijo: —¿No te acuerdas de esas noches en La Quinta Castrejón? Y de repente supe lo que quería decir. Esas noches en La Quinta, no éramos las únicas que miraban a las muchachas florecer de las limusinas como rosas. Mami las miraba también. Ella, que tampoco tuvo una fiesta de quince años, que también una vez fue una chica soñadora.

Una semana después Mami nos llamó para decirnos que un amigo sería el padrino del pastel, otra se haría cargo de la comida, y ella pagaría por los recuerdos. Los amigos de Mago se ofrecieron a ayudar a pagar por el salón de baile, la misa, el fotógrafo, los arreglos florales, el DJ. Mago no buscó un padrino para el vestido. Ella me compraría mi vestido de quinceañera ella misma. Se fijó la fecha para el dos de mayo de 1991, lo que nos dejó un poco más de cinco meses.

El entusiasmo de Mago era contagioso. Incluso Carlos quería participar. Se ofreció para ser uno de mis chambelanes y me ayudó a encontrar mi chambelán. Tuve el coraje de pedirle a Axel que fuese mi chambelán, pero al día siguiente me dijo que no podía porque su familia no le permitió participar. También le pedí a mis amigas que fueran mis damas, y por suerte, sus familias aceptaron.

El vestido que me hizo el modista profesional que Mago contrató costó $350. La parte de abajo estaba hecha de capas y capas de tul azul. La parte superior estaba hecha de satín blanco, y las mangas estaban decoradas con moños de satín azul. Parecía una princesa, así como siempre había soñado.

No había hecho mi primera comunión, porque Papi nunca nos llevó a la iglesia, y después de que ese chico en la secundaria le partiera el corazón, Mago nunca hizo otro intento de volver a la Iglesia San Ignacio. Sin abuelita Chinta para recordarnos que debíamos orar y mantener a Dios en nuestros corazones y pensamientos, habíamos perdido nuestra religión.

Ese día, yo estaba fuera de la iglesia en la Placita Olivera a punto de tener una misa en mi honor. Oficialmente iba a ser mujercita ante los ojos de Dios. El problema era que para tener esta misa tuvimos que mentirle al sacerdote de haber hecho mi primera comunión. Ese fue un requisito para la misa. Cuando el sacerdote nos preguntó, Mago de inmediato dijo que yo había hecho mi primera comunión en México, pero no teníamos el certificado para probarlo. Él nos creyó, y me sentí mal después de haberle mentido al sacerdote.

El organista empezó a tocar, y mi corte, compuesta por seis parejas, entró en la iglesia de dos en dos. Me aferré a mi chambelán, que era un amigo de mi hermano. Era un muchacho dulce, pero no había nada romántico entre nosotros. Ésto se trataba estrictamente de negocios. Él estaba allí para darme la mano, tomarse fotos conmigo y bailar el vals conmigo, pero al día siguiente, él podría seguir con su vida y yo con la mía. Pensé en Axel. Yo deseaba que su familia le hubiese permitido participar, deseaba que estuviera allí conmigo en lugar de un chico que apenas conocía.

Mi corazón latía más rápido a medida que entramos a la iglesia. Mis ojos se posaron en la estatua de Jesucristo colgada en la pared. *Perdóneme por mi mentira, Jesús.* Me aferré a mi chambelán mientras caminábamos por el pasillo. La gente me sonrió y me felicitó. Papi y Mila estaban sentados a mi izquierda. Mago, Mami, Betty, Rey y mi hermanito Leonardo estaban sentados a mi derecha.

Muy pronto llegamos al altar, y yo estaba de rodillas ante el sacerdote. Jesús me miraba desde su cruz, y mis ojos me estaban empezando a arder porque estaba a punto de cometer un pecado grave. Me volví a mirar a Mago, que estaba sentada en la primera fila. Quería que parara esto. Quería que le dijera al sacerdote que había mentido y que no debía realizar esta misa. Pero ella estaba tan emocionada, mi hermana, tan orgullosa de lo que había logrado ese día, que sabía que tenía que seguir con esto no importara lo que pasara. No podía arruinar la fiesta que mi hermana había trabajado tan duro para darme.

El temido momento llegó cuando pusieron la Sagrada Hostia en mi lengua y se quedó pegada en el techo de mi boca tan pronto como la cerré. Las lágrimas llenaron mis ojos cuando la Hostia comenzó a disolverse, y me imaginé a Jesús desde el cielo estallando en un haz de luz cegadora, mandándome directamente al peor de los infiernos imaginables, un infierno donde me pasaría toda la eternidad sola, sin mi Mago, pues a pesar de que quería dejar de ser eclipsada por mi hermana y su personalidad más grande que la vida, estaba aterrorizada de estar sin ella, de estar por mi cuenta. De hacer mi camino en el mundo sin ella a mi lado. *Perdóneme, Jesús. Por favor, no me quite a mi hermana.*

Después de la misa, nos tomaron fotos afuera de la iglesia. —Nena, ¿Qué te pasa? ¡Sonríe! —dijo Mago, mientras que el fotógrafo tomaba una foto tras otra. Pero yo no podía hacerlo, y en todas las fotos parecía como si estuviera asistiendo a un funeral.

A medida que nos dirigimos a Los Feliz para tomar fotos en la Fuente de Mulholland en la esquina de Riverside y Los Feliz Boulevard, le dije a Mago lo que tenía en la mente. —Voy a irme al infierno. ¡He cometido un gran pecado! Me puse a llorar. Ella se echó a reír.

—Nena, todo eso es una tontería. En primer lugar, no hay infierno o diablo, esos son sólo cuentos con los que la abuela Evila le gustaba asustarnos. Vamos, ¿cuándo vas a dejar de creer en eso? Usa esa imaginación tuya para otras cosas. En segundo lugar, si *hay* un infierno, ya estamos viviendo en él. Ella me secó las lágrimas y me abrazó. A partir de entonces, comencé a sonreír en las fotos, y ya no pensé en mi miedo de ser castigada por mentirle al sacerdote. Mago estaba en lo cierto. Ya estábamos viviendo en una especie de infierno en este extraño lugar de belleza rota.

La recepción se llevó acabo en el salón Highland Hall en la calle Figueroa. Esa noche fue una noche en que mis deseos se hicieron realidad. Yo había querido que mi padre y mi madre estuvieran juntos en el mismo lugar. Ahora, allí estaban, aunque en lados opuestos del salón de fiestas. Mi madre corría de un lado a otro para ayudar a servir la comida a los invitados. Llevaba un vestido negro cubierto de lentejuelas. Ella incluso se había ido a peinar en un salón de belleza. Yo nunca la había visto tan glamorosa. Mi padre estaba en el lado opuesto del salón con una camisa de vestir y corbata, sentado al lado de Mila. Ella tomaba sorbos de su refresco, mientras que mi padre bebía cerveza tras cerveza, como si tuviera miedo de que se fueran a acabar. El fotógrafo los llamó y nos tomó fotos. Primero, me tomé una con mi madre. Entonces me tomé una con mi padre. Y así cuando él se alejaba, lo jalé de su brazo y me tomé una con los dos, mi padre y mi madre a cada lado.

Finalmente, llegó el momento para el vals y al fin llegaría a bailar con mi padre. El DJ no tenía "El Vals de las Mariposas", por lo que mi padre y yo bailamos una canción clásica. Pero no sentí las emociones abrumadoras que pensé que sentiría cuando finalmente bailara con mi padre. Mi corazón no latía, mis manos no sudaban, mi cabeza no me daba vueltas. Yo no sentía nada. Olí el alcohol en su aliento y volteaba la cara lejos de la suya. Siempre, mis ojos volvían a mi hermana, que estaba de pie junto a la puerta mirándome con orgullo. Y supe que debería haber estado bailando este vals sólo con ella.

Reyna en su quinceañera

17

Reyna como miembro de
All City Honor Marching Band

E N NOVIEMBRE, EN mi tercer año en Franklin, recibí la buena
noticia de que había sido aceptada en la banda All City Honor
Marching Band, que estaba integrada por estudiantes de las sesenta
preparatorias del Distrito Escolar de Los Ángeles. Para entrar, tuve
que dejar el saxofón y cambiarlo por la marimba portátil. All City
sólo aceptaban a músicos que tocaran los bronces e instrumentos
de percusión. Me alegré de que hubiera tomado una clase de piano
en Burbank, pero fue triste que al comenzar mi tercer año, tuve
que dejar mi saxofón y ponerme a tocar la muy bella, pero pesada
marimba. El sonido era tan dulce que incluso después de que la
práctica terminara, todavía podía oírlo en mi cabeza. Era como

tener un hada en mis oídos, aunque no se me ocurrió que un día ese sonido dulce, fuera la causa de mi sordera parcial.

Yo no fui la única que cambió de instrumentos. Axel abandonó temporalmente su clarinete para tocar la trompeta para que también pudiera entrar en All City. Poco después, nos encontramos en el autobús de la escuela en las mañanas de los sábados. Yo estaba feliz de saber que él y yo estaríamos marchando juntos en el Desfile de las Rosas de 1992.

Como de costumbre, mi padre no había dicho nada acerca de que fuera aceptada en la banda All City. Pero no dijo que no podía estar en la banda, a pesar de que se me exigía estar fuera de la casa todos los sábados, así que me dije a mí misma que en el interior él estaba realmente orgulloso de mí. Yo no había tenido la oportunidad de ser una abanderada en la escolta en México, al igual que Mago, pero marchar en el Desfile de las Rosas en frente de millones de personas, ¡era mucho mejor!

Todos los sábados, nos llevaban a Dodger Stadium, donde practicábamos con nuestros respectivos grupos las canciones que íbamos a tocar en el Desfile de las Rosas, mi favorita era "La Malagueña". Más tarde ese día, más de cien miembros de la banda nos pusimos en fila para marchar alrededor del Dodger Stadium. Era una marcha de siete millas. Al final de cada práctica los pies de todos estaban adoloridos y los oídos me zumbaban.

Axel y yo empezamos a sentarnos juntos en la parte posterior del autobús. Yo sabía que le gustaba y a mí definitivamente él me encantaba, pero él no quería que nadie supiera sobre nuestro romance. Incluso después de que compartimos nuestro primer beso en la parte trasera del autobús escolar, él no quería que nadie lo supiera. Tenía vergüenza de andar conmigo, eso yo lo sabía.

Desde que empecé en Franklin, había obtenido una mala reputación. Tal vez "obtenido" no es la palabra correcta. Obtener implica algo añadido, como un bono, una ventaja. Maldecida era una mejor palabra. Sí, maldecida con una mala reputación. Desde las prácticas de verano del año anterior, las chicas de la banda comenzaron a susurrar cosas sobre mí, diciendo que yo era una engreída sólo porque no me juntaba con ellas y mantenía la cabeza enterrada en un libro.

Más tarde, cuando comenzó el año y empezamos a asistir a los partidos de fútbol y desfiles, era todavía demasiada tímida para hacer amigos, no sabía cómo. Esto dio lugar aún a más habladurías hasta el punto que no podía mirar a alguna chica sin sentirme despreciada. Incluso hoy en día la gente todavía malinterpreta mi timidez por arrogancia.

Un día, algo se rompió dentro de mí y comencé a rebelarme. Estaba recibiendo suficiente maltrato en casa, me dije a mí misma, para que también tuviera más líos en la escuela con completos extraños. Una rabia que nunca había sentido brotó dentro de mí, y empecé a atacar. Hice como que no me importaba lo que decían o pensaran de mí. Empecé a contestarle feo a la bastonera, que era una chica rápida para decir cosas malas sobre mí. Una vez, cuando estábamos practicando nuestras formaciones en el campo de fútbol, ella nos pidió a todos que trajéramos nuestros instrumentos a pesar de que no íbamos a tocarlos. Decidí dejar mi marimba en el salón de banda porque la espalda me dolía, y era demasiado pesada para cargarla si no la iba a tocar. Cuando la bastonera me vio sin mi instrumento, dijo: —Reyna, ve a traer tu instrumento. ¡Ahora!

El campo estaba en el lado opuesto del salón de la banda, en el otro lado del puente que conectaba un lado de la escuela al otro, y yo traté de decirle que no tenía ningún sentido para mí tener la marimba si no la iba a tocar ese día. Ella siguió insistiendo, así que terminé por gritarle —¡Si quieres la marimba, vete a traerla tú misma! —Después de eso, me odió aún más por ser desafiante frente a toda la banda.

Los únicos que no me trataban mal eran los chicos, pero eso era porque sólo querían una cosa de mí, y eso era algo que los niños en la escuela llamaban un "scam". Significaba darse un agasajo con alguien, pero cuando miré en el diccionario la definición era diferente, más apropiada a lo que estaba sucediendo: me estaba siendo estafada, engañada, embaucada. Cuando el agasajo se terminaba, los chicos se iban felices por su lado sin mirarme más. Me dejaban sintiéndome igual que me sentía cuando mi padre me miraba, sin de veras *mirarme*. Me dejaban sintiéndome como si yo no existiera. Como si yo no importara.

*¿Y qué si no importo? ¿Y si esa es la razón por la que no puedo gustarle
a un muchacho más que un solo día? Para algo más que un agasajo?* Yo me
preguntaba muchas veces. No sabía en ese entonces justo cómo mi
relación con mi padre afectaría mis relaciones con otros hombres,
no sabía que mi deseo de ser amada por él —y su inabilidad de
hacerlo— me haría tan desesperada de encontrar afecto por otras
partes. Entre más me negaba su cariño, más lo buscaba en los chicos
que conocía.

Pensé que Axel era diferente. A pesar de que era de Guatemala,
y no de México como yo, tenía una conexión con él que yo no
había tenido con ningún otro chico. Sus padres lo habían dejado
para ser criado por su abuela, tal como yo había sido criada por
mis abuelas en México. Entendí a Axel y el dolor que sintió por
la ausencia de sus padres. Pero también él sólo quería darme un
agasajo en el autobús escolar en nuestro camino hacia y desde el
Dodger Stadium, sin embargo, cuando el autobús se detenía en
frente de Franklin, nuestro romance se quedaba en suspenso hasta
el próximo fin de semana.

Por último, el día del Desfile de las Rosas llegó, y Mago fue la que se
levantó conmigo a las cinco de la mañana para ayudar a prepararme.
Me encaminó a Franklin y esperó conmigo hasta que el autobús
escolar me recogiera. Más tarde, obtuvo un aventón de un amigo y
se reunió conmigo en Pasadena, donde ella caminó por la ruta del
desfile junto a mí con una cámara de video prestada. La miraba por
el rabillo de mi ojo, y de vez en cuando la perdía en la multitud, y
creía que ella se había cansado de la caminata, pero más tarde volvía
a aparecer más adelante en Colorado Boulevard con la cámara de
vídeo dirigida a mí. Mi padre y mi madre no estaban allí. Pero Mago
sí. Y su presencia, como siempre, llenó el vacío de la ausencia de
mis padres

Cuando el Desfile de las Rosas había terminado, y ya no hubo
más viajes en autobús el fin de semana al Dodger Stadium, Axel y
yo sólo nos veíamos después de la escuela y pasábamos el rato en los
lugares donde no éramos vistos.

—¿Por qué no podemos simplemente ser como una pareja normal? —yo le preguntaba.

—Simplemente no estoy listo todavía —decía. Deseaba que no tuviera tanto miedo de lo que la gente pudiera decir.

Un día después de la escuela, mientras nos encontrábamos fuera del salón de la banda esperando que el maestro Quan llegara y empezara la práctica, oí a los clarinetistas decir que Axel le había pedido a una porrista que fuera al baile de graduación con él.

—¿Y qué le dijo? —una de las chicas preguntó. Me incliné hacia ellas para escuchar, pero en ese momento el maestro Quan llegó y nos metimos al salón. Eché un vistazo a Axel desde el otro lado del salón, y quería ir a preguntarle sobre lo que había escuchado, quería que me dijera que no era cierto.

—Hey, Axel, oí que Marlene dijo que sí —dijo uno de los trompetistas. Axel asintió con la cabeza y luego me miró. Miré mi saxo, fingí que estaba muy ocupada con él. Sentí que se me cerró la garganta y se me apretaron los dientes en la boca. Yo no sabía cómo iba a ser capaz de obtener suficiente aire para soplar el saxo y tocar.

—Lo siento —dijo Axel después de la práctica. Me encogí de hombros y fingí que no me importaba.

Me fui a casa y le conté a Mago. Ella dijo: —Olvídate de él, Reyna. No vale la pena.

Quería decirle que estaba equivocada. Era yo la que no valía la pena. *¿Qué no es por eso que mi papá me trata como lo hace? ¿Qué no es por eso que los chicos de la escuela me tratan de la manera que lo hacen?*

El día del baile, pasé la mayor parte del día escuchando música de *Los Miserables*, en especial "On My Own." Me gustaba cerrar los ojos y me imaginaba caminando en una noche lluviosa, pensando en Axel, deseando que él estuviera conmigo.

—Vamos Nena, vamos a salir —dijo Mago, apagando la música.

Ella me llevó a bailar para distraerme. Carlos no quería venir porque no le gustaba la misma música que a Mago. Él prefería bailar con música mexicana como quebraditas y norteñas, mientras que a Mago le gustaba house y techno. No me importaba a mí. A mí me gustaba la música de marcha y de concierto, porque eso era lo que tocábamos en la banda.

Nos dirigimos hacia el Club Riviera, en Eagle Rock en el Toyota Tercel de Mago. El coche olía a plástico nuevo y a coco, y por un instante sentí una punzada de tristeza al saber lo que este coche le había costado a mi hermana. Tres meses antes, Mago y Papi habían ido a la concesionaria en la calle Figueroa para que ella se comprara un coche nuevo. Papi fue cosignatario del préstamo, pero se arrepintió al poco tiempo. Un coche nuevo viene con una factura mensual grande. Un mes y medio, poco después de la compra de este coche, Mago sitió el peso de su deuda y encontró un trabajo de tiempo completo en el departamento de clasificados de La Opinión, un periódico en español. Fue buena fortuna que ella había encontrado ese trabajo. Mago había acumulado demasiada deuda por toda la ropa y zapatos bonitos que se estaba comprando. Era como si estuviera tratando de compensar todos esos años en México cuando sólo tenía trapos para vestir. Yo iba con ella a May Co., Robinson's y la Broadway para hacer los pagos de sus tarjetas de crédito, pero nunca las podía pagar. Ella dijo que estaba harta de la ropa de las ancianas que Mila nos traía de Kingsley Manor, dijo que quería vestir a su manera, desarrollar su propio estilo. Sacudió su pelo, que ahora estaba teñido de color marrón oscuro con rayitos dorados, y me dijo que nunca más iba a ponerse ropa usada. Sus amigas en México nunca la reconocerían ahora.

A veces, hasta yo casi no la reconocía. Mi hermana se estaba convirtiendo en una chica con clase, eso estaba por seguro. Pero por la deuda de las tarjetas de crédito y el préstamo del coche, Mago se había salido de la universidad para trabajar tiempo completo. Pasé un dedo por el salpicadero mientras que Mago aceleró por la calle Figueroa, preguntándome si algún día encontraría su camino de regreso a la universidad, si ella nunca más le importarían los sueños de nuestro padre. Traté de no juzgar a mi hermana con demasiada dureza. ¿Acaso no había renunciado a tanto de sí misma por Carlos y por mí? En realidad, era justo que ella tuviera las cosas bonitas que quería, me decía. Y ella no era egoísta. Incluso entonces había continuado cuidándonos, dándonos las cosas que nuestros padres no podían o no querían darnos. Como el año anterior, cuando Carlos había puesto su corazón en un anillo de graduación para conmemorar su logro de ser el segundo en la familia Grande-Rodríguez de graduarse de la prepa. Papi no había tenido el dinero así que Mago fue la que le compró el anillo a Carlos. Ella también había pagado su boleto para que pudiera ir a la Noche de Graduación en Magic Mountain. Y eso no fue todo lo que hizo. Ella continuó dándonos el apoyo emocional que necesitábamos. Como en este momento, cuando me sentía, como Anne of Green Gables hubiera dicho, "en las profundidades de la desesperación" por un chico que sólo podía amarme cuando nadie lo estaba mirando.

Mago entró en el club primero y luego su amigo salió a darme la tarjeta de identificación de Mago, para que la usara para entrar. Cada vez que usaba el maquillaje de Mago y su ropa, casi me parecía a ella, casi, si nadie prestaba atención al hecho de que yo era una versión de ella más fea, menos refinada. Yo traté de bailar con sus amigos, pero no podía perderme en la música, en la forma en que ellos lo hacían. Terminé sentándome en la mesa la mayor parte del tiempo mirando a Mago deslizarse por la pista, las luces de la discoteca de colores parpadeando a su alrededor. Pensé en Axel. *¿Está bailando con la porrista ahora? ¿O están sentados en una mesa juntos, cogidos de la mano? Tal vez para ahora ellos se han ido a otro sitio, tal vez a la playa donde ella puede apoyarse en él, mientras el viento juega con su cabello.* Una cosa que sabía con certeza era esta: él no se sentía avergonzado de ser visto con ella.

18

Mago y Reyna con
Carlos en su boda

U N MES MÁS tarde, mi padre llegó a casa con un viejo Datsun amarillo que había comprado a un amigo. Le dijo a Carlos que el coche era para él. Carlos acababa de terminar su primer año en Los Angeles City College. —Mi carnal me va a hacer sentir orgulloso de él —dijo Papi mientras miraba a Mago con decepción. El coche estaba viejo, pero a Carlos no le importó. Él sonrió y se apresuró a coger las llaves de Papi. Él y Papi se fueron a dar una vuelta, y los miré alejarse. Me volví a echar un vistazo al Toyota Tercel de Mago. Me alegré de que Papi había pensado en darle a Carlos un coche para que no cayera en la tentación de comprarse uno nuevo y endrogarse. El Tercel de Mago era precioso, el color de un mar en calma, pero cuando pensé en lo que realmente le había costado, me encontré odiándolo, como si fuera culpa del coche que mi hermana hubiera renunciado a su educación.

—Ya veremos cuánto tiempo le va a durar ese pedazo de basura —dijo Mago. Yo tenía la esperanza de que cuando empezara la universidad, Papi me compraría un coche también. Aunque se tratara de uno viejo y usado como el que le había comprado a Carlos. Mientras que viniera de mi padre, yo sabía que yo lo iba a apreciar, tal y como yo apreciaba todo lo positivo que me decía en esos momentos raros de sobriedad.

Lo que mi padre no había contado cuando le dio el coche a Carlos era que ahora también sería más fácil para que Carlos viera a su novia. Su nombre era Griselda, y él la había conocido en Franklin. Ella era su primera novia oficial, y Carlos estaba loco por ella. Mago y yo pensábamos que era porque a Griselda no parecía importarle los dientes chuecos de Carlos, que eran la pesadilla de su existencia. A pesar de que le rogaba a nuestro padre que le ayudara a arreglarse los dientes, Papi le seguía diciendo que no, que era muy caro y él no tenía dinero. Al igual que Mago y sus cicatrices, Carlos no podía ver más allá de la fealdad de sus dientes.

Entre la escuela y su novia, Carlos se mantuvo ocupado y pasó el verano. El semestre de otoño se inició con Carlos estudiando muy bien en la escuela. Su sueño era obtener una carrera en la justicia penal y deshacerse de los delincuentes. Al igual que mi papá, él no tenía ninguna tolerancia para los pandilleros y juró limpiar las calles de Los Ángeles y deshacerse de ellos. Pero un día, llegó a casa y le dijo a Papi que estaba muy enamorado.

—¿Quieres decir que crees que estás enamorado —dijo Papi—. A tu edad, ¿qué sabes tú del amor?

Carlos cumpliría los veinte años en febrero.

—Yo amo a Griselda, y me voy a casar con ella —dijo Carlos—. Sólo le pido que por favor vaya conmigo para pedir su mano en matrimonio.

—Estás loco —dijo Papi—. No voy a hacer tal cosa. No sé lo que estás pensando. Vas a la escuela. ¿Sabes lo que va a pasar si te casas?

Tendrás que abandonar la escuela y conseguir un trabajo para que puedas mantener a tu esposa. ¿Por qué quieres echar a perder tu oportunidad de conseguir una educación para casarte con una chica que acabas de conocer?

—Yo la amo —dijo Carlos.

—Yo no sé por qué los traje a este país, sólo para que puedan tirar todo a la basura. Fue una oportunidad única en la vida, ¿no se dan cuenta de eso? —dijo Papi. Esta vez, él no se limitó a mirar a Carlos, pero a Mago y a mí—. ¿Saben ustedes cuántas personas morirían por estar en su lugar? ¿Para tener las oportunidades que tenemos aquí?

En ese entonces, no había sido realmente consciente de las muchas personas jóvenes, que como nosotros, habían sido traídos a los Estados Unidos desde niños, pero que, a diferencia de nosotros, no habían tenido la suerte de obtener su residencia legal. Mi padre tenía razón. Había muchas personas que hubieran matado por tener las posibilidades que mis hermanos y yo teníamos de ir a la universidad. Pero no sería hasta más tarde que finalmente lo entendería.

—No me importa —dijo Carlos, poniéndose de pie—. Voy a casarme con ella.

Mago y yo tratamos de hablar con Carlos y quitarle la locura de ese matrimonio, pero él se negó a escuchar.

Lo siguiente que supe, él le había pedido a mi madre que fuera con él a la casa de Griselda para pedir su mano en matrimonio. Mi madre estuvo de acuerdo con sus planes y así de pronto, un mes y medio después de su vigésimo cumpleaños, Carlos se convirtió en un hombre casado, el jefe de su propia casa. Así como Papi lo había temido, Carlos abandonó la universidad, se buscó un pequeño apartamento para él y su nueva esposa y consiguió dos trabajos.

Dieciocho meses —y un hijo— después, se divorció, pero nunca terminó la universidad.

19

*Mi prima Lupita lavando los platos
en el patio de abuelita Chinta*

E N 1993, DURANTE mi último año en Franklin, Mago decidió acompañar a nuestra madre en su próximo viaje a México. Al igual que mi padre, mi madre fue una de los 2,9 millones de personas que obtuvieron su residencia legal de los Estados Unidos a través de la Immigration Reform and Control Act del 1986. Desde que se había legalizado, ella había ido a México cada año, a veces incluso dos veces al año. Para entonces, ella había dejado su trabajo en la fábrica y una vez más había vuelto a vender Avon, aunque ahora vendía los cosméticos en el mercado Starlite, donde alquiló un stand. A pesar de que le habíamos sugerido que aprendiera inglés y se encontrara un mejor trabajo, mi madre insistía en vivir de la manera en que ella había vivido en México o como había vivido cuando era indocumentada. Ella se rehusaba aprender inglés o a manejar un carro. Se rehusaba a buscar un trabajo que le ofreciera más beneficios —como un seguro médico y un plan de retiro, un buen trabajo que le ayudara a ya no tener que recibir ayuda del gobierno.

Cada vez que se encontraba añorando a su país, sacaba a Leonardo y a Betty de la Ninth Street Elementary y se los llevaba con ella a México. Rey permanecía para atender el stand del mercado, porque a pesar de que ahora era un residente legal, al igual que mi madre, él no lo aprovechó tampoco.

A diferencia de mi padre, que era un tirano cuando se trataba de la escuela y nos exigía una asistencia perfecta, a mi madre no le importaba que sus hijos más pequeños perdieran su educación. A pesar de que tanto Leonardo como Betty habían nacido en este país, casi no hablaban inglés. Su educación primaria de la Ninth Street Elementary era en español, y fueron puestos en las clases junto con el resto de los niños inmigrantes. Su falta de una buena educación, tanto por la mala escuela y la inabilidad de mi madre de valorar la educación, puso a mis hermanos menores en situación de desventaja. Por lo tanto, no fue una sorpresa cuando más tarde Betty y Leonardo dejaron de asistir a la secundaria, y Betty se involucró en las pandillas y terminó siendo una madre adolescente.

En aquel entonces, Mago, Carlos y yo todavía no habíamos visitado a Iguala. Cuando la tía Emperatriz le robó la casa a mi padre, él dijo que ya no regresaría al lugar de su nacimiento. —¿Para qué? —Había dicho—. No tengo nada allí.

Sí volvió, cuando su madre murió cuatro años más tarde, en 1997, pero nunca más regresó. Y años después, en su lecho de muerte, seguiría llorando la pérdida de su casa.

Pronto me di cuenta que la razón por la cual Mago quería ir a México era porque su mejor amiga, Gaby (a quien conoció en La Opinión), quería ir a Acapulco, que es un viaje en autobús a tres horas de Iguala. —Voy a ir con usted a Iguala, por unos días —le dijo Mago a Mami mientras nos dirigíamos a la agencia de viajes—. Después voy a reunirme con mi amiga en Acapulco. Yo había pensado que quería ir a México porque echaba de menos a nuestra familia y el lugar que había sido nuestro hogar alguna vez. Al igual que yo.

Mientras estábamos sentados en la agencia de viajes y repasando los detalles de la tarifa aérea, Mago me sorprendió cuando me preguntó si yo quería ir. —No tengo dinero —le dije.

—¿Cuándo lo has tenido? —Mago dijo, poniendo los ojos en blanco—. Yo te estoy ofreciendo el boleto de avión. ¿Quieres ir o no?

Sabía que no debería dudar en decir que no. Toqué mi ombligo, algo que yo no había hecho en mucho tiempo, y una vez más sentí el anhelo de mi país de origen, aunque me avergonzó el darme cuenta de que el anhelo no era tan fuerte como solía ser. Pensé en todas las deudas de tarjetas de crédito que Mago tenía, el pago de su coche, la factura de la línea telefónica que había instalado en nuestra recámara, el dinero que tenía que darle a nuestro padre por los gastos del hogar. Pensé en los préstamos de la escuela que aún tenía que pagar por una educación universitaria que había dejado.

—No sé —dije, avergonzada de mí misma por no ser capaz de decirle que no, no quería que ella gastara más dinero porque prefería que lo utilizara para regresar a la escuela.

—Sé que quieres ir —dijo. Ella le entregó su tarjeta de crédito a la agente y compramos nuestros boletos.

Mago, Mami, Leonardo, Betty y yo fuimos a México unas semanas más tarde. Carlos no pudo ir debido a sus responsabilidades ahora que era el jefe de su propia casa. Papi se puso furioso cuando se enteró de que estaría faltando una semana y media a la escuela para ir en el viaje, pero Mago le dijo que iba a tener que dejarme ir, porque los boletos no eran reembolsables. Me sentí muy mal por tener que faltar a la escuela. Yo podía contar las veces que había faltado en una sola mano: en quinto grado cuando tuve piojos, en séptimo grado, cuando tuve la varicela, en octavo grado, cuando tuvimos que ir a la Embajada estadounidense en Tijuana para procesar el papeleo para nuestra residencia legal. Y ahora, mi último año. Al final, Papi cedió cuando llegué a casa con las tareas que mis profesores me dieron para que no me retrasara mientras faltaba. Por mucho que odiaba faltar a la escuela y no obtener el certificado de asistencia perfecta que me encantaba recibir al final del semestre, estaba desesperada por regresar al país de mi nacimiento.

No sabía qué esperar cuando regresara a México. Dos meses a partir de entonces, iba a celebrar mi octavo aniversario en los Estados Unidos. Yo tenía diecisiete años. Pensé que ya no era la niña que había vivido allí, aunque ahora me doy cuenta de que esa niña estará siempre dentro de mí.

Nos dirigimos a la casa de la abuelita Chinta, pasamos por el puente sobre el río en el que mi prima Catalina se ahogó, excepto para aquel entonces ya no era tanto un río, sino un vertedero de basura.

—¡Es asqueroso! —dijo Mago a medida que fuimos golpeados con el olor a agua estancada y podrida.

Pasamos por la estación de tren, y yo me sorprendí al verla completamente vacía.

—¿Dónde están los vendedores? ¿Dónde están los viajeros? —le pregunté al taxista.

Él nos dijo que un año antes, el gobierno mexicano había privatizado el sistema ferroviario y el tren en Iguala fue suspendido. Ya no había pasajeros que pasaban y venían por allí todos los días. Ya no había vendedores que vendían sus mercancías y comida. Ya no había gente de los pueblos vecinos que venían allí para coger el tren. Los hombres como mis tíos, que habían dependido de los trenes de carga para ganarse la vida, habían tenido aún más dificultad para sobrevivir.

A medida que aceleramos por la carretera, me volví a mirar a la estación de tren y sentí mis ojos llenarse de lágrimas. Ese ya no era uno de los lugares más importantes de Iguala. Ahora era sólo una reliquia, una herida abierta que nunca permitiría que la comunidad olvidara que una vez hubo tal cosa como el progreso.

Como teníamos demasiadas maletas, el taxista no tuvo más remedio que dejarnos en la puerta de abuelita Chinta, en lugar de bajarnos por la carretera principal. Pero eso significaba que ahora tenía que pasar por encima del camino de tierra que estaba lleno de hoyos y piedras. Me sentí como si estuviéramos en un barco que se sacudía en una tormenta.

—Jesucristo —dijo Mago—. No puedo creer estos caminos. ¡Se arruinaría mi Tercel de seguro!

Tan pronto como llegamos al árbol de tamarindo por la casa de doña Chefa, supe que estábamos casi allí. Mi corazón empezó a latir más rápido. Nos detuvimos frente a la pequeña choza de mi abuela.

Yo sabía que había estado en los Estados Unidos por mucho tiempo cuando al ver la choza de mi abuela, con sus cañas de bambú, techo de metal corrugado y cartón, me sorprendió. *¿En verdad había vivido yo en este lugar?*

A unos metros de distancia de la casa había un vagón de carga abandonado en las vías. Había cinco niños jugando en él, y sentí una punzada de tristeza que ellos nunca conocerían a la Iguala que yo había conocido, el lugar lleno de vida donde los viajeros venían. Nunca oirían el silbato del tren de la tarde o probarían las sabrosas quesadillas de pollo que Mago había vendido una vez allí en la estación de tren. Al ver a esos niños de pies descalzos, llenos de polvo con el pelo sucio y ropa desgarrada, sabía que así fue como mi padre nos había visto muchos años atrás, cuando había regresado. Me pregunté si él también había sentido que su corazón se le rompía por lo que él había visto.

Tía Güera y la abuelita Chinta salieron a recibirnos. Mi tía se había construido una choza al lado de mi abuela. Ella había regresado con su marido, a pesar de que se bebía su salario, la golpeaba y la engañaba con otras mujeres. Ella llevaba en sus brazos una niña. Entonces llamó a Lupita y Ángel y dos de los niños que habían estado jugando en el vagón de carga vinieron corriendo.

Vagones abandonados en los rieles cerca de la casa de abuelita Chinta

—Saluden a sus primos y a su tía —tía Güera les instruyó. Yo no había reconocido a Lupita. Ella era un año menor que Betty, por lo que supuse tenía once. Ángel tenía siete años, la edad de Leonardo. Pero mis dos primos estaban tan flacos y pequeñitos, mientras que para entonces Betty y Leonardo estaban bien gordos por toda las cochinadas que mi madre les daba de comer. Aquí, junto a mis primos que apenas tenían suficiente para comer, todo ese peso extra era aún más vergonzoso al verlo.

El rostro de mi abuela estaba trazado con más arrugas, su pelo era casi todo gris ahora, y más dientes se le habían caído. Pero cuando ella me abrazó, e inhalé su olor de aceite de almendras y el epazote, no podía creer que estaba de vuelta en los brazos de mi abuela. Su esencia era todo lo que necesitaba para sentir que estaba de vuelta en casa.

—Yo había rezado para tener este momento por mucho tiempo —dijo abuelita Chinta, apretándome fuerte—. Dios por fin ha respondido a mis oraciones. Para entonces ya había llegado a mi estatura final —de cinco pies, cero pulgadas. Estaba tan acostumbrada a mirar hacia arriba a todo el mundo que me sentía incómoda tener que mirar hacia abajo a mi abuelita pequeñita, que era tres pulgadas más chaparrita que yo. Qué pequeña y frágil parecía ahora.

Entramos en la choza con ella, y no mucho después de que nos habíamos sentado a comer la comida que abuelita Chinta nos había preparado, Mago comenzó a quejarse de nuevo. —Mira mis zapatos —dijo—. Están cubiertos de polvo. Uf.

—Aguántate —le dije, pensando en los pies de abuelita Chinta. ¿Qué no había visto Mago la capa de polvo en los pies de nuestra abuela, la suciedad apelmazada en sus uñas de los pies? Abuelita Chinta le dio un trapo, y Mago se fue al lavadero para limpiar sus zapatos y lavarse sus pies.

Después de la comida, el tío Gary llegó con sus hijos. Me sorprendí al verlo tan flaco. Tenía una cuerda atada alrededor de su cintura, porque no tenía un cinturón para sostenerse los pantalones. Después de la muerte de mi prima Catalina, él y su esposa se habían divorciado, y ahora había vuelto a casarse y tenía más hijos. En ese entonces tenía cuatro hijos, el más chico con el tiempo se murió de leucemia porque mi tío no tuvo los recursos para ayudarlo.

Mientras nos sentamos fuera de la choza, oímos el sonido familiar de la camioneta de don Lino. Nos dimos la vuelta para verla aproximarse por el camino de tierra. Todos los niños de los vecinos, incluyendo a mis primos, salieron corriendo a su encuentro, justo como lo habíamos hecho cuando vivíamos aquí. Por un momento, sentí ganas de correr para subirme en ella. Cuando la camioneta pasó junto a nosotros, me sonreí al oir la risa de los niños encima de la camioneta. Les saludé con la mano, y ellos me devolvieron el saludo.

La camioneta de don Lino

Mago se quitó del camino cuando la camioneta de don Lino nos envió una nube de polvo. —¡Uf! —dijo, y entró en la choza.

—¿Por qué no te vas al *otro lado*, Gary? —le preguntó mi madre a mi tío—. Puedes darle a tus hijos una vida mejor si lo haces. Vi a los niños salir de la camioneta de don Lino. Mi tío volvió a mirar a sus propios hijos que estaban regresando donde estábamos. Él negó con la cabeza.

—Prefiero ser pobre, pero estar juntos —fue la respuesta de mi
tío. —Yo no sabía entonces que mi madre había estado alentando a
mi tío para que se fuera al norte cada vez que lo visitaba. No sabía
que su respuesta nunca había cambiado. Pensé en mi padre, y la
decisión que había tomado de irse para el norte, el precio que habíamos pagado por esa decisión. Pero también sabía que algo bueno
había venido de esa decisión. Como Papi decía a menudo, mis hermanos y yo teníamos ahora la oportunidad de toda una vida. ¿Cómo
podíamos desperdiciarla? Mientras miraba a mis primos caminando
hacia nosotros, pensé en mi padre, en cómo él quería que fuera
nuestro futuro, y lo comprendí.

Aproveché mi estadía y rápidamente me puse a buscar a las amigas que había dejado atrás. ¡Algunas de ellas ya estaban casadas y
tenían hijos! Otras seguían viviendo con su familia y trabajaban
como empleadas domésticas, en la fábrica de ropa de una compañia
estadounidense o cualquier otra cosa que pudieran encontrar. Pero
las cosas habían cambiado. Cuando uno viene de los Estados Unidos, la gente te mira de forma diferente. Te tratan diferente.

Los chicos me miraban como si se quisieran casar conmigo ahí
mismo para que yo pudiera llevarlos conmigo al *otro lado*. Mis amigas no me invitaban a sus casas como lo hacían antes. En cambio,
se quedaban afuera conmigo y bloqueaban la entrada a sus casas
con sus cuerpos, y sabía que era porque no querían que yo viera la
pobreza en la que vivían. No me ofrecían nada de comer o beber
porque no podían ni alimentarse a sí mismas, mucho menos a un
invitado.

Ellas no me hablaban mucho acerca de sus vidas, yo sabía que
pensaban que no se podían comparar con *mi* vida, ahora que yo estaba viviendo en ese hermoso lugar del que todos anhelaban.

En cambio, me puse a platicar torpemente con mi amiga Meche,
quien tenía diecisiete años de edad, afuera de su choza. Yo no sabía
qué decirle mientras ella sostenía a su bebé en los brazos y trató de
limpiarle la suciedad y el moco de la cara con su blusa. Ella no me
miró. Ella miró por encima de mí, a los huizaches detrás de mí, con

las mejillas enrojecidas por la vergüenza de saber que no importaba cuánto le restregaba la cara al bebé, la capa de suciedad nunca saldría.

Yo estaba decidida a hacerle ver que yo seguía siendo la misma Reyna, pero no sabía cómo hacerlo. En los Estados Unidos, las únicas personas con las que hablaba español eran mi madre y mi padre. Con todos los demás me comunicaba en inglés: con Mago, Carlos, Mila y mis profesores y amigas de la escuela. Y mientras estaba allí, tratando de tener una charla con Meche, no dejaba de tropezarme con mis palabras en español. Ella se rió y me dijo que hablaba como pocha.

Fue una conversación incómoda. Traté de pensar en algo más de que hablar aparte de la escuela, la banda de música, mis escrituras, los libros y los colegios a los que había solicitado el semestre anterior. Tenía miedo de admitir que tal vez ya no era la misma niña que hacía tortillas de lodo y cuyo único sueño del futuro era tener sus padres de vuelta algún día.

Mientras me alejaba de la casa de Meche, me di cuenta de que había otra cosa que había perdido el día en que dejé mi ciudad natal. A pesar de que mi cordón umbilical fue enterrado en Iguala, ya no se me consideraba lo suficientemente mexicana. Para la gente de aquí, que me había visto crecer, ya no era una de ellas.

Cuando regresé a la casa de abuelita Chinta después de visitar a mis amigas, Mago estaba enojada conmigo. —¿Dónde has estado? —preguntó—. Yo fui la que te trajo aquí, ¿recuerdas? No puedes hacer lo que te da la gana. Quería irme a Acapulco hoy. Estoy tan harta de este lugar. Ahora, ¿Mira la hora que es?

—Yo quería pasar tiempo con mis amigas antes de irnos —le dije.

Se refirió a las chozas en el otro lado del canal, donde vivía Meche y me dijo: —No sé por qué quieres andar allá con esa basura.

—¿Qué quieres decir con esa "basura"? ¿Has olvidado que de aquí es de donde vienes? —Yo estaba tan furiosa, y antes de que pudiera detenerme, la empujé.

—El hecho de que yo viví aquí, no quiere decir que todavía tengo que ser amiga de esta gente —dijo, empujándome hacia atrás—. Que se atrevan a llamarme una huérfana ahora.

—Eres una presumida —le dije, empujándola aún más fuerte.

Lo siguiente que supe, Mago y yo estábamos jalándonos de las greñas y cayéndonos al suelo.

—Reyna, Reyna, ¡deja a tu hermana en paz! —gritó Mami. Pero yo no podía parar. Yo no sabía por qué estaba tan enojada con mi hermana. *¿Cómo podría ella acabar de romper los lazos que nos ataban a este lugar? A estos amigos de nuestra infancia que no pudieron escapar de esta pobreza, como nosotros lo hicimos?* Yo estaba tan enojada con ella por dejar la universidad y arruinar sus posibilidades de tener una vida exitosa. Ahora me di cuenta de que se lo debíamos a *ellos*, a nuestros primos, a nuestros amigos, para hacer algo con *nuestras* vidas. Si no por nosotros, por ellos entonces, porque nunca podrían hacerlo. Entendí claramente ahora por qué Papi dijo que había tanta gente que moriría por tener las oportunidades que teníamos, que matarían por tener en sus manos una tarjeta de residencia, que habíamos tenido la suerte de conseguir. Me enfurecía más que nada que Mago y Carlos se rehusaran a ver eso.

—¡Basta! ¡Deténganse! —dijo Mami. Y finalmente lo hicimos. Mago me miró como si ella no me conociera. Corrí a la casa de mi abuela llorando y sintiéndome avergonzada. Por primera vez en mi vida, le había levantado la mano a mi hermana.

¿Cómo podía dejar de sentirme triste que a Mago ya no le importaba México, que ella no pensaba en este lugar como algo especial, el que una vez fue nuestro hogar? Su hogar era ahora los Estados Unidos. A diferencia de mí, ella no tenía acento cuando hablaba inglés. Ahora sabía por qué era eso. Hasta en su discurso, ella estaba tratando de borrar a México por completo.

Yo no sé si yo alguna vez pudiera. O quisiera.

20

Mago, Reyna y Betty

U N PAR DE semanas después de que habíamos regresado de México, Mago dijo: —Gaby y yo estamos buscando un apartamento para alquilar juntas.

—¿En serio? —le pregunté, quitándole los ojos a la tele en la que había estado mirando a *Anne of Green Gables* en el Disney Channel. —No me vas a dejar, ¿verdad?

Ella negó con la cabeza y lanzó una almohada hacia mí. —¿Cómo puedes pensar eso? Por supuesto, yo te llevaré conmigo. Podemos irnos de aquí y, finalmente, estar en un lugar donde podamos ser felices.

Le tiré la almohada de vuelta para que no viera lo aliviada que me sentí. Yo sabía que ella me había perdonado por la pelea entre nosotras en México. Dijo que entendía, pero por un segundo, pensé que iba a decirme que se iba sin mí.

Me di la vuelta hacía la tele y seguí viendo a Anne Shirley en sus aventuras. Yo quería ser como Anne, fuerte, aventurera, bonita e inteligente. Quería tener su imaginación y su habilidad con las palabras. Pero más que nada, yo quería vivir en un lugar hermoso como el de ella. Al igual que yo, Anne había perdido a sus padres cuando era pequeña, y como huerfanita, su infancia había sido muy difícil. Pero Anne tuvo suerte cuando fue adoptada por un hermano y una hermana que dejaban que Anne fuera quien quería ser, que aprendieron a amarla y elogiar sus talentos, y no tenían miedo de decirle que se sentían orgullosos de ella.

A veces, me imaginaba ser adoptada por Marilla y Matthew, también. Yo sabía que habrían estado orgullosos de mis logros. Como mi más reciente en el que había sido elegida para ser la asistente del bastonero de Franklin, ahora que yo estaba en mi último año. Dado que el bastonero era un testigo de Jehová, y su religión no le permitía participar en la mayor parte de nuestros eventos, fui yo la que había diseñado las formaciones para la música que el maestro Quan había elegido para que aprendiéramos. Fui yo la que había dirigido la banda al segundo lugar en una competencia que se llevó acabo en Wilson High School. Fui yo que condujo la banda en el Desfile de Navidad en 1992, en Highland Park en la calle Figueroa. A pesar de que la ruta del desfile estaba sólo a diez minutos de mi casa, mi padre no había ido a verme marchar.

Era por eso que estaba celosa de Anne. Porque, a diferencia de mí, ella tenía gente que se daba cuenta hasta del más pequeño de sus logros.

Las semanas pasaron sin noticias acerca de un apartamento. En el semestre de primavera de 1993, me matriculé en atletismo. No me gustaba mucho correr, pero a Mago sí. Los fines de semana íbamos a Franklin a correr alrededor del campo de fútbol, y ella siempre me dejaba atrás. Pensé que si yo practicaba todos los días en la escuela, llegaría a correr más rápido para que yo pudiera mantener el paso con mi hermana. Hasta el momento, el atletismo no me había hecho más rápida, ¡pero me había conseguido a un novio!

Su nombre era Steve, y él era más joven que yo por dos años. Tenía quince, y yo tenía diecisiete. Él era tan guapo que no me importaba lo que dijeran de mí por andar saliendo con un estudiante de primer año. A pesar de que él era más joven, Steve trataba de actuar más grande que yo, me decía que quería hacer el amor conmigo, para que fuera la primera vez de los dos. Yo le decía que no, ¡absolutamente no! Yo quería ser virgen hasta cuando me casara, como Mago. Además, le dije que muy pronto él y yo no podríamos estar juntos nunca más. Si Mago alquilaba un apartamento muy lejos de Franklin, yo sabía que tendría que transladarme, no importaba que yo estuviera en mi último semestre de la escuela. Yo seguiría a mi Mago hasta el fin del mundo si tenía que hacerlo.

Una semana más tarde, mientras nos preparábamos para la cama, Mago dijo que ella y Gaby habían encontrado un apartamento en La Habra. No sabía dónde estaba, y qué tan lejos de la escuela estaba, pero antes de que pudiera decirle que cualquier lugar me parecía muy bien, dijo: —Nena, no voy a poder llevarte conmigo.

Me senté en mi cama y bajé la mirada, sin saber qué decir. Pensé en mi fiesta de quince años, sobre la misa que no debía haber tenido. *Aquí está*, pensé. *El Día del Juicio. Por favor, no me quite a Mago, Diosito. Castígueme de otra manera, si es necesario. Pero no se la lleve de mí.*

—¿Por qué? —fue lo único que pude decir.

—El gerente no permite más que cuatro en el apartamento. Gaby ya tiene a su hijo, y su tía también va a estar viviendo con nosotros para que ella pueda cuidar al niño. Y conmigo somos cuatro.

—Pero yo podía compartir la habitación contigo, como siempre lo hemos hecho.

—Lo sé, pero no van a permitir más de cuatro personas en el apartamento —Ella se paró de la cama y vino a sentarse conmigo—. Además, Nena, faltan dos meses y medio para que se termine la escuela. No estaría bien sacarte ahora y trasladarte a otra escuela. Lo siento, Nena. Tenía muchas ganas de llevarte conmigo.

—Entonces quédate —le dije, agarrándole la mano—. Como has dicho, ya casi termino con la escuela. En junio podría empezar a buscar un trabajo, y podemos alquilar un lugar juntas. Incluso podemos traer a Betty con nosotras. Ser una familia.

Se quedó mirando al suelo y negó con la cabeza. —No puedo soportar estar más aquí. Siento que me voy a volver loca. Quiero vivir mi vida en paz. Hacer lo que quiera sin tener que explicarle nada a nadie.

Pensé en su nuevo novio, Víctor, a quien había conocido en La Opinión. Yo sabía que odiaba que Papi no la dejaba salir mucho. Ahora que Carlos se había casado y se fue de casa, Papi había sido aún más vigilante con nosotras. Sabía que Víctor era una de las razones por las que Mago estaba tan desesperada por irse. Al igual que Carlos, también estaba enamorada, muy enamorada como para soportar las restricciones de nuestro padre y las reglas de la casa. Pero, ¿por qué no podía esperar a que me graduara para que pudiéramos irnos juntas? Ella puso su brazo alrededor de mí, y nos quedamos así durante mucho tiempo. Ella no dijo cuándo se iba y yo no le pregunté. Seguí con la esperanza de que quizás, sólo quizás, las cosas cambiarían.

Unos días más tarde, supe que era de verdad cuando Mago le dio la noticia a Papi. —Eres una hija ingrata. Después de todo lo que he hecho por ti, ¿así es cómo me pagas? —dijo que ella sólo quería poder salir con los hombres que ella quisiera, sin que nadie le dijera lo que era correcto o incorrecto. Golpeó con los puños sobre la mesa y se levantó—. Si dejas esta casa —le dijo a Mago— estarás muerta para mí. No voy a querer verte de nuevo.

Mago no dijo nada. Nos quedamos en la mesa de la cocina largo rato después de que Papi se había ido.

—Quédate con nosotros, Mago —dije, agarrándole la mano—. Quédate *conmigo*.

Todos los días llegaba a casa de la escuela, preguntándome si ese era el día en que ella se iría. Pero en la noche, Mago llegaba a casa como siempre lo había hecho. Papi no hablaba con ella, pero en la segunda semana fue como si nada hubiera pasado. Mago no sacó más el tema y Papi rompió el silencio. Todos nosotros fuimos a cenar al restaurante favorito de Papi —La Perla en el Este de Los Ángeles— cuando recibí mi carta de aceptación de la Universidad de California en Irvine, a la cual asistiría en el otoño. Aunque sabía que la universidad era mucho más cara que un colegio de la comunidad, mi consejero me había animado a solicitar a las universidades. Él había dicho que yo no podía echar a perder mis buenas calificaciones. Todas las actividades extracurriculares que había hecho, como banda de música, escritura creativa, arte y atletismo, me ayudarían a entrar. Había estado en lo cierto.

Mago me dijo que estaba muy orgullosa de mí. Papi no dijo nada por el estilo, pero el hecho de que él nos llevó a su restaurante favorito, dijo mucho, sobre todo porque él casi nunca nos llevaba a ningún lado. Me encantaron los murales de La Perla. Mi favorito era uno de un pueblito pesquero. Yo no sabía el secreto de la magia que el artista había usado para hacer que los murales cambiaran del día a la noche cuando las luces que colgaban en el techo cambiaban de color de rojo a azul. Nos sentamos allí y escuchamos al mariachi, y cantamos con ellos. Papi cantó "Volver, Volver". Miré su sonrisa y sonreí, también. Nada le hacía más feliz que escuchar las canciones de Vicente Fernández. Mago y yo cantamos y me perdí en la belleza de los murales de La Perla. Me imaginaba viviendo en el pueblito perfecto con toda mi familia. Siempre juntos.

Dos días más tarde, llegué a casa a una recámara vacía.

Si yo hubiera sabido que se iba ese día, me hubiera quedado en casa, para convencerla de que no se fuera. Pero ella no había dicho palabra alguna cuando me fui a la escuela. Al contrario, después de la escuela me la pasé con Steve, aguantando sus acosos de que tuviera relaciones sexuales con él. Llegué a casa a las cuatro y media, una hora antes de que Papi regresara del trabajo, tiempo suficiente para poner en orden la casa y hacer de cuenta que había llegado a casa mucho antes.

Pero cuando abrí la puerta de la recámara, lo primero que vi fue el clóset vacío. Toda la ropa de mi hermana ya no estaba, toda con excepción de un par de pantalones cortos que yo siempre le había pedido prestados a ella. ¿Un regalo de despedida? Me dejé caer en la cama. Miré todos los pósters que había pegado en la pared, fotos que ella arrancó de las revistas, muchas de las cuales eran de Adela Noriega y Thalía, sus actrices favoritas desde que vio la telenovela *Quinceañera*. No podía creer que se había ido así, sin decirme adiós. Pensé cuando mi madre se fue con el luchador sin decir adiós. Tal vez, como mi madre, Mago no quería ver mis lágrimas. Tal vez pensó que era mejor así. Pero yo no pensaba que volver a casa a un clóset vacío era mejor que decir adiós y verla salir por la puerta.

Oí la puerta abrirse y cerrarse. Mi padre había llegado a casa, y yo no había hecho mis deberes. Salí corriendo a la cocina a lavar los platos. Me temblaban las manos mientras los lavaba con la esponja. Los ojos me ardían de tanto llorar.

Entró en la cocina y tomó una cerveza, sin decirme nada. Me había acostumbrado a que me ignorara. Y honestamente, prefería eso a los tiempos en que me prestaba atención, porque cuando lo hacía, era sólo para insultarme o menospreciarme. Pero ese día yo sabía que tenía que romper el silencio. Simplemente no sabía cómo decirle que Mago se había ido. Esperé hasta que tomó un trago de su cerveza, y justo antes de que él desapareciera a su recámara, le solté la noticia.

—Mago se fue —le dije.

Se dio la vuelta para mirarme. Cerré el grifo y me sequé las manos con una toalla.

—¿Qué?

—Se ha ido.

Se dio la vuelta y se dirigió a mi habitación. Se quedó en el medio, tal como lo había yo hecho antes, y miró el clóset vacío, los cajones de la cómoda vacías. Echó un vistazo a los pósters de Mago en la pared, el único recuerdo de que había vivido allí.

—Tú no tienes permiso para ver a tu hermana más. Si ella se quiere ir, que se vaya. Pero tú —dijo mientras me señalaba con el dedo— no tendrás nada que ver con ella.

Me quedé ahí, escuchándolo decir que mi hermana era una hija ingrata. —Después de todo lo que he hecho por ella es así cómo ella me lo paga? Si ella quiere irse a vivir una vida corrupta, entonces voy a empezar a pensar en ella como que estuviera muerta para mí —dijo. Habló de Carlos, acerca de lo decepcionado que estaba con él, y ahora con Mago. Él me miró y movió la cabeza. Me miró como si yo lo hubiera decepcionado también, a pesar de que todavía estaba allí con él.

Yo quería decirle que iba a ser diferente, que yo había visto con mis propios ojos la pobreza de la cual él me había ayudado a escapar. Yo había visto con mis propios ojos la razón por la que había sido un tirano acerca de la escuela, quería decirle que haría lo que Mago y Carlos no habían hecho. Iba a ir a la Universidad de California, Irvine, y obtendría mi título. Yo sería alguien de quien él pudiera estar orgulloso.

Pero él me dijo: —Puedes olvidarte de todo acerca de ir a la universidad. Tú vas a ser un fracaso también, al igual que ellos, así que ni siquiera te molestes. —Y se fue.

—¡No, Papi, por favor! —le rogué. Pero él cerró su puerta de un golpe.

Volví a mi recámara. Una recámara que ahora era sólo mía. *Él no hablaba en serio*, me dije. *Simplemente está enojado con Mago. Va a cambiar de opinión mañana. Lo hará. Él sabe lo importante que es para mí, para la familia. Me va a dejar ir.* Me metí debajo de las sábanas de la cama de mi hermana y enterré mi nariz en la almohada, tratando de ahogarme en su aroma favorita—Beautiful, por Estée Lauder. Pensé en la abuelita Chinta, en mi madre y en mi hermana. El vacío dentro de mí se hizo más grande y más grande, ya que me di cuenta de que las mujeres que más amaba en mi vida estaban muy lejos de mí.

∞

Mi graduación vino y se fue, y fiel a su palabra, Papi no me permitió enviar mis documentos a la Universidad de California en Irvine. Ya que yo era todavía menor de edad, requería los datos personales y fiscales de Papi, y su firma, la cual se negó a darme. Yo era demasiada cobarde para falsificar su firma. Era demasiada cobarde para luchar con él por la escuela. Peleé con él por Mago. Yo no podía ganar dos peleas, pero a lo mejor, podría ganar la que más me importaba. Papi amenazó con golpearme si me atrevía a salir de la casa para ir a verla. Tenía la esperanza de que con el tiempo iba a cambiar de opinión acerca de eso también.

Luego se conoció la noticia que la esposa de Carlos estaba embarazada, y un mes más tarde, Mago confesó que ella también estaba esperando. Esto impulsó a mi padre sobre el borde. Y me aterró hasta la médula. Ahora que Mago iba a tener su propio bebé para mantener y cuidar, no habría espacio para mí en su vida.

—Tú siempre serás mi Nena —me dijo Mago por teléfono. Cuando yo no dije nada ella dijo—: Voy a ir a recogerte y llevarte a alguna parte. Le dices a nuestro padre que voy a ir a visitarte y que no puede hacer nada al respecto.

—Sabes que se va a enojar —le dije.

—¿A quién le importa? —dijo.

A lo largo de la semana hubo momentos en que me acerqué a mi padre para decirle que Mago iba a venir por mí el domingo y que yo iba a salir con ella le gustara o no. Pero justo cuando estaba a punto de decirlo, me quedaba muda del miedo, y me daba la vuelta y regresaba a mi habitación.

Ese verano fue cuando el vicio de mi padre empeoró. Siguiendo la sugerencia de mi madre, había estado vendiendo las latas de cerveza que mi padre bebía en el centro de reciclaje. Siempre me daba cuenta de lo mucho que había bebido esa semana por el dinero que recibía. La semana anterior, me habían pagado treinta dólares. Eso era lo más que jamás había recibido. Últimamente, en la mañana, me despertaba con el sonido de una lata de cerveza al ser abierta. Mi padre había empezado a beber antes de salir para el trabajo, y cuando regresaba, él bebía toda la noche antes de irse a la cama. Discutía con Mila por todo, incluso acerca de sus visitas semanales a sus hijos. Él le decía que su lugar estaba aquí, en casa.

El hijo mayor de Mila era legalmente ciego, y Mila tenía que asegurarse de que él recibiera la ayuda que necesitaba. Su segundo hijo y Cindy tenían sus propios problemas. Yo no podía culpar a Mila por querer siempre estar allí, a su lado. Mi padre no lo veía de esa manera. Odiaba a su familia porque nunca lo habían aceptado. Ellos siempre lo habían acusado de romper el primer matrimonio de Mila. A pesar de que nunca lo había visto golpear a Mila, hubo momentos en que casi podía ver el deseo en su interior. Él me golpeaba a mí en su lugar.

Fiel a su palabra, Mago llegó el domingo. Le dije a Mila que Mago estaba abajo, y ella no pensó que fuera una buena idea. —Tu padre se va a enojar —dijo mientras me dirigí a su dormitorio.

Cuando él no abrió la puerta, me armé de valor para abrir la puerta yo misma. Estaba sentado en una silla mirando por la ventana con una cerveza en la mano. Entré con paso vacilante. Este era territorio extraño para mí, ya que nunca se me había permitido pasar mucho tiempo en su dormitorio. Él estaba escuchando su canción favorita de Los Tigres del Norte, "La Jaula de Oro".

A pesar de que la música no era muy fuerte, actuó como si no me hubiera oído entrar.

—¿Qué quieres? —dijo cuando llegué a su lado.

—Mago está abajo. Ella quiere sacarme a pasear.

—Dile que se vaya. Ya te dije que yo no quiero que venga aquí. Yo no quiero que te vea.

—¡Pero ella es mi hermana!

—Ella decidió irse, ¿no? Si ella realmente se preocupara por ti, ella no se hubiera ido.

Me puse a llorar entonces, como siempre lo hacía con él. Siempre sabía decirme las cosas que me dolían hasta las entrañas. Odiaba llorar. Odiaba dejarlo ver el poder que tenía sobre mí. Hacerme llorar así como así, sin ni siquiera haberme puesto un dedo encima.

—Ella es mi hermana y yo la quiero ver —le dije.

—¡Ya te dije que no!

Empecé a alejarme, decidida a desobedecer. —Bueno, yo voy de todos modos. Ella es todo lo que tengo, ¡y no puede mantenerme lejos de ella!

Al llegar a la puerta, me llamó. Me detuve y me di vuelta. —Si te vas con ella —dijo— nunca jamás te quiero volver a ver.

—¡Está bien!

Salí corriendo de la recámara, pasando por el comedor, la cocina, por la puerta trasera. *¡Esto es lo que necesitaba! Ahora que me ha corrido, Mago se verá obligada a llevarme con ella. ¡Por fin puedo estar con ella!* Yo estaba a mitad de camino por las escaleras, y pude ver el Tercel verde de Mago estacionado frente a los apartamentos. De repente, sentí como si mi cabello se estuviera desgarrando de mi cuero cabelludo. —¡No vas a ninguna parte! —gritó Papi, jalando mi cabello con tanta fuerza que caí de espaldas. Subí la mano para agarrar mi cabello. Él me lo apretó y me arrastró por las escaleras. Le grité a Mago. Lo último que vi antes de que él me arrastrara hasta el apartamento fue a Mago salir del coche.

—¡Mago! Mago! —grité una y otra vez. Mi padre me aventó contra la pared de la cocina y comenzó a golpearme con los puños. Mila estaba junto a la puerta de la sala, como siempre, no hacía mucho para ayudar. —¡Vaya por mi hermana! —le grité—. ¡Traiga a mi hermana! Ella se volvió y salió corriendo de la casa.

La paliza continuó, y el puño de mi padre conectó con mi nariz. Me cubrí la cara tratando de protegerme. Miré mi camisa y vi las gotas de sangre caer en ella. *¿Dónde está? ¿Por qué no viene a detenerlo y llevarme lejos de él?* —¡Mago! Mago! —grité. Hubo una presión en mi oído mientras que sus puños cayeron sobre mí, tan duros como las piedras.

—¡Ya déjala! —dijo una voz. De repente, los golpes cesaron.

Abrí los ojos. Yo estaba en el suelo, llorando. Mi padre estaba encima de mí. Mila volvió a la cocina y le pregunté dónde estaba Mago. No fue la voz de ella la que yo había oído. —¿Por qué no viene? —le pregunté.

—Ella se fue —dijo Mila.

Negué con la cabeza, incapaz de creer lo que había dicho. No podía ser cierto. *¿Cómo podría Mago haberse ido cuando ella sabía que me estaba golpeando? No, no. Tiene que haber un error.* —¡Mago! —grité su nombre lo más fuerte que pude—. ¡Mago!

Pero nadie respondió.

—¿Ya ves? —Papi dijo—. Eso es lo mucho que le importas. Miré a la puerta, esperando a que mi hermana viniera, pero no lo hizo.

Miré a mi padre, sus puños, y en ese momento sólo quería que siguiera golpeándome y golpeándome con esas manos que eran la misma forma que las mías. Golpeándome hasta que yo ya no pudiera pensar en nada más, hasta que me hiciera desaparecer, dejar de existir. *Se fue. Se fue. Se fue.*

Volvió a su recámara con otra cerveza en la mano. Mila me ayudó a ponerme de pie.

—Debes de entender —me dijo Mila mientras me dirigía a mi habitación—. Tu hermana está embarazada. Si ella hubiera venido aquí para defenderte, quién sabe lo que él le habría hecho a ella. Podía haberle hecho daño al bebé.

La dejé en la cocina y me dirigí a mi habitación para encerrarme.

21

Reyna en su último año de bachillerato

MI HABITACIÓN ERA mi prisión.

No, mi cuarto era mi refugio. Desde la puerta para adentro, estaba a salvo. Desde la puerta para afuera, los demonios venían con sus caras burlonas. Me quedé en mi habitación y sufría de hambre, imaginando a Mila cocinar, a Papi y ella cenando, viendo la televisión en la sala. Esperé y esperé, tratando de no pensar en la forma en que mi estómago parecía masticarse a sí mismo para aplacar el hambre. Me oriné en la cubeta que mantenía en la esquina de mi cuarto. Me acosté en la cama y esperé. Así fue como lo había hecho desde que me golpeó. Tenía miedo de que si salía de la habitación a comer o ir al baño, caería sobre mí como un buitre. Poco a poco me picoteaba el alma. Tenía miedo, a veces, que un día no quedara nada.

Por fin, la televisión fue apagada. Por fin, oí sus pasos desvaneciéndose hacia su dormitorio. Por fin, estaban durmiendo. Salí de puntillas de la habitación y vacié la orina de la cubeta al inodoro. Entonces corrí a la cocina y agarré lo que Mila había hecho para la cena. No me molesté en calentarlo. Él podía salir, y yo no quería verlo. Me tragué la comida en mi habitación y escondí el plato sucio debajo de la cama. Respiré con alivio, mi estómago, finalmente estaba pacificado.

Me daba vueltas en la cama, sabía que el sueño no llegaría. Era otra cosa que había perdido. No podía recordar la última vez que tuve una noche de sueño sin interrupciones. Me quedé despierta, preguntándome lo que mi hermana y mi hermano estaban haciendo. Lo que mi madre estaba haciendo. Lo que todo el mundo estaba haciendo mientras yo estaba allí, en mi habitación.

Encendí la televisión y mantuve el volumen lo más bajo posible. Tapé las grietas de la puerta con mi ropa interior para que no se viera la luz de la televisión. Esto fue lo más cerca que podía llegar a hacer para desaparecer de su vista.

Entonces descubrí mi héroe, en la televisión. Al Dr. Sam Beckett. Viajaba en el tiempo para arreglar las vidas de otras personas en un show llamado *Quantum Leap*. ¡Oh, cómo deseaba que el Dr. Sam Beckett pudiera saltar en mi vida! Venir a vivirla por mí. Hacer las cosas bien de la manera en que yo no podía. De la manera en que nunca podría hacerlo.

Durante el día yo movía los muebles de un lugar a otro. Un día, la cama estaba en la esquina norte del cuarto. Al día siguiente, estaría en la esquina sur o al este o al oeste. Llamé a Steve y le pedí que viniera. Él me ayudó a mover la televisión y la cómoda al otro lado de la habitación. —¿Por qué estás siempre moviendo tus muebles? —me preguntó mientras se sentó en mi cama.

Me encogí de hombros, sin saber cómo decirle que me ayudaba a sentirme como si me acabara de mudar a otro lugar. Como si viviera en cualquier parte menos aquí. Yo estaba celosa de él. En Franklin las clases habían vuelto a empezar, por lo que él tenía un lugar a donde ir, algo que hacer. Yo no tenía trabajo, y puesto que Papi no me había permitido ir a la Universidad de California en Irvine, o un colegio de la comunidad, como lo había pedido, ¿qué más me quedaba a mí hacer, sino mover mis muebles de un lado a otro? Me senté a su lado en mi cama, y le permití que se acostara conmigo.

Él no debía estar allí. Mi prima Lola y su familia se habían mudado al apartamento de abajo, y si ella lo veía, o si los vecinos lo veían y le decían a mi padre, me metería en un gran problema. Pero luego me acordé de que no había nada más que mi padre me podía hacer a mí. Además, Steve era todo lo que me quedaba.

Él puso su mano en el cierre de mis pantalones, como lo hacía siempre. Puse mi mano sobre la suya para evitar que me bajara el cierre, como siempre trataba de hacer. Yo sabía lo que quería de mí. Pensé en Mago. Ella tenía una vida propia ahora. Iba a ser madre. Ella estaba haciendo su propia familia. ¿Qué es lo que tenía yo a excepción de este chico italiano cachondo con los ojos color avellana que sólo quería una cosa de mí? ¿Y si lo perdía también?

—Está bien —suspiré, soltándole la mano.

—¿Está bien? ¿Quieres decir que...? ¿En serio? —preguntó.

Oí el sonido del cierre al abrirse. Sentí que mis pantalones estaban siendo torpemente despojados. Sentí su peso sobre mí, y por un momento me sentí como si yo no fuera tan insignificante como había pensado. Por un instante, sentí que todavía importaba.

Perdí mi virginidad en mi habitación, en casa de mi padre. *Justo debajo de tu nariz.* Sentí el dolor entre mis piernas, y me mordí los labios para no gritar. *Yo no necesito salir de esta casa para ser una mujer fácil,* pensé, mientras me aferré a Steve con todas mis fuerzas. *No, yo lo haré aquí, en tu casa, y verás si me importa.*

Unas semans después, cuando estaba esperando el autobús para ir a ver a mi madre, vi un anuncio pegado en la parada del autobús. Decía "Quieres trabajar como extra en una película?" Puse el volante en mi bolso. *Tal vez podría ser un extra de cine y ganar dinero para que yo pueda alquilar mi propio lugar. ¿Qué tipo de habilidades uno necesita para caminar casualmente, o sentarse y mezclarse con el fondo?*

Soy excelente para eso. Cuando llegué al apartamento de mi mamá en San Pedro le pedí que me llevara al callejón y me comprara un vestido para llevar a la agencia de talento. Me compró un vestido de color amarillo canario, con mangas acampanadas y grandes botones dorados. Ella dijo que era tan brillante, sin duda me podría destacar en una multitud y ser contratada.

Al día siguiente tomé el autobús a la agencia, que estaba en Wilshire Boulevard, no muy lejos de Beverly Hills. Me sentía tan bien en mi vestido de color amarillo brillante que mi madre me había comprado. Fue una de las pocas cosas que tenía que me había comprado ella. Había otras personas que esperaban en el vestíbulo, y todos ellos tenían carpetas de cuero o sobres de manila con ellos. Me preguntaba lo que había dentro. Nadie más que yo llevaba lentes, así que me los quité, a pesar de que todo se veía borroso; pero eran tan corrientes, lentes de armazón grueso que me hacían ver como una idiota. No quería parecerme a una friki de banda hoy. Yo quería lucir glamorosa. Pensé en Mago. Si viviera todavía en casa, habría peinado mi cabello algo elegante. Me habría hecho parecer como una estrella de cine con su pincel de maquillaje mágico. Entonces me di cuenta de que probablemente no estaría sentada ahí, si Mago aún estuviera en casa. Ella me habría protegido, en lugar de tratar de valerme por mí misma.

Cuando me llamaron, lo primero que la mujer me dijo fue:
—¿Tienes tu portafolio?
—¿Qué es eso? —pregunté.
—Tus fotografías. Necesitamos fotos profesionales de ti.
—Yo ah, no, no tengo ninguna foto.
Ella pasó a explicarme que tenía que llevar fotos de ocho por diez pulgadas, a color y en blanco y negro. Ella también dijo que la agencia cobraba una cuota para que me pusieran en su sistema.

Yo apenas había logrado conseguir el dinero que necesitaba para pagar la tarifa del autobús, mucho menos para pagar a la agencia para que me consiguiera un trabajo. Salí de allí sintiéndome decepcionada. Ni siquiera me puse los lentes. Yo quería esconderme en mi ceguera un poco más y no enfrentar el mundo real que me esperaba.

¿Cómo podría irme de la casa de mi padre si yo no tenía trabajo? Me preguntaba.

Mientras que me sentaba en la parada del autobús para regresar a casa, sin trabajo todavía, un coche se detuvo. Había dos hombres adentro que parecían mafiosos italianos, con trajes negros y corbatas. El que estaba en el asiento del pasajero se dirigió a mí.

—Hola, ¿eres modelo?

—¿Yo? No —dije, sintiendo que mis mejillas se calentaban de la vergüenza. ¿*Yo*? ¿*Modelo*? *Ya quisiera...*

—Bueno, deberías serlo. ¿Quieres ser modelo?

Quería decirles que ellos eran los que necesitaban lentes más que yo. ¿Qué no se daban cuenta que yo no era lo suficientemente bonita para ser modelo? ¿Y no podían ver mi cuerpo? ¿No veían lo chaparra que estaba?

Pero yo necesitaba un trabajo, y cuando me preguntó de nuevo si quería ser modelo, pensé en mi telenovela favorita, *Cristal,* de cómo ella había conocido a su amor rico y guapo en el lugar donde ella trabajaba como modelo. Le dije: —Sí, supongo.

—Bueno, entra en el coche y te llevaremos a nuestra oficina. Somos agentes, y nosotros te podemos ayudar.

Dudé al dar un paso hacia su coche. Ellos eran extraños. No debería confiar en todo lo que decían. ¿Y si estaban mintiendo y me hacían algo? Pero necesitaba dinero. Me metí en el asiento trasero.

Me llevaron a un edificio más arriba de Wilshire, que era similar al edificio de seis pisos donde estaba la otra agencia. Cuando se detuvieron ahí, di un suspiro de alivio. Si su oficina se encontraba en ese lugar tan lujoso, entonces tal vez eran lo que decían.

Me llevaron a una oficina enorme con un gran escritorio y dos sofás de cuero y me ofrecieron un poco de agua. No me dijeron que me sentara, así que me quedé allí, en medio de la oficina, mirándolos sin forzar la vista, de modo que no se dieran cuenta de que necesitaba lentes. Se sentaron en el sofá de cuero y uno de ellos dijo: —Bueno, quítate el vestido.

—¿Perdón? —dije.

—Quítate el vestido —dijo el otro—. Si quieres ser modelo, tenemos que ver lo que tienes.

—Pero, pero.

—Oye, ¿qué crees que las modelos hacen todo el día? Se quitan la ropa y se toman fotos.

Puse mi vaso de agua en la mesita y empecé a desabrocharme el vestido. De repente, odié ese vestido. Ellos me miraban con intensidad al desnudarme. Deslicé la parte superior de mi vestido de mis hombros, hasta la cintura. Entonces, yo no podía ir más lejos.

—Vamos, puedes hacerlo —dijeron. A pesar de que estaban borrosos, pude sentir que estaban mirando mis pechos descubiertos.

¿Qué demonios estás haciendo? Una voz dentro de mí, dijo. No reconocí la voz. *¡Sal de ahí ahora mismo!* La voz volvió a decir. Y yo sabía quién era. Era la otra yo, la otra Reyna, la que todavía creía en aquel futuro brillante que mi padre había dicho una vez que yo podía tener.

—Lo siento, he cometido un error —les dije. Salí corriendo de la puerta mientras luchaba por ponerme mi vestido de nuevo.

—¡Hey, vuelve aquí! —gritaron los hombres. Salí corriendo del edificio, por el bulevar de Wilshire, mi corazón latía con fuerza contra mi pecho. No miré hacia atrás. Tenía miedo de mirar hacia atrás. Me los imaginé corriendo detrás de mí, arrastrándome de vuelta a su oficina. Obligándome a hacer cosas que no quería hacer. Forzándome a una ruta en la que no habría vuelta atrás. Por último, no podía correr más y me detuve, mi costado me dolía, mis pulmones necesitaban aire. Me di la vuelta, y la calle estaba vacía. Nadie me estaba persiguiendo. *Olvídate del trabajo, Reyna. Olvídate del novio cachondo. Concéntrate en la escuela*, me dijo la otra yo. Cuando me senté en la parada de autobús esperando para ir a casa, tomé mis lentes de mi bolsa y todo volvió a aclararse.

Llamé a Steve, y cuando llegó le dije que quería terminar. Estuvo de acuerdo en que era lo mejor. Estábamos jugando con fuego. Estábamos teniendo relaciones sexuales sin protección, y sabíamos que habría consecuencias si no parábamos esto. No pensé que las cosas irían tan bien con mi padre. Cuando volvió a casa, no me escondí en mi cuarto. En su lugar, fui a la cocina donde estaba sentado bebiendo y le dije: —Mañana me voy a Pasadena City College para inscribirme. Esperé que él dijera que no. Yo estaba lista para una pelea. Pero mi padre me miró, y lo que él vio en mis ojos le hizo guardar silencio. Me di la vuelta, y mientras me dirigía a mi habitación, empezó a hablar. —Sabes, Chata, cuando mi padre me llevó al campo a trabajar, mi trabajo consistía en guiar a los bueyes en una línea recta. Mi padre me dio una vara y dijo que si los bueyes no me escuchaban, que los golpeara tan duro como pudiera. Yo tenía nueve años, Chata. ¿Entiendes?

Tomé una respiración profunda, incapaz de decirle nada. Yo quería decirle algo. Todavía estaba demasiada enojada para perdonar lo que me había hecho, pero quería entender lo que estaba tratando de decirme. Muy pronto, él se había alejado de mí. Demasiado pronto, estaba abriendo la puerta del refrigerador, sacando una Budweiser, y supe que el padre que había hablado hace un momento se había ido.

22

Reyna en Pasadena City College

En el verano de 1994, me inscribí en una clase de inglés en el Pasadena City College, que formaba parte de los requisitos para transladarme a una universidad. Mi maestra se llamaba Diana Savas. Cuando entré en el salón de clases, mi primer pensamiento fue que era latina. Tenía el pelo negro corto y ojos castaños enmarcados por lentes. Ella no era demasiado alta ni demasiado chaparra, y de cuerpo "llenito", como decimos en español. Resultó que era griega-americana que, para mi sorpresa, hablaba un excelente español. La idea de que a pesar de no ser Latina se había tomado el tiempo para aprender mi lengua materna me gustó y me impresionó.

En la segunda semana de clases, la Dra. Savas nos asignó un ensayo expositivo sobre los grupos a los que pertenecíamos (grupos raciales, económicos, religiosos, etc) me fui a casa para trabajar en mi ensayo, pero era difícil para mí. ¿A qué grupo pertenezco? No tenía ni idea. Yo nunca había pensado en pertenecer a otro lugar fuera de mi familia. Así que eso fue lo que escribí, de mi familia y el lugar de dónde yo había venido.

Pocos días después de entregar mi ensayo, la Dra. Savas me pidió que viniera a su oficina. —Escribiste un ensayo autobiográfico —ella dijo—. Necesito que hagas el ensayo de nuevo, pero —agregó— creo que eres una escritora muy buena.

Cuando la Dra. Savas me devolvió mi ensayo, me sentí diferente. Con esas palabras, era como si me hubiera abierto los ojos a algo que yo no podía ver todavía. Cuando terminó el verano, pasé la clase con una A, pero yo estaba triste porque ya no tendría a la Dra. Savas como profesora.

Cuando comenzó el semestre de otoño, pasé por su oficina para saludarla. Estaba cumpliendo diecinueve años, y con timidez se lo mencioné a la Dra. Savas, porque no había nadie con quién celebrar mi cumpleaños. Ella cogió un libro que tenía sobre su escritorio y dijo: —Fui a ver a un un grupo de escritores latinos este fin de semana y compré este libro. Creo que te va a gustar. Ella me lo entregó, y miré la portada para leer el título. *The Moths and Other Stories,* de Helena María Viramontes. Yo nunca había oído hablar de ese libro antes. La literatura latina no era algo que yo conocía.

—Es para ti—dijo con una sonrisa. Eso era otra cosa que me gustaba de ella, su sonrisa franca. Ella tomó el libro y escribió *Feliz Cumpleaños, Reynita* en la página de título y me lo entregó. Nadie me había llamado alguna vez Reynita. Ni siquiera mi madre.

Le di las gracias por el libro. Ella se sorprendió al saber que era el primer libro que me habían regalado, uno con el que podía quedarme y no tener que devolverlo a la biblioteca.

Me fui a casa y leí *The Moths.* Por primera vez desde que me había convertido en una lectora ávida, me encontré leyendo acerca de personajes que vivían en un mundo similar al mío, personajes con el mismo color de piel que la mía. Con las mismas penas y sueños.

Con el paso de las semanas, visité a la Dra. Savas, o Diana, como ella me dijo que debía llamarla, en su oficina entre las clases. Yo nunca le hablaba de la vida en mi casa. Hablamos, en cambio, sobre libros y la escritura. Ella siempre me preguntaba sobre mi más reciente cuento o poema. A veces yo quería contarle sobre todos los problemas en mi hogar, sobre las discusiones cada vez mayores entre Mila y mi padre. Últimamente, se habían estado peleando por una mujer. Mila había descubierto que mi padre estaba teniendo una aventura con alguien en el trabajo. Él lo negó. Les oía gritar en su dormitorio. Cuando yo llegaba a casa de la escuela, a veces los veía en la sala gritándose el uno al otro. Caminaba frente a ellos y me dirigía a mi habitación. Era mejor si me quedaba fuera de su camino y no tomaba lados, pero no pude dejar de pensar que ahora Mila sabía lo que mi madre había sentido cuando mi padre la estaba engañando con ella.

Un día, oí a Mila gritar mi nombre. Había traído a Betty para el fin de semana porque para entonces ya se había metido en las pandillas. Ella tenía la costumbre de robarle dinero a mi madre y la estaba volviendo loca. Yo quería ayudar a mi hermana de trece años de edad, pero me gustaba traerla por otra razón también. Me sentía sola.

Mila volvió a gritar, y Betty y yo fuimos corriendo a la sala. Mi padre empujó a Mila en el sofá y se cayó encima de ella. Con su mano derecha sobre su rostro, empujó su cabeza en el sofá y la empezó a golpear. Mila se retorció debajo de él, pero ella no fue capaz de quitárselo de encima. Betty me miró, como esperando a ver lo que yo haría. Puse mi brazo alrededor de ella y la abracé contra mí. Yo deseaba que ella no estuviera viendo esto. Ojalá no la hubiese traído ese fin de semana. Yo no podía creer que él estaba golpeándola. Todos esos años había estado yo en el extremo receptor de sus puños. No ella. Nunca ella.

Superé mi sorpresa y corrí para ayudar a mi madrastra. Empujé a Papi tan fuerte como pude, pero él no se movió. —¡Déjela en paz! —dije de nuevo, empujándolo, pero él era como una roca.

Por último, Betty y yo se lo quitamos de encima. Ella se levantó del sofá y salió corriendo por la puerta, bajó las escaleras. Él siguió detrás de ella, maldiciéndola. Oí el sonido de metal al caer, y mi madrastra pidiendo a gritos. —Natalio. ¡Basta! ¡Basta! Entonces oí a mi prima Lola y su marido gritarle a mi padre que dejara a Mila en paz. Cuando Betty y yo corrimos bajo las escaleras, Mila estaba sollozando en los brazos de Lola, y mi padre estaba siendo retenido por su marido, Chente. Mi padre se soltó de las manos de Chente, y por un segundo parecía que iba a atacar a Mila de nuevo. En su lugar, se precipitó hacia la escalera. Me tomó un segundo darme cuenta de que se dirigía hacia mí, y rápidamente me moví y a Betty fuera del camino para dejarlo pasar. Él ni siquiera se fijó en nosotras. Entró en el apartamento sin decir una palabra.

La pierna de Mila estaba sangrando. Mi padre la había empujado sobre las herramientas del jardín que tenía debajo de la escalera, y se había cortado en las puntas del rastrillo cuando se cayó encima de él.

—Vamos, Mila, tiene que ir al hospital —dijo Lola. Su marido subió a Mila al coche, y me quedé sin saber qué hacer. *¿Debo ir con ella? ¿Debo quedarme con él?*

—Quédate con tu padre —dijo Lola, decidiéndolo por mí—. Échale un ojo.

Me quedé en el primer escalón, y no podía dar el siguiente paso, y el siguiente paso para volver al apartamento. Betty y yo nos miramos la una a la otra, sin saber qué hacer. Sus cejas estaban depiladas tan delgadas, como una chola típica, y sus ojos estaban bordeados con demasiado delineador negro. Por el momento, ella no estaba poniendo su mirada de chola dura. Ella era una adolescente asustada. Me hubiera gustado ser como Mago. Ella hubiera sabido cómo cuidarnos. Yo no sabía cómo ser una madrecita para mi hermanita.

—Híjole —dijo Betty, sacudiendo la cabeza por lo que acababa de suceder. Con el tiempo, encontré el valor para subir con Betty al piso de arriba. Pasamos por la puerta de atrás, de puntillas a través de la cocina, y metí la cabeza en la sala. Él había apagado la luz, y estaba sentado en el sofá, inmóvil. Me pregunté si se había quedado dormido. Fuimos a mi habitación y nos quedamos allí.

Algún tiempo después, alguien me sacudía para despertarme. Abrí los ojos, y vi a una mujer policía de pie junto a mí. Ella apuntó una linterna en mis ojos. —¿Qué está pasando? —dije.

Ella nos llevó a Betty y a mí a la sala, y allí vi a otros dos policías poniéndole esposas a mi padre. Entonces lo sacaron por la puerta. Me quedé allí, mientras bajaban por las escaleras. Yo no podía apartar mis ojos de las esposas. No podía creer que mi padre estaba siendo arrestado. Eché un vistazo a Betty, y me hubiera gustado que ella no estuviera allí para verlo así. Ya que mi madre siempre le decía cosas malas sobre él, a Betty no lo quería mucho, para empezar. ¿Qué pensaría de él ahora, al verlo tratado como un criminal?

Cuando lo metieron a la patrulla, nos miró por un breve momento antes de que la puerta de la patrulla se cerrara y la policía se lo llevó.

La mujer policía nos dijo que entráramos, y nos sentáramos en la sala. Ella quería saber todo lo que había sucedido entre él y Mila. Me di cuenta de que no podía hablar. ¿Cómo podría decirle acerca del abuso? ¿Cómo podría decirle que me avergonzaba de lo que había hecho, como si fuera tan culpable por el hecho de que fuera su hija? ¿Cómo podría decir que a pesar de que sabía que había recibido lo que merecía, todavía tenía miedo *por* él. Yo no quería que le pasara nada. Yo no quería que estuviera en la cárcel. *¿Qué va a pasar con él?* Yo quería preguntarle. *¿Conmigo? ¿Con todos nosotros?*

Para mi sorpresa, cuando fui a dejar a Betty, mi madre se ofreció a darme asilo. Dijo: —Todavía me acuerdo de todas las palizas que él me dió cuando estábamos casados. Esa fue la primera vez que ella y yo hablamos sobre el trato que recibimos de las manos de mi padre. Me sentí más cercana a ella que nunca. Decidí aceptar su oferta, porque sabía que no podía estar allí. Mila había regresado del hospital llena de moretones de pies a cabeza. Me avergonzó mirarla.

Me llevé mis pocas pertenencias al apartamentito de mi madre. Esa noche, dormí en el suelo, encajada contra la mesa del comedor. Mi madre, Betty y Leonardo dormían de lado en la cama, con los pies colgando sobre el borde. Rey dormía en el piso, justo frente al centro de entretenimiento. Si extendía el brazo, podía tocarlo. Así era de chico el cuarto.

En la segunda noche, yo sabía que no podía permanecer allí. Mi última clase en el PCC terminaba a las 7:00 pm. Me tomaba casi tres horas para llegar desde Pasadena hasta el centro de Los Ángeles en el autobús. Eran casi las diez cuando me encontraba caminando sola por la calle Séptima. Los vagabundos, oliendo a pis, llenaban las aceras, y tuve que pasar por encima de ellos. Los borrachos empujaban sus carritos de compras. Hombres pasaban en carro y me silbaban. Caminé tan rápido que mis costados estaban sufriendo, mis piernas estaban ardiendo. Cuando un grupo de hombres dobló la esquina y comenzó a dirigirse hacia mí, me eché a correr y no miré hacia atrás.

—¿Por qué no abandonas la última clase? —dijo mi madre cuando llegué a su casa. Traté de recobrar el aliento, pero estaba muy entrecortada. Negué con la cabeza, horrorizada por su sugerencia. *Así es cómo empieza*, yo quería decirle. *Una vez que abandonas una sola clase, es más fácil abandonarlas todas.*

Fui a ver a Diana durante sus horas de oficina. Yo necesitaba a alguien con quien hablar y la única persona en la que podía confiar era en ella. Llamé a la puerta de la oficina de Diana, y por un momento pensé en darme la vuelta y marcharme. *¿Por qué debería ser una carga para alguien más con mis preocupaciones?* Tan pronto como abrió la puerta y dijo: —¡Reynita! Sentí que había tomado la decisión correcta de acudir a ella.

Le dije a Diana sobre lo que había pasado el fin de semana y los tres últimos días que había estado en casa de mi madre. Yo no podía dejar que las lágrimas cayeran a pesar de que me había dicho que no llorara, Diana no tenía necesidad de mi drama. Yo no quería ser una carga para ella con mis problemas. Diana me agarró la mano y dijo: —Reynita, no puedes estar en esa situación por más tiempo. Tienes que pensar en la escuela, eso es todo lo que debe preocuparte. Nos quedamos en silencio después de eso, y me limpié las lágrimas de los ojos. ¿Cómo no he de preocuparme? ¿Cómo podría escapar de todo esto? Yo no tenía adónde ir.

—¿Quieres venir a quedarte en mi casa? —preguntó Diana.

—¿Qué? —le pregunté, frotándome los ojos.

—Yo vivo en esta calle de aquí, en una casa de PCC, y tiene tres habitaciones.

—Pero Diana, yo no quiero molestarte con todos mis problemas —no podía. Entonces me detuve, respiré hondo, y luego reuní el valor suficiente para decir lo que realmente estaba en mi mente—. Sí, me voy a ir con usted, Diana.

—A partir de ahora, Reynita, mi casa será tu casa —dijo.

Diana vivía en una casa frente de la PCC. Ella era originaria de la región central del país. Había llegado a Los Ángeles para dar clases en la UCLA. Más tarde, ella había dejado su trabajo para obtener un doctorado y se convirtió en una estudiante autosuficiente. No tenía familia en Los Ángeles, y se había forjado su camino sola. Tenía treinta y nueve años cuando me vine a vivir con ella. Yo entonces no sabía que ella había visto en mí una semejanza de sí misma. Una mujer joven que intentaba encontrar su camino en esta gran ciudad, completamente sola, pero con un gran deseo de lograr sus objetivos. Fue eso, y el imaginarme a mí caminando por las calles oscuras y peligrosas de Skid Row, si me quedaba a vivir con mi madre, que había hecho a Diana ofrecerme su casa.

Al principio, fue difícil para mí estar en la casa de Diana. Mi instinto fue encerrarme en la habitación, donde me iba a quedar a partir de entonces, y mantenerme fuera de su camino, darle el menor problema posible. En casa de mi padre, había aprendido a ser invisible.

Pero Diana me convenció de que saliera de la habitación unos días más tarde. Me tocó la puerta y me invitó a sentarme con ella en la sala. Como yo no quería que ella confundiera mis habilidades para la supervivencia con la ingratitud, acepté su invitación.

Para entonces, Mila había retirado los cargos, y mi padre había vuelto a casa. Me dijeron que podía regresar, pero yo sabía que no podía. Algo me decía que las cosas sólo se iban a poner peor entre ellos. Los dejé pelear sus propias batallas. Me alegré de que mi padre no estaba metido en más problemas con la ley, pero, al mismo tiempo, me había decepcionado de Mila por retirar los cargos y quedarse con él. Pensé que era un tipo de mujer diferente.

Así que me encontré sentada en la sala de la casa de Diana, y fue una sensación rara, de estar en la sala y no tener miedo de que alguien me gritara, me golpeara, me menospreciara. Diana calificó sus papeles, y yo hice mi tarea mientras escuchábamos música griega llena de melancolía. No entendía las palabras, pero el ritmo de las canciones me recordó a las que la tía Emperatriz le gustaba escuchar.

Diana no estaba casada y no tenía hijos, pero ella tenía cuatro perritos que le hacían compañía. La tercera recámara había sido convertida en una biblioteca, y tenía libreros y libreros llenos de libros. Había tantos libros que algunos de ellos se derramaban en la sala. Yo nunca había estado en una casa que tuviera libros. Pensé que estaba en el cielo. Durante un descanso Diana entró en la habitación/biblioteca y regresó con un libro. Me lo entregó y me dijo:

—Toma, ¿has leído éste?

Tomé el libro y leí el título, *La casa en Mango Street*. Negué con la cabeza. Yo nunca había oído hablar de Sandra Cisneros.

—Reynita, tienes que leer este libro. Es maravilloso.

Tomé el libro y encontré un lugar cómodo en el sofá, donde leí *La casa en Mango Street* mientras que Diana calificaba papeles. Es difícil describir el impacto que el libro tuvo en mí. Era absolutamente hermoso. El lenguaje poético, las bellas imágenes, la forma en que las palabras fluían. Pero había algo más del libro que me encantó, y no sólo era por el talento para la escritura de Cisneros. Cuando llegué al capítulo titulado "Sally", me desmoroné. Me sentí con una gran tristeza e impotencia, y las lágrimas brotaban de mis ojos. Ese capítulo era sobre una joven que vivía con un padre abusivo. Todos los días corría a su casa después de la escuela y entonces ella no podía salir. *Sally, ¿a veces desearías que no tuvieras que irte a casa? ¿Desearías que tus pies algún día siguieran caminando y te llevaran muy lejos de la calle Mango, muy lejos...? ¿Cómo sabía Cisneros que era* exactamente como yo me había sentido durante esos años? Deseando que mis pies siguieran caminando, siguieran caminando a otro lugar, a una hermosa casa donde me amaran y me quisieran. Volví a leer el capítulo y con cada palabra sentía que Cisneros me estaba tendiendo la mano y hablándome a mí. Sentí una conexión con esta autora, esta persona a quien nunca había conocido. De repente, quería estar frente a ella y preguntarle, *¿Cómo sabías? ¿Cómo sabías que eso era lo que yo sentía?*

Diana comenzó a animarme a escribir más. También me dio otros libros escritos por autoras latinas como Isabel Allende, Julia Álvarez y Laura Esquivel, escritoras latinas que estaban escribiendo sobre las cosas que me gustaba escribir. Empecé a entender por qué Diana me dijo que debía ser escritora. Yo no había estado expuesta a la literatura Chicana / Latina antes. Había pasado demasiados años leyendo otro tipo de libros, como *Sweet Valley High* y las novelas de romance de Harlequin de las que me hice adicta en la preparatoria, que Mila traía a casa en bolsas de papel de Kingsley Manor porque sabía que me gustaba leer. Fue un gesto amable de Mila traerme los libros que las ancianas habían descartado, pero ahora me hubiera gustado no haber perdido todos estos años leyendo novelas Harlequin cuando podía haber estado leyendo algo más poderoso, más significativo. Yo ni siquiera sabía, hasta entonces, que la literatura Chicana / Latina existía.

Esos libros, como *La casa en Mango Street*, resultaron ser una revelación. Había gente por ahí que me entendía, que tenían las experiencias que yo ahora estaba pasando. Diana plantó una semilla en mi interior, y a través de esos libros, la semilla pronto comenzó a crecer.

Me expuso a cosas a las que nunca había sido expuesta antes. Ella me llevó a los restaurantes griegos, enseñándome sobre otras culturas, además de la mía. Ella me mostró las películas extranjeras que le gustaban, y a veces por la noche nos sentábamos en el patio de su casa y planeábamos mi futuro, mientras lanzábamos pelotas a sus cuatro perros para que las agarraran.

Un día, me enteré de un concurso de redacción del Programa de Becas de Townsend Press, y con el apoyo de Diana, decidí inscribirme. Volví a escribir el ensayo personal que había escrito en su clase, y con su ayuda, lo pulí y lo hice tan bien como pude. De mil concursantes, mi ensayo fue uno de los ganadores. En esta ocasión, el premio fue dinero, cien dólares.

—Tienes que ser una escritora, Reynita —Diana me decía—. Tienes que trasladarte a una buena escuela, Reynita —una y otra vez lo repitió como un canto—. Si Álvarez, Cisneros y Viramontes pueden publicar sus cuentos, tú también lo puedes hacer, Reynita.

Ni Diana ni yo podíamos saber que diecisiete años después, me encontraría sentada en el comedor de Sandra Cisneros tomando champán y comiendo pastel de zanahoria con ella. Que compartiría un paseo en coche con Julia Álvarez. Que compartiría el escenario con Helena María Viramontes en una presentación de libros.

No podía saber lo que deparaba el futuro para mí. Todo lo que podía hacer en aquel entonces era permitirme a soñar.

Reyna y Diana en la cena para becarios, 1996

23

*Reyna en su graduación en
Pasadena City College en 1996*

U N AÑO Y medio más tarde, cuando Mila decidió finalmente
dejar a mi padre, fue una sorpresa. Estaba empezando a
pensar que ella era una de esas mujeres que se quedan con un
hombre a pesar de los abusos. Cambió ante mis ojos, y me encontré respetándola por su decisión. Por lo que yo no la respeté,
sin embargo, fue el hecho de que un día después de dejar a mi
padre, entró al banco y retiró casi todos sus ahorros de su cuenta
bancaria, dejándolo sin casi nada. Luego, para empeorar las cosas,
cuando mi padre fue a buscarla a la casa de su madre, Mila llamó a
la policía y mi padre fue advertido que había presentado una orden
de restricción contra él.

Carlos dijo: —Reyna, tienes que volver a casa. Él te necesita.

—Él nunca ha necesitado a nadie —le dije. La idea de que mi

padre en realidad me necesitara era absurdo para mí. La idea de volver allí me hacía estremecer de dolor.

Unos días más tarde, Carlos me llamó de nuevo. —Se trató de suicidar —dijo.

—No te creo —le dije. Yo no creía ni por un segundo que mi padre tuviera tan roto el corazón que iba a hacerse daño sólo porque una mujer lo había abandonado. Además, ¿en verdad amaba a Mila? *Un hombre no le hace daño y golpea a la mujer que ama, ¿qué no?*

Carlos me dijo que el día anterior, él había ido a ver a nuestro padre en su nueva casa. Mientras yo estuve ausente, él y Mila habían vendido el cuádriplex y compraron la casa de al lado, la que le pertenecía a la familia de pandilleros. Carlos lo encontró con su pistola. —Él dice que la estaba limpiando, pero yo no le creo —dijo Carlos. Él me dijo que nuestro padre insistió en que él estaba limpiando la pistola, pero luego Carlos vio el agujero de bala en la pared justo detrás donde había estado sentado. —No puede estar limpiando una pistola cuando está cargada. ¿En qué estaba pensando? —le preguntó. Mi padre no dijo nada.

—Se necesita a alguien allí para echarle un ojo —me dijo—. Yo no puedo hacerlo. Mago no lo puede hacer tampoco. Los dos trabajamos. Tienes que volver.

Para entonces, Carlos se había divorciado de Griselda y estaba en una relación con otra mujer, la madre de su segundo hijo. Mago estaba viviendo con Víctor y su hijo de dos años de edad, en West Covina. Colgué el teléfono, y por el resto del día no pude dejar de pensar en mi padre. En mi mente yo lo veía en el suelo con un balazo en la cabeza. ¿Y si Carlos tenía razón? ¿Qué pasaría si él tratara de hacerse daño? ¿Qué pasaría si, por primera vez, realmente él me necesitara?

Volví al lado de mi padre porque me sentía obligada a hacerlo. El semestre de primavera en el PCC había terminado, había pasado la graduación, y al final de ese verano, me iría al norte del estado para estudiar en la Universidad de California en Santa Cruz, la escuela que había elegido por recomendación de Diana. Yo no quería irme para allá con una conciencia culpable, quería irme y no tener que ir con nada pesándome, más que mi equipaje. Quería un nuevo comienzo.

Cuando llegué allí, mi padre estaba sentado solo en la mesa del comedor. Era la hora de la cena, pero él estaba sentado en la mesa en la oscuridad como si estuviera esperando su comida, como si hubiera olvidado que Mila ya no estaba allí para cocinar para él como lo había hecho siempre. Sostenía una lata de cerveza y volvió la cabeza cuando entré. Me sorprendió al verlo tan delgado, tan demacrado, aunque nada parecido a lo que se veía más tarde, cuando se estaba muriendo de cáncer del hígado.

—Ya llegué —le dije. Me miró sorprendido, y me pregunté si Carlos le había dicho que iba a volver. Le pregunté si tenía hambre, si quería que yo cocinara algo. Él no me contestó. Abrí el refrigerador, pero estaba casi vacío, y mi corazón comenzó a latir más fuerte, porque no sabía cocinar. Durante todos esos años, Mila había dominado la cocina y nunca permitió que Mago o yo le ayudáramos, como se supone que las hijas ayudan a sus madres. Fue otra forma en que nos mantuvo a distancia. Mientras vivía con Diana, era ella quien cocinaba. Era una cocinera maravillosa, y aunque yo le ayudaba en la cocina, yo no aprendí lo suficiente como para tener la confianza de cocinar una comida para mi padre, por primera vez. Además, mi plato favorito que Diana hacía era tomates en rodajas rociados con aceite de oliva, vinagre balsámico y orégano seco. No era el plato típico mexicano. ¿Qué iba a hacer? No había manera de que pudiera darle de comer rodajas de tomate a mi padre.

Me volví hacia él y lo encontré mirándome. Yo no sabía si podía ver lo asustada que estaba por cocinar, pero, dijo: —Vamos, Chata, vamos a salir de aquí. Jaló su silla hacia atrás y se levantó.

—¿Adónde? —pregunté.

—El Pollo Loco —dijo. Yo no sabía qué decir. Él odiaba comer fuera. Me encantaba El Pollo Loco, en especial el burrito BRC, así que lo seguí por la puerta sin quejarme. Di un suspiro de alivio al saber que no tendría que cocinar para él. Cuando llegamos a su carro, me entregó las llaves.

—Ten, tú maneja.

—No creo que sea una buena idea —le dije. Acababa de aprender a conducir. Carlos a veces me llevaba a practicar los fines de semana. Mago había intentado una vez, pero no fue paciente conmigo y yo había golpeado el Tercel con una cerca y le quedó una marca. Ella no me dio ninguna lección más después de eso. No pensé que yo era lo suficientemente buena para conducir el coche de mi padre. Él me criticaría todos mis movimientos, yo lo sabía. Era probable que me gritaría, y me llamaría una buena pa' nada.

—No, usted debe manejar.

—Ten, toma las llaves. Quiero que manejes —dijo.

De mala gana tomé las llaves y abrí la puerta. Me senté al volante, arranqué el coche, y luego nos dirigimos por la calle Granada, y giré a la derecha en la avenida 52. Manejé despacio, con cuidado, pero en la intersección de la Avenida 52 y Figueroa, giré a la izquierda demasiado tarde y me pasé la luz roja. Coches me pitaron. Las llantas rechinaron. Miré a mi padre por el rabillo del ojo. Él estaba mirando al frente, pero no dijo nada. Afortunadamente, llegamos a El Pollo Loco con el coche en buen estado.

—Lo siento —le dije al devolver las llaves.

—No estuvo mal, Chata —dijo.

Yo no sabía qué era lo que la partida de Mila le había hecho a mi padre, pero él no era el mismo hombre que era antes. Edwin, mi novio de tres meses, a quien yo había conocido en el PCC, empezó a venir por las tardes. A veces, los tres nos sentábamos en el patio trasero donde mi padre nos enseñaba la calabaza, el elote y las zanahorias que había plantado. Este fue uno de los lazos que aún tenía con su país —el amor por la siembra y la cosecha de los cultivos. Más tarde, yo aprendería a amar esto también. Durante mis visitas al hospital, esta sería la cosa más segura de qué platicar —nuestros huertos.

A veces, nos sentábamos en la sala viendo el partido de los Lakers. Edwin era estudiante de psicología, y se iba a transferir sus créditos a California State University Monterey Bay, que estaba como a una hora al sur de Santa Cruz. Íbamos allí juntos. Él había elegido la carrera correcta para estudiar. Edwin era un gran oyente. Mi padre descubrió esto muy pronto, y hubo noches en las que los dos se quedaban hablando hasta después de haberme ido a la cama.

Edwin le había dado a mi padre algo que ni mis hermanos ni yo podríamos darle: un oído imparcial.

Mago se reconcilió con mi padre también, y ella empezó a venir los fines de semana y traía a su hijito, Aidan. Incluso Betty a veces venía cuando uno de nosotros la recogíamos, lo cual no era tan a menudo como deberíamos haber hecho. Betty estaba teniendo relaciones sexuales sin protección, y no mucho tiempo antes, me había pedido que la llevara a una clínica para hacerse una prueba de embarazo. Por suerte, había sido negativa. Pero yo no sabía por cuánto tiempo sería el caso. Mi hermana de catorce años de edad se dirigía por el camino equivocado, y a mi madre no parecía importarle.

Mago, Carlos y yo le decíamos a nuestro padre que olvidara a Mila. Betty no se metía. Cuando él quería hablar de Mila, de inmediato le interrumpíamos y le decíamos que continuara con su vida, que las cosas estaban mejor así. Pero hablábamos así porque éramos sus hijos, y durante todos esos años jugando al tira y afloja con Mila con la atención de nuestro padre, bueno, ¿qué otra cosa podríamos hacer sino celebrar su separación? Por fin, teníamos acceso a nuestro padre de una manera que nunca la habíamos tenido. Por fin, la pared de vidrio había bajado.

Además, su separación nos había obligado a tomar partido, y por supuesto tuvimos que tomar el lado de nuestro padre. Cuando Mila llegó a la casa para recoger sus pertenencias, vino con la policía, la que obligó a mi padre a que se tirarara al suelo con las manos en la espalda, mientras Mila iba a su habitación para recoger sus cosas. Carlos dijo: —Ustedes no pueden hacerle eso a mi padre. Él no es un criminal. Pero la policía no hizo caso y mi padre tuvo que permanecer en el suelo hasta que Mila terminó. Carlos y Mila se pusieron a pelear sobre el dinero que había sacado de su cuenta bancaria. Carlos dijo: —¿Cómo pudo dejarlo sin nada?

—No te metas en lo que no te importa —dijo Mila—. Esto es entre tu padre y yo.

Yo me alegré de que la policía estuviera allí para mantener la paz. Carlos estaba tan enojado que él comenzó a maldecirla, y la policía tuvo que advertirle que se calmara. Yo nunca había sido peleonera y no me gustaba gritar o hacer una escena. Por lo tanto, me quedé cerca de mi padre, y tan pronto como la policía se marchó, lo ayudé a levantarse.

Poco después, Papi descubrió que mientras ella estaba allí para recoger sus cosas, Mila se había llevado algunas de sus pertenencias y documentos importantes. Mago, Carlos y yo llevamos a nuestro padre a poner una orden para que Mila devolviera las pertenencias. En el juzgado, otro argumento surgió entre nosotros y Mila. Mago y Carlos pelearon y la insultaron. Como una niña atrapada en un divorcio, mis lealtades estaban rotas por la mitad. Nunca le había faltado el respeto a Mila de ninguna manera. Se nos enseñó desde niños a ser respetuosos con los adultos, sin importar lo que nos hicieran. Además, mi padre siempre nos dijo que teníamos que estar agradecidos con Mila por todo lo que había hecho por nosotros, especialmente por el hecho de que fue a través de ella que habíamos conseguido nuestra residencia legal, aunque incluso si ella no nos hubiera ayudado, al final la hubiéramos conseguido, una vez que a mi padre se le dio la amnistía.

—Ustedes son sanguijuelas —nos dijo Mila a nosotros—. Si no fuera por mí, seguirían siendo mojados.

Yo no sabía cómo decirle que nos preocupábamos por ella, pero queríamos a nuestro padre más que nada. Yo no sabía cómo hacerle ver que nuestro lugar estaba con él. Queríamos tener un padre desde que tenía memoria, y ahora sin ella entreponiéndose, finalmente tendríamos a nuestro padre de vuelta. Yo quería decirle que yo pensaba que seguramente sus hijos estaban contentos de tener, finalmente, a su madre de vuelta también. Pero ella estaba igual que mi madre cuando mi padre la había engañado, enojada, amargada, herida. Estaba ciega a todo, menos a su dolor.

A pesar de todos los altercados con Mila, mi padre ya no estaba tan deprimido como lo había estado la primera vez que había regresado a su casa. Él era un padre diferente de lo que había llegado a conocer. No me criticaba, no me gritaba, ni me menospreciaba. No me miraba como si yo no existiera. Por primera vez, a mi padre le gustaba tenerme a su lado. Continuamos nuestros viajes a El Pollo Loco, aunque a veces cocinaba para él, y él se comía mi comida sin quejarse. Yo lo llevaba a pasear por la ciudad después del trabajo. Nos gustaba ir de excursión por el Observatorio. Íbamos a Sycamore Park y corríamos por el parque hasta el anochecer. Yo estaba tan ansiosa por compartir con él todas las cosas que había hecho desde que había salido de su casa. Le conté sobre mi trabajo dando tutoría en inglés que había conseguido en el Centro de Aprendizaje del PCC. Le hablé de integrarme a la Banda de Marcha de Lancers y marchar en el Desfile de las Rosas, por tercera vez. Le conté sobre mi puesto como escritora para el periódico *The Courier* de PCC, y el tiempo en que ellos habían publicado mi artículo, "PCC in the Making." Había tomado toda la página, y después de haber sido publicado, el presidente del PCC me había enviado una nota para felicitarme por mi artículo. Le hablé de la competencia de ensayos de Townsend Press, y también el concurso de periodismo que había ganado. Le conté de las becas que había conseguido para ayudarme a pagar la UCSC, como el Hispanic Scholarship Fund, La Raza Scholarship, Minority Talent Scholarship, the Future Teachers Huang Scholarship y la Phi Delta Kappa Scholarship. Yo quería que supiera que a pesar de que había estado lejos de él, todavía valoraba lo que él me había enseñado.

—Háblame de tu nueva escuela —me dijo un día, ya que estábamos corriendo lado a lado.

Así que le conté sobre Santa Cruz, cerca de las secuoyas, sobre el océano, sobre las clases de literatura y escritura que iba a tomar allí. —Diana dijo que UCSC es un lugar especial. Es una gran escuela para los estudiantes que están en las artes. Ella piensa que me ayudará a crecer como escritora.

—Seis horas es un largo viaje —dijo.

—Vendré a visitarlo cada vez que pueda —le dije—. Y usted puede ir a visitarme.

No volvimos a hablar por el resto de nuestra carrera. Pero mis pies se sentían pesados cuando empecé a preguntarme si no debería quedarme. ¿Cómo me iba ir ahora, cuando las cosas estaban empezando a cambiar en casa, cuando por fin mi padre estaba empezando a cambiar? ¿Y si me quedaba? Había sido aceptada en UCLA, y aunque yo la había rechazado por la UCSC, no podía decirles que había cambiado de opinión? ¿No me aceptarían de vuelta?

Diana había dicho que todo el mundo quiere ir a UCLA. Ahí iba a ser una de miles de personas. Ella me había dicho que las cosas serían diferentes en UCSC, que sería bueno me saliera de mi zona de confort. Que no podría llegar a ser totalmente independiente a menos que aprendiera a estar sola. Cuando me gradué de la PCC, Diana había sido mi invitada en un desayuno de becas. De los veinte estudiantes que habían recibido becas, yo era la única que me iba a trasladar fuera del área de Los Ángeles.

Ahora, me preguntaba si los estudiantes habían tenido dificultades para dejar a sus familias, y si por eso habían decidido quedarse cerca de casa. Antes de regresar al lado de mi padre, yo no tenía familia a la cual aferrarme, por lo que había sido una elección fácil irme lejos. Pero ahora, ahora que yo tenía el padre que había anhelado, ¿cómo iba a renunciar a él?

Una noche, mientras estábamos comiendo los chiles rellenos que yo había hecho, él puso su tenedor en la mesa y me miró diciendo:

—He estado hablando con Mila.

—¿De qué?

Él me dijo que había estado visitando a Mila en la casa de su madre, y que iban a resolver las cosas. —Llamé al abogado ayer —dijo—. Le dije que suspendiera el divorcio.

—¿Qué significa eso?

—Eso significa que ella va a regresar —dijo. Me obligué a tragar la comida y luego puse mi tenedor en el plato—. Pero hay una condición para su regreso.

—¿Y cuál es? —pregunté.

—Ella no te quiere a ti, ni a Mago, ni a Carlos por aquí.

—¿Y tú has acordado? —le pregunté, sintiendo el chile relleno quemarme un agujero en el estómago.

Mi padre miró su plato, no a mí. No me miró ni una sola vez. Me levanté y me fui a empacar mis maletas.

Me fui a vivir a la casa de Diana los días restantes antes de mi partida. Carlos y Mago estaban furiosos por lo que nuestro padre había hecho. Carlos dijo: —Me pasé todo ese tiempo ayudándole con el abogado, defendiéndolo de Mila y sus órdenes de restricción, ¿para qué? ¿Para que él nos traicionara así?

—Yo nunca le voy a hablar otra vez —dijo Mago—. Él nos usó. Sólo nos quería porque se sentía solo y deprimido, y ahora que ella ha vuelto, ¡él ya no nos necesita!

Una vez más, nos quedamos huérfanos.

Pensé en la frontera que separa a los Estados Unidos y a México. Me preguntaba si durante su travesía, tanto mi padre como mi madre se habían perdido en esa tierra de nadie. Me pregunté si mis verdaderos padres todavía estaban allí, atrapados entre dos mundos. Los imaginaba tratando de hacer su camino de regreso a nosotros. Yo realmente esperaba que un día lo lograran.

24

*Carta de admisión de la Universidad
de California en Santa Cruz*

DIANA FUE A la última persona que vi antes de irme a Santa Cruz. Edwin me recogió en su casa, y allí en el patio del frente, me despedí de ella. Le dije adiós con la mano desde la ventanilla del coche. A medida que conducíamos por el bulevar Colorado, me prometí que un día iba a decirle a todos acerca de Diana, de esta mujer que había entrado en mi vida cuando yo más había necesitado alguien, y cómo ella la había cambiado para bien.

En nuestro viaje en coche a Santa Cruz, Edwin dijo: —Tu padre está muy orgulloso de ti, ¿lo sabes? Él me lo dijo.

Yo no dije nada. Miré por la ventana, vi los campos que se extendían ante nosotros mientras conducíamos por el 5 Norte. Pensé en mi padre, acerca de cómo dieciocho años antes él había estado trabajando en los campos cerca de aquí, durmiendo en un coche abandonado con el fin de ahorrar dinero para la casa de sus sueños.

—Trata de comprenderlo —dijo Edwin—. Sabía que te ibas a finales del verano. No quería estar solo, una vez que te fueras.

—Me podría haber quedado con él —le dije.

—¿Por cuánto tiempo? Un día, vas a crecer y casarte. Formar tu propia familia. No te quedarías con él para siempre. Él lo sabía. Además, él no quería detenerte.

Cuando Edwin y yo llegamos a la UCSC, muchos estudiantes ya estaban allí mudándose. Ya que yo estaba trasladándome como una estudiante de tercer año, podía vivir en los apartamentos de estudiantes en Kresge East no en los dormitorios en Kresge Proper. Me senté en el coche con Edwin mientras miraba a los estudiantes a sus padres, abuelos, hermanos y hermanas que llevaban las cajas. Vi a los padres darle a sus hijos palmaditas en la espalda. Las madres lloraban mientras se aferraban a sus hijas. —¿Necesitas algo más? —Oí preguntarles a sus hijas—. Te vamos a extrañar —dijeron.

Pensé en mi padre. Pensé en mi madre. Pensé en Mago, Carlos y Betty. Me hubiera gustado que estuvieran aquí, compartiendo este día tan especial conmigo. Pero la distancia entre nosotros era de trescientas millas. Y esta vez, era yo quien se había ido. Edwin me ayudó a llevar mis pocas pertenencias a mi apartamento. Sólo tomó un par de viajes, y pronto terminamos. —¿Vas a estar bien?

—Sí —le dije, aunque yo no estaba segura.

Salió del estacionamiento y se despidió, prometiendo volver cada fin de semana a visitarme. Me hizo sentir bien que él no estaría demasiado lejos. Lo vi alejarse en su coche, y tan pronto como estuvo fuera de la vista, empecé a caminar. Caía la tarde, el sol se ponía, y quería ver lo más que pudiera de la escuela antes de que se pusiera demasiado oscuro. Caminé y me sumergí en las secuoyas, olía el olor acre de sus agujas. Sentí como la tensión en mi cuerpo comenzaba a desvanecerse. Había una belleza aquí que nunca había imaginado. El cielo era el más azul que había visto, el aire el más puro que había inhalado. Oí el viento susurrando entre los árboles. Vi a una familia de venados, y me detuve y los miré buscando comida. ¡No podía creer que había venados aquí! Al verlos, supe que había elegido bien salir de Los Ángeles y venir acá. Me sentí como Anne of Green Gables y su Avonlea. Al igual que ella, había encontrado mi lugar bello y perfecto.

Continué mi paseo y terminé por Porter College, en el prado en el que podía ver el mar azul brillante, con rayas de color naranja. Me quedé allí y pensé en la primera vez que había visto el mar en Santa Mónica. Pensé en mi padre sujétandome de la mano, en el miedo que había tenido que él me soltara.

Miré el mar ahora, y me di cuenta de que no había necesidad de tener miedo. Yo había llegado hasta aquí, a pesar de todo. Ahora, todo lo que tenía que hacer era concentrarme en lo que vine a hacer —a convertir mis sueños en realidad. Cerré los ojos, y me vi al borde del agua, sosteniéndome fuertemente de la mano callosa de mi padre.

Y la dejé ir.

Epílogo

Reyna en la graduación de UCSC en 1999

E N JUNIO DE 1999, me convertí en la primera persona de mi familia en graduarse de la universidad. En la UCSC, recibí la licenciatura en las concentraciones de escritura creativa, cine y video. Me gradué con honores, los honores de concentración, y Phi Beta Kappa. Mi familia estuvo allí para celebrar ese logro conmigo: Mago, Víctor, y sus dos hijos, Carlos, su esposa y su hija; mi madre y mi hermano Leonardo, Betty, su novio Omar, su hijo y mi padre.

UCSC tiene una tradición donde los estudiantes graduados se les pide escribir sobre un profesor que más los inspiró. Escribí acerca de Diana. Mi ensayo fue elegido como el ganador y Diana fue invitada a Santa Cruz para que pudiera estar en mi graduación. Presenté un discurso sobre ella en la ceremonia, y ahí fue la primera vez que le di las gracias públicamente por lo que había hecho por mí. No he dejado de hablar de ella desde entonces.

En el año 2000, me convertí en maestra de ESL para el Distrito Unificado Escolar de Los Ángeles (LAUSD, por sus siglas en inglés), donde esperaba ser como Diana, una maestra inspiradora. Enseñé a los niños inmigrantes en los grados seis al ocho por cuatro años, y fue entonces cuando me enteré de que mi historia no era única. Como yo, todos esos niños que entraban en mi salón habían pasado un tiempo separados de sus padres. De hecho, los estudios muestran que hasta un 80 por ciento de los niños de América Latina en las escuelas de los Estados Unidos han sido separados de sus padres durante el proceso de inmigracion. También he llegado a ver la otra cara de esa experiencia. En 2003, empecé a enseñar inglés en una escuela de adultos para el LAUSD, donde muchos de mis estudiantes eran madres y padres que habían dejado atrás a sus hijos. En ellos, vi a mis padres.

El ciclo de dejar a los niños atrás no ha terminado. Tampoco va a terminar, siempre y cuando haya pobreza, siempre y cuando los padres sientan que la única manera de ofrecer algo mejor a sus hijos es dejándolos.

En el año 2002, me convertí en una ciudadana de los Estados Unidos. Ahora he estado en este país durante veintisiete años. Los Estados Unidos es mi hogar, es el lugar que me permitió soñar, y más tarde, donde convertí esos sueños en realidades. Pero mi cordón umbilical fue enterrado en Iguala, y nunca me he olvidado de donde vengo. Yo me considero mexicana-americana, porque soy de ambos lugares. Ambos países se encuentran dentro de mí. Ellos conviven dentro de mí. Y mi escritura es el puente que los conecta a ambos.

En 2006, mi primera novela, *A través de cien montañas*, fue publicada. Al año siguiente recibió un American Book Award. En 2009, mi segunda novela, *Bailando con las mariposas*, siguió.

En 2008, recibí mi maestría (MFA) en escritura creativa, y, lamentablemente, todavía sigo siendo la única persona en mi familia que se ha graduado de la universidad. Pero entre nosotros, mis hermanos y yo tenemos trece hijos. Sé que pronto no voy a ser la única graduada de la universidad en la familia.

Diana y yo somos todavía muy amigas. La he conocido por la mitad de mi vida. Ella me ha visto convertirme en la mujer que soy hoy en día: una esposa, madre y escritora.

Carlos, Mago, Betty y Leonardo están tratando de vivir lo mejor que pueden. Al fin de cuentas, eso es todo lo que podemos hacer.

Mi relación con Mila está mejor que nunca. Permaneció al lado de mi padre hasta el día que falleció. La enfermedad de mi padre sirvió para acercarnos. También ella logró reparar su relación con sus hijos y son muy unidos.

Nuestra relación con nuestra madre ha mejorado un poco, aunque he llegado a aceptar que siempre habrá una distancia entre nosotras. Mis hermanos y yo hemos tratado de perdonarla y aceptarla tal y como es.

En cuanto a mi padre, cuando fue diagnosticado con cáncer de hígado en 2010, hubo momentos en que tuve que pararme afuera de la puerta de su casa —y, a veces, el umbral de su habitación del hospital— para decirme que el padre que estaba a punto de ver no era el mismo padre con el que yo había venido a vivir hace veintisiete años. Tuve que dejar mis emociones en la puerta —la ira, el resentimiento, la amargura, la tristeza, la frustración, el arrepentimiento, antes de que pudiera entrar al cuarto y ser capaz de mirarlo a los ojos, sintiendo nada más que la preocupación por su bienestar.

Hubo momentos en que mis emociones se apoderaron de mí, y no iba al hospital durante esos días. Fue lo mismo para mis hermanos. —Ha conseguido lo que se merecía —nos decíamos a nosotros mismos a veces—. Él escogió beber, y ahora tiene que pagar las consecuencias. Hablábamos de la forma en que nos trató cuando llegamos a los Estados Unidos a vivir con él. —Él está cosechando lo que sembró —nos decíamos unos a otros en los días que no podíamos ir a verlo—. Ahora nos quiere a su lado, y cuando queríamos estar allí con él, nos ahuyentó.

Pero también hubo días en que pensaba en el otro padre, no el alcohólico y violento, sino el que se fue para los Estados Unidos porque quería darme algo mejor, el que no me abandonó en

México, el que me hablaba de la importancia de la educación, el que me enseñó a soñar en grande. Cuando pensaba en aquel padre, me pasaba horas investigando el cáncer de hígado en el Internet y en la biblioteca pública con la esperanza de mantenerlo con vida el mayor tiempo posible. Leía libros sobre medicina alternativa. Yo lo llevaba a un supermercado cerca de mi casa que vende frutas y verduras orgánicas, carne libre de hormonas y productos de salud, como el cardo lechoso y la estevia. Cocinaba sopa de diente de león para él y la ponía en contenedores y luego iba a su casa a dejárselas.

Entonces, cuando él había estado en el hospital durante dos meses, cuando yo pesaba más que él, cuando necesitaba diálisis cada dos días y sus líquidos del estómago drenados, cuando su única esperanza de salir del hospital era recibiendo no sólo un hígado nuevo, sino que también nuevos riñones, mi investigación y mi sopa ya no eran necesarias. Lo que se necesitaba era mi presencia. Lo que necesitaba era mi conversación para ayudarlo a pasar el tiempo.

Lo que necesitaba era algo que estaba luchando para darle: mi perdón.

El día antes de mi treinta y seisavo cumpleaños, me encontraba en el hospital al lado de la cama de mi padre mientras que su respirador artificial era apagado. A medida en que me aferraba a la mano de mi padre, mi vida con él me pasó por la mente. Pensé en la pregunta que me había hecho a menudo: Si yo hubiera sabido lo que la vida con mi padre sería, ¿lo habría todavía seguido al norte?

Usted me hizo lo que soy, pensé mientras tomaba su último aliento. ¡Y supe que la respuesta a mi pregunta era sí!

Agradecimientos

EN PRIMER LUGAR, me gustaría darle las gracias a mi editora de Atria, Malaika Adero, por su constante apoyo y su fe en este trabajo incluso antes de que fuera terminado. Mi agente en Full Circle Literary, Adriana Domínguez, por su valiosa ayuda y amistad. Mi editora en español Johanna Castillo, por ayudar que este libro llegara a mis lectores en mi lengua materna. Gracias por tu Bendición.

Escribir este libro fue particularmente difícil para mí en muchas maneras, y yo no podría haberlo terminado si no hubiera sido por el apoyo generoso de las siguientes personas:

Cory Rayala, mi marido maravilloso, no se qué hubiera hecho sin tu intuición y agudeza; mi sugra, Carol Ruxton. Doy las gracias a mi buena fortuna que te tengo en mi vida. Mis hermanos: Mago, Carlos y Betty porque esta es su historia tanto como lo es la mía. Gracias por los recuerdos y por rellenar los huecos en mi mente cuando no podía recordar. Mis padres Natalio Grande y Juana Rodríguez, por darme algo para escribir. Diana Savas, mi mentor, mi maestra, mi amiga, mi héroe.

Mi más sincero agradecimiento a todas las personas que criticaron el manuscrito, en parte o en su totalidad. Gracias a todos por sus contribuciones:

Los participantes en el taller de escritores Macondo 2011: Ruth Behar, Emmy Pérez, Estela Gonzalez, Marcela Fuentes, Jessica Viada, Rachel Jennings, Nancy Agabian. Mis maestros en Macondo —Manuel Muñoz y Helena María Viramontes— y mis antiguos profesores de escritura— Micah Perks, Leonard Chang y Leslie Schwartz. Mis amigos-escritores: Laila Lalami, Nicole Mones, Michele Serros, Thelma Reyna, Patricia Santana, Melinda Palacio, Sarah Cortez, Zulmara Cline, Lara Ríos, Margo Candela, Jamie Martínez, Stella Pope Duarte. Mi amiga Janet Johns. Y, por último, las bellas damas en mi grupo de escritura: Jessica Garrison, Sonia Nazario, Ann Marsh, Lara Bazelon, Lisa Richardson, Tsan Abrahamson, Toni Ann Johnson.

Y finalmente, mil gracias a Pilar Agudelo y Rebecca Gómez por su ayuda con el manuscrito en español.

Estoy profundamente agradecida a todos ustedes.

Créditos de las fotografías

Cortesía de Reyna Grande: páginas 15, 33, 82, 113, 128, 130, 301, 305, 307, 348

Cortesía de la familia Grande: páginas 3, 5, 20, 25, 35, 43, 46, 52, 60, 63, 66, 75, 84, 92, 98, 103, 122, 141, 147, 155, 157, 160, 181, 185, 193, 200, 207, 211, 218, 222, 226, 233, 236, 240, 248, 249, 251, 256, 257, 264, 270, 275, 283, 284, 290, 291, 298, 311, 322, 329, 338, 339

Cortesía de Grad Images: página 351

© istockphoto: página 169